dtv

Nicht nur Santa Claus findet seinen Weg in den Wilden Westen. Zum Weihnachts-Dinner versammeln und versöhnen sich Cowboys, Goldsucher, Indianer, Liebespaare und Cops. Welche Wege sie zurücklegen mussten und welche Hindernisse es zu bewältigen galt, davon berichten uns Autoren wie Nathaniel Hawthorne, O. Henry, Truman Capote oder auch der Indianer-Häuptling Thunderchild. Sie erzählen von Geschäften mit dem Teufel, von einem Jungen, der »Wünsche« verkauft, von Jack Frost, der den Menschen Nasen und Ohren abzwickt, und entführen den Leser in amerikanische Kleinstädte, nach New York und in die verschneite kanadische Prärie. Ihre heiteren und dramatischen Geschichten laden ein, das Weihnachtsfest im »Land der unbegrenzten Möglichkeiten« zu entdecken und mitzufeiern.

Wieland Grommes lebt als Übersetzer in München. *Tilmann Kleinau* lebt als Redakteur und Übersetzer in Stuttgart. Er hat bereits mehrere Weihnachtsanthologien bei dtv herausgegeben.

Weihnachts-Dinner

Weihnachtliche Geschichten aus Nordamerika

Herausgegeben von
Wieland Grommes und Tilmann Kleinau

Mit 9 Illustrationen

Deutscher Taschenbuch Verlag

Originalausgabe
Oktober 2000
Deutscher Taschenbuch Verlag GmbH & Co. KG,
München
www.dtv.de

Umschlagkonzept: Balk & Brumshagen
Umschlagbild: Jindra Čapek
Gesetzt aus der Bembo 10/12˙
Satz: KCS GmbH, Buchholz/Hamburg
Druck und Bindung: C.H. Beck'sche Buchdruckerei,
Nördlingen
Gedruckt auf säurefreiem, chlorfrei gebleichtem Papier
Printed in Germany · ISBN 3-423-20369-2

INHALT

Anhang

A MERRY CHRISTMAS AND A HAPPY NEW YEAR

Erstes Kapitel

WEIHNACHTEN IN NEW YORK

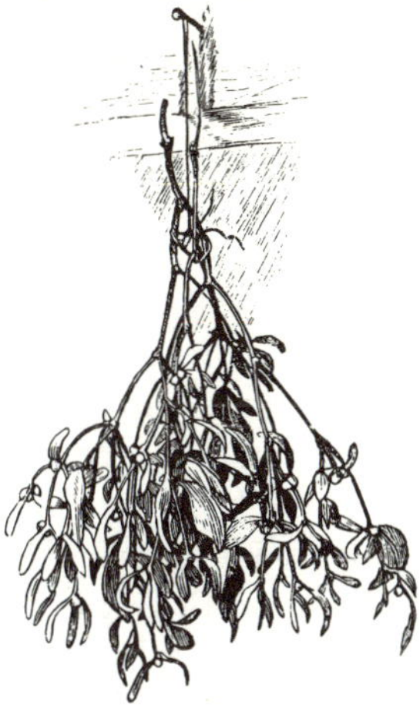

O. Henry

Das Geschenk der Weisen

Ein Dollar und siebenundachtzig Cent. Das war alles. Und sechzig Cent davon bestanden aus Pennystücken. Pennys, die sie zu jeweils ein oder zwei Stück dem Krämer, Gemüsehändler oder Metzger abgehandelt hatte, bis sie mit schamroten Wangen den unausgesprochenen Vorwurf der Knauserigkeit spürte, den solches Feilschen mit sich brachte. Dreimal zählte Della das Geld nach. Ein Dollar und siebenundachtzig Cent. Und morgen war Weihnachten.

Da blieb allerdings nichts anderes übrig, als sich auf die schäbige kleine Couch zu werfen und zu heulen. Das tat Della denn auch. Was einen zu der philosophischen Betrachtung veranlasst, dass das Leben aus Schluchzen, Seufzen und Lächeln besteht, wobei das Seufzen überwiegt. Während die Hausfrau allmählich aus dem erstgenannten Stadium in das zweite herabsinkt, wollen wir uns ihr Zuhause anschauen. Eine möblierte Wohnung für acht Dollar die Woche. Sie konnte durchaus keine rühmende Beschreibung heischen, sondern gehörte eigentlich auf die Liste der Polizeikommission für Nichtsesshafte.

An der Eingangstür unten befand sich ein Briefkasten, in den nie ein Brief geworfen wurde, und ein elektrischer Klingelknopf, dem kein Sterblicher je einen Laut entlocken konnte. Und als letztes Zubehör war da eine Karte mit dem Namen »Mr James Dillingham Young«. Das ausgeschriebene »Dillingham« hatte während einer früheren Periode des Wohlstandes vornehm wirken sollen, als der Träger des Namens noch dreißig Dollar in der Woche bekam. Doch jetzt, da das Einkommen auf zwanzig Dollar zusammengeschrumpft war, schienen die Buchstaben des Namens »Dillingham« so verschwommen, als dächten sie ernstlich daran, sich zu einem bescheidenen, anspruchslosen »D« zusammenzuziehen. Jedes Mal aber, wenn Mr James Dillingham Young nach Hause kam und seine Wohnung betrat, wurde er von Frau James Dillingham Young, Ihnen schon als Della bekannt, »Jim« gerufen und stürmisch umarmt. So weit, so gut. Della hörte auf zu weinen und machte sich mit der Puderquaste über ihre Wangen her. Sie stand am Fenster und sah traurig einer grauen Katze zu, die im grauen Hinterhof auf einem grauen Zaun entlangschlich. Morgen war Weihnachten, und sie hatte nur einen Dollar und siebenundachtzig Cent, um Jim ein Geschenk zu kaufen. Seit Monaten hatte sie jeden Penny gespart, und das war der Erfolg. Mit zwanzig Dollar in der Woche kam man nicht weit. Die Ausgaben waren größer gewesen, als sie vorausberechnet hatte. So ist es doch immer. Nur ein Dollar siebenundachtzig, um ein Geschenk für Jim zu kaufen. Für ihren Jim. Manche glückliche Stunde hatte sie damit verbracht, sich etwas Hübsches für ihn auszudenken. Etwas Schönes, Seltenes, Gediegenes – etwas, das wenigstens ein bisschen würdig gewesen wäre, Jim zum Besitzer zu haben.

Zwischen den Fenstern des Zimmers hing ein Pfeilerspiegel. Vielleicht haben Sie schon einmal einen Pfeilerspiegel in einer Achtdollarwohnung gesehen. Eine sehr schlanke und bewegliche Person kann, wenn sie ihr Spiegelbild in einer raschen Folge von Längsstreifen zu betrachten versteht, einen einigermaßen zuverlässigen Begriff von ihrem Aussehen bekommen. Da Della schlank war, verstand sie sich darauf.

Plötzlich drehte sie sich vom Fenster weg und stellte sich vor den Spiegel. Ihre Augen glänzten hell, aber ihr Gesicht hatte innerhalb von zwanzig Sekunden jede Farbe verloren. Schnell löste sie ihr Haar und ließ es in seiner ganzen Länge herabfallen.

Es gab zwei Besitztümer der Eheleute James Dillingham Young, auf die sie beide mächtig stolz waren. Eines davon war Jims goldene Uhr, die schon seinem Vater und Großvater gehört hatte. Das andere war Dellas Haar. Hätte in der Wohnung jenseits des Lichtschachtes die Königin von Saba gewohnt, Della hätte ihr Haar eines Tages zum Trocknen aus dem Fenster gehängt, nur um die Juwelen und Geschenke Ihrer Majestät in den Schatten zu stellen. Und wäre König Salomon der Pförtner des Hauses gewesen und hätte alle seine Schätze im Keller aufgestapelt gehabt, so hätte Jim jedes Mal im Vorbeigehen seine Uhr gezückt, nur um ihn vor Neid seinen Bart raufen zu sehen.

Nun fiel also Dellas schönes Haar an ihr herab, wie ein brauner Wasserfall, glänzend und sich wellend. Es reichte ihr bis unter die Knie und umhüllte sie fast wie ein Gewand. Hastig steckte sie es wieder auf. Einen Augenblick noch zögerte sie, während eine oder zwei Tränen auf den abgetretenen roten Teppich fielen.

Sie schlüpfte in ihre alte braune Jacke; sie setzte ihren alten braunen Hut auf. Mit wehendem Rock und immer noch mit einem hellen Schimmer in den Augen huschte sie zur Tür hinaus, die Treppe hinunter, auf die Straße.

Sie hielt vor einem Schild, auf dem stand: »Mme. Sofronie, Haare aller Art.« Della rannte eine Treppe hoch und sammelte sich, noch außer Atem. Madame, massig, zu weiß gepudert, sehr kühl, sah kaum so aus, als könnte sie Sofronie heißen.

»Wollen Sie mein Haar kaufen?«, fragte Della.

»Ich kaufe Haar«, sagte Madame. »Nehmen Sie Ihren Hut ab und zeigen Sie, wie es aussieht.«

Herunter rieselte der braune Wasserfall.

»Zwanzig Dollar«, sagte Madame und wog die Haarflut mit geübter Hand.

»Schnell, geben Sie es mir«, sagte Della.

Oh, und die nächsten zwei Stunden tänzelten vorbei auf rosigen Schwingen. (Entschuldigen Sie die holprige Metapher!)

Sie durchstöberte die Läden nach dem Geschenk für Jim. Endlich fand sie es. Sicher war es für Jim und keinen anderen gemacht. Nichts kam ihm gleich in all den anderen Läden, in denen sie das Unterste zuoberst gekehrt hatte. Es war eine Uhrkette aus Platin, schlicht und edel in der Ausführung; ihr Wert war nur am Material und nicht an protzigem Zierrat zu erkennen – so sollte es ja bei allen echten Dingen sein. Diese Kette war es wirklich wert, die Uhr aller Uhren zu tragen. Sobald Della sie sah, wusste sie, dass Jim sie kriegen musste. Sie war wie er. Schlicht und edel – diese Bezeichnungen trafen auf beide zu.

Einundzwanzig Dollar nahm man ihr dafür ab, und mit den siebenundachtzig Cents eilte sie nach Hause. Mit dieser Kette an seiner Uhr konnte Jim in jeder Gesellschaft schicklich nach der Zeit sehen. Denn so prächtig die Uhr auch war, er sah bisher oft nur verstohlen drauf, weil er statt einer Kette nur einen alten Lederriemen dafür hatte.

Als Della zu Hause ankam, wich ihr Freudenrausch ein wenig der Klugheit und Vernunft. Sie holte ihre Brennschere hervor, zündete das Gas an und machte sich daran, die Verwüstung zu heilen, die ihre Freude am Schenken in Verbindung mit ihrer Liebe angerichtet hatte.

Das, meine Guten, ist immer eine ungeheure Aufgabe – eine Mammutaufgabe.

Nach vierzig Minuten war ihr Kopf mit winzigen, eng anliegenden Löckchen bedeckt, die ihr das Aussehen eines schulschwänzenden Lausbuben gaben. Sie musterte lange, sorgfältig und kritisch ihr Spiegelbild.

»Wenn Jim mich nicht umbringt«, sagte sie zu sich selbst, »bevor er mich eines zweiten Blickes würdigt, so wird er sagen, ich sehe aus wie ein Tanzgirl von Coney Island. Aber was konnte ich tun – oh, was konnte ich tun mit einem Dollar und siebenundachtzig Cent?«

Um sieben Uhr war der Kaffee fertig und die heiße Bratpfanne stand hinten auf dem Ofen, bereit die Koteletts aufzunehmen. Jim kam nie zu spät. Della nahm die Uhrkette zusammengelegt in die Hand und setzte sich auf die Tischkante bei der Tür, durch die er immer kam. Bald vernahm sie seinen Schritt weit unten auf den ersten Stufen, und für einen Augenblick wurde sie ganz weiß. Sie hatte die Gewohnheit, im Stillen kleine Gebete für die einfachsten Alltagsdinge zu sprechen, und so flüsterte sie jetzt: »Lieber Gott, mach, dass er mich immer noch hübsch findet!«

Die Tür ging auf, Jim trat ein und machte sie hinter sich zu. Er sah schmal und sehr ernst aus. Armer Kerl, erst zweiundzwanzig und schon mit einem Hausstand belastet! Er brauchte einen neuen Mantel, hatte keine Handschuhe.

Jim blieb an der Tür stehen, bewegungslos wie ein Setter, der eine Wachtel wittert. Seine Augen waren auf Della gerichtet und hatten einen Ausdruck, den sie nicht deuten konnte und der sie erschreckte. Es war weder Zorn noch Überraschung, weder Missbilligung noch Entsetzen, überhaupt keines der Gefühle, auf die sie gefasst war. Er starrte sie ganz einfach an, mit einem höchst sonderbaren Ausdruck im Gesicht.

Della rutschte vom Tisch herunter und ging auf ihn zu. »Jim, Liebster«, rief sie, »schau mich nicht so an. Ich habe mir mein Haar abschneiden lassen und verkauft, weil ich Weihnachten einfach nicht überstanden hätte, ohne dir etwas zu schenken. Es wächst ja wieder nach – du bist doch nicht böse, oder? Ich musste es einfach tun. Meine Haare wachsen unheimlich schnell. Sag ›Fröhliche Weihnachten‹, Jim, und lass uns glücklich sein. Du ahnst ja gar nicht, was für ein schönes – wunderschönes Geschenk ich für dich habe.«

»Deine Haare hast du dir abschneiden lassen?«, fragte Jim mühsam, als hätte er trotz der härtesten geistigen Anstrengung diese offensichtliche Tatsache noch nicht erfasst.

»Abschneiden lassen und verkauft«, sagte Della. »Magst du mich nicht trotzdem genauso gern? Ich bin doch auch ohne Haare ich, oder?«

Jim schaute sich forschend im Zimmer um.

»Du sagst, deine Haare sind fort?«, sagte er mit fast idiotischem Ausdruck.

»Du brauchst nicht danach zu suchen«, sagt Della. »Sie sind verkauft, sag ich, verkauft und fort. Jetzt ist Heiliger Abend, mein Junge. Sei lieb zu mir, ich habe es doch für dich getan. Es kann ja sein, dass die Haare auf meinem Kopf gezählt waren«, fuhr sie fort, auf einmal ernsthaft zärtlich, »aber niemand könnte jemals meine Liebe zu dir messen. Soll ich jetzt die Koteletts aufsetzen, Jim?«

Nun schien Jim schnell aus seiner Betäubung zu erwachen. Er schloss seine Della in die Arme.

Wir wollen daher zehn Sekunden lang höflich angestrengt einen belanglosen Gegenstand in entgegengesetzter Richtung betrachten. Acht Dollar in der Woche oder eine Million im Jahr, was ist der Unterschied? Ein Mathematiker oder ein Schlaukopf würden uns eine falsche Antwort geben. Die drei Weisen aus dem Morgenlande haben kostbare Geschenke gebracht, aber dieses war nicht darunter. Unsere dunkle Andeutung wird sich später aufklären.

Jim zog ein Päckchen aus seiner Manteltasche und warf es auf den Tisch.

»Versteh mich nicht falsch, Della«, sagte er. »Ich glaube, kein Haareschneiden, Scheren oder Waschen brächte mich dazu, mein Mädchen weniger zu lieben. Aber wenn du dieses Päckchen aufmachst, siehst du, warum ich erst eine Weile außer Fassung war.« Weiße Finger zogen behände an Schnur und Papier.

Ein entzückter Freudenschrei; und dann – o weh – ein schneller weiblicher Umschwung zu jähen Tränen und Klagen, welche den Herren des Hauses vor die augenblickliche Notwendigkeit stellten, mit ganzer Kraft Trost zu spenden.

Denn da lagen sie, die Kämme – die ganze Garnitur von Kämmen, seitlich und hinten einzustecken, die Della so lange in einem Schaufenster am Broadway bewundert hatte. Herrliche Kämme, echt Schildpatt, mit juwelenverzierten Rändern – genau von der Farbe, die zu dem verschwundenen Haar passte.

Es waren teure Kämme, das wusste sie, und ihr Herz hatte sie bloß begehrlich ersehnt, ohne im Entferntesten zu hoffen sie je zu besitzen. Jetzt gehörten sie ihr, aber die Flechten, die diesen Traum-Zierrat hätten zieren sollen, waren fort. Doch sie drückte die Kämme an ihr Herz, und endlich konnte sie aus verweinten Augen aufblicken und lächelnd sagen: »Meine Haare wachsen ja so rasch, Jim.«

Und dann sprang Della wie eine kleine, angesengte Katze in die Höhe und rief: »Oh, oh!«

Jim hatte ja sein schönes Geschenk noch gar nicht gesehen. Sie hielt es ihm eifrig auf offener Hand entgegen. Das matt glänzende, kostbare Metall schien aufzuleuchten und ihre innige Freude widerzuspiegeln.

»Ist sie nicht ein Prachtstück, Jim? Ich habe die ganze Stadt abgejagt, bis ich sie gefunden habe. Du musst jetzt hundertmal am Tag auf die Uhr schauen. Gib sie mir. Ich möchte sehen, wie sie sich daran ausnimmt.«

Anstatt Folge zu leisten, ließ sich Jim auf die Couch fallen, faltete die Hände hinter dem Kopf und lächelte.

»Dell«, sagte er, »wir wollen unsere Weihnachtsgeschenke wegpacken und eine Weile aufheben. Sie sind zu schön, als dass wir sie gleich benützen könnten. Ich hab die Uhr verkauft, um das Geld für deine Kämme zu bekommen. Jetzt glaube ich, wäre es Zeit, die Koteletts aufs Feuer zu stellen.«

Die Heiligen Drei Könige waren, wie Sie wissen, weise Männer – wunderbar weise Männer –, die dem Kindlein in der Krippe Geschenke brachten. Sie haben die Kunst des weihnachtlichen Schenkens erfunden. In ihrer Weisheit wählten sie sicher wohlweislich etwas aus, das, falls es schon auf dem Gabentisch vertreten war, umgetauscht werden konnte. Und da habe ich Ihnen nun mit unbeholfener Feder die recht ereignislose Geschichte von zwei närrischen Kindern in einer Wohnung erzählt, die einander, gar nicht sehr weise, ihre größten Schätze geopfert haben. Aber in meinem Schlusswort an die Weisen unserer Tage möchte ich sagen, dass von allen, die schenken, diese beiden am weisesten waren. Von allen, die schenken und beschenkt werden, sind ihresgleichen am weisesten. Immer und überall. Sie sind die Könige.

Edward D. Hoch

Weihnachten – ein Fest für Cops

»Na, gehn Sie auch auf die Weihnachtsparty, Captain?«, fragte Fletcher durch die offene Tür. Inspektor Leopold blickte von seinem wie immer unaufgeräumten Schreibtisch auf. Fletcher war jetzt Lieutenant im kürzlich neu strukturierten Dezernat »Gewaltverbrechen«, und die beiden arbeiteten nicht mehr so eng zusammen wie früher. »Ja, das werde ich«, sagte Leopold. »Man hat mich sogar gebeten eine Rede zu halten.«

Diese Nachricht trieb ein Grinsen in Fletchers Gesicht. »Auf der Weihnachtsparty wird nicht geredet, Captain. Da wird nur gesoffen.«

»Gut, dann werden Sie dieses Jahr eben mal eine Rede hören, und die werde ich halten.«

»Dann mal viel Glück.«

»Hilft Ihre Frau auch dieses Jahr wieder beim Dekorieren?«

»Ich nehme an, sie wird dabei sein«, kicherte Fletcher. »Allein und ohne sie traut sie mir auf keiner Weihnachtsparty.«

Die jährliche Feier der Kriminalpolizei war eine reine Männersache. Aber in den letzten Jahren waren Carol Fletcher und einige andere Ehefrauen schon nachmittags in die Eagles Hall gekommen, um den Baum zu schmücken und die Stechpalmenzweige aufzuhängen. Irgendwie war es diesen Mitgliedern des inoffiziellen »Dekorationskomitees« gewöhnlich gelungen, dann auch noch bis zu den eigentlichen Festivitäten des Abends zu bleiben.

Die Party sollte am folgenden Abend steigen, und Inspektor Leopold sah ihr bereits mit Freuden entgegen. Aber zuvor hatte er noch eine unerfreuliche Aufgabe zu erledigen. An diesem Nachmittag hatte er das Gefühl, die Sache nicht mehr länger aufschieben zu können, und so bestellte er Sergeant Tommy Gibson zu sich ins Büro und schloss hinter ihm die Tür.

Gibson war ein hartgesottener Cop der alten Schule, ein finsterer und stämmiger Mann, der sich aktiv um den Posten des Lieutenants beworben hatte, den am Ende aber dann Fletcher bekommen hatte. Leopold hatte Gibson nie sonderlich gemocht, aber bisher war es ihm immer gelungen, diese leidige Bestechungssache zu ignorieren, mit der gelegentlich auch Gibsons Name in Verbindung gebracht wurde.

»Wo brennt's, Captain?«, fragte Gibson, während er sich setzte. »Sie machen ein betrübtes Gesicht.«

»Ich bin auch betrübt, Gibson. Verdammt betrübt sogar! Als Sie in der alten Abteilung ›Überfall und Einbruchsdiebstahl‹ gearbeitet haben, hatte ich keine direkte Kontrolle über Ihre Aktivitäten. Aber nun, wo mir eine kombinierte Abteilung ›Gewaltverbrechen‹ untersteht, habe ich das Gefühl, ich sollte mich etwas eingehender dafür interessieren.« Er griff über seinen Schreibtisch nach einem Ordner. »Hier habe ich einen Bericht vom Bezirksgericht vorliegen. Der Bericht erwähnt auch Sie, Gibson, und erhebt ein paar ziemlich schwere Vorwürfe gegen Sie.«

»Vorwürfe welcher Art?«. Die Zunge des Sergeants züngelte heraus, um seine trockenen Lippen zu benetzen.

»Dass Sie von einem Mann namens Freese regelmäßige Zahlungen angenommen haben.«

Gibson erbleichte. »Ich habe keine Ahnung, wovon Sie sprechen.«

»Von Carl Freese, dem Mann, der in jeder Fabrik dieser Stadt die illegalen Wettbüros betreibt. Sie wissen, wer das ist, und Sie wissen, was er auf dem Kerbholz hat. Leute, die sich ihm widersetzt oder versucht haben, seine Machenschaften der Polizei zu melden, wurden verprügelt und fast totgeschlagen. Hier habe ich einen Bericht von einem Werksleiter der Lecko Industries. Als einige seiner Leute anfingen, bei den Wetten oder anderen Spielen, die von Freese kontrolliert werden, einen ganzen Wochenlohn zu verlieren, ging er zu seinem Vorgesetzten und machte Meldung. Noch in der gleichen Nacht wurde sein Wagen auf der Heimfahrt von der Straße abgedrängt und er selbst übel verdroschen, so übel, dass er drei Wochen im Krankenhaus verbringen musste. Dieser Fall müsste Ihnen bekannt sein, Gibson, denn Sie haben ihn erst letzten Sommer bearbeitet.«

»Ich glaube, ich erinnere mich.«

»Erinnern Sie sich auch an Ihren Bericht? Darin haben Sie die Sache als routinemäßigen ›versuchten Raubüberfall‹ abgehakt, und dies, obwohl dem Opfer kein Geld entwendet wurde. Das Opfer meldete den Vorfall dem Bezirksgericht, und die Leute dort haben sich die gesamte Glücksspielszene in den Industriebetrieben der Gegend unter die Lupe genommen. Hier habe ich ihren Bericht.«

»Ich bearbeite eine Menge Fälle, Captain, ich versuche meinen Job so gut wie möglich zu machen.«

»Quatsch!« Leopold war aufgesprungen, nun war ihm der Kragen geplatzt. Nichts versetzte ihn in größere Wut als ein unehrlicher Polizist. »Hören Sie, Gibson, das Bezirksgericht besitzt sämtliche Aufzeichnungen von Freese. Sie weisen wöchentliche Zahlungen von 100 Dollar an Sie auf. Was zum Teufel tun Sie für 100 Dollar pro Woche, wenn nicht diese Leute decken, wenn sie einen armen Kerl bis zur Besinnungslosigkeit verdreschen?«

»Diese Aufzeichnungen sind gefälscht«, sagte Gibson. »Ich habe überhaupt keine 100 Scheine pro Woche erhalten.«

»Wie viel haben Sie dann erhalten?«

Leopold ragte hoch auf über ihm in seinem Stuhl, und Gibsons stämmige Gestalt schien immer mehr zu schrumpfen. »Ich glaube, ich möchte mir einen Anwalt nehmen«, murmelte er.

»Ich suspendiere Sie vom Dienst, ohne Abfindung, mit sofortiger Wirkung. Was für ein Glück, dass Sie keine Frau und keine Familie haben, die deshalb leiden müssten.«

Tommy Gibson saß eine Weile schweigend da und starrte auf den Boden. Dann blickte er schließlich auf, suchte Leopolds Blick. »Geben Sie mir eine Chance, Captain. Ich war nicht allein in die Sache verwickelt.«

»Was soll das heißen?«

»Ich habe nicht die ganzen hundert erhalten. Ich musste sie mit einem der anderen Männer teilen – und er war derjenige, der mich mit Freese bekannt gemacht hat.«

»In der Sache steckt noch jemand drin? Einer von der Kripo?«

»Ja.«

»Nennen Sie mir seinen Namen.«

»Noch nicht.« Gibson zögerte. »Denn Sie würden's nicht glauben. Lassen Sie mich Ihnen Beweise liefern.«

»Welche Art Beweise?«

»Er und Freese kamen in meine Wohnung und erklärten mir, welche Art Protektion sie brauchten. Das war an dem Abend, als wir die Summe vereinbarten, die sie jede Woche zu zahlen hatten. Ich wollte kein Risiko eingehen, Captain, und so habe ich ein altes Aufnahmegerät hervorgeholt, das ich mir kurz nach dem Krieg gekauft hatte, und habe hinter meinem Sofa ein verstecktes Mikrofon installiert. Ich habe jedes Wort, das sie gesprochen haben, aufgezeichnet.«

»Wann war das?«, fragte Leopold.

»Vor über einem Jahr, und ich habe die Aufzeichnung des Gesprächs seither aufbewahrt. Was ist es Ihnen wert, wenn ich sie Ihnen bringe?«

»Ich bin nicht befugt, mich auf einen Handel einzulassen, Gibson.«

»Und der Bezirksrichter?«

»Ich könnte mit ihm reden«, antwortete Leopold vorsichtig. »Aber zuvor will ich mir anhören, was Sie zu bieten haben.«

Gibson nickte. »Ich nehme die Spule aus meinem Gerät und bring Sie Ihnen morgen.«

»Aber wenn Sie mich verarschen, Gibson, oder Zeit herausschinden wollen …«

»Nein, das tu ich nicht, Captain! Ich schwör's Ihnen! Ich will das Ganze nur nicht allein ausbaden müssen.«

»Ich gebe Ihnen vierundzwanzig Stunden. Dann tritt die Suspendierung rücksichtslos in Kraft.«

»Danke, Captain.«

»Und jetzt raus mit Ihnen!«

»Danke, Captain«, sagte er noch einmal, »und fröhliche Weihnachten.«

An dem Tag, als die Weihnachtsfeier stattfinden sollte, flauten die Aktivitäten rund um das Büro der Kriminalpolizei nur wenig ab. Es herrschte fast die gleiche Betriebsamkeit wie sonst auch bis etwa vier Uhr, als einige der Männer im Begriff waren, sich unter Austausch freundlicher Weihnachtsfloskeln zu verdrücken. Die eigentliche Feier sollte erst um fünf beginnen, wenn die Männer von der Tagesschicht in der Eagles Hall eintrafen, und würde noch bis weit nach Mitternacht dauern, damit auch die von der Abendschicht nach ihren Wachrunden noch dazustoßen konnten.

Dann sollte es ein Abendbüfett und jede Menge Bier geben und sogar ein paar gemeinsam um den Weihnachtsbaum gesungene Lieder. Da er wie Fletcher und die anderen Männer ohne Familienanhang war, freute sich Leopold normalerweise auf die Feier. Viele Jahre lang war sie das Hauptereignis in seiner ansonsten einsamen Zeit während der Feiertage gewesen.

Bis vier Uhr hatte er nichts von Sergeant Tommy Gibson gehört. Mit zunehmender Gereiztheit rief er Fletcher zu sich ins Büro. »Gibson ist doch jetzt Ihnen unterstellt, nicht wahr, Fletcher?«

»Richtig, Captain.«

»Woran arbeitet er heute?«

Fletchers Gesicht errötete überraschend. »Also, Captain, es sieht so aus, als würde er …«

»Wo steckt er?«

»Heute lief der Laden etwas ruhiger als sonst, daher habe ich ihm gesagt, er kann in die Eagles Hall rübergehen und beim Aufstellen des Christbaums für die Feier helfen.«

»*Wie bitte?*«

Fletcher trat unruhig von einem Bein aufs andere. »Ich weiß, Captain, aber normalerweise helfe ich Carol und den anderen Frauen, ihn aufzustellen. Aber jetzt, wo ich Lieutenant bin, habe ich geglaubt, ich könne mir nicht mehr die Zeit dafür herausnehmen, und so habe ich an meiner Stelle Gibson geschickt.«

Leopold tat einen Seufzer und sprang auf. »Schon gut, Fletcher. Kommen Sie, wir müssen sofort rüber.«

»Wieso? Was ist passiert?«

»Erzähl ich Ihnen unterwegs.«

Die Eagles Hall war ein großes, funktional modernes Gebäude, das ein örtlicher Verein für Hochzeitsempfänge und private Feiern vermietete. Dort hielt die Kriminalpolizei mithilfe ihres Fördervereins seit den letzten fünf Jahren eine Weihnachtsfeier ab, und die zentrale Lage hatte dazu beigetragen, dass die Wahl dieses Ortes geschätzt wurde. Er war nahe genug gelegen, um neben der Kripo auch einige von den Uniformierten anzulocken. Alle waren eingeladen und die meisten ließen sich im Laufe des langen Abends für eine Weile auch blicken.

Jetzt, kurz vor fünf Uhr, hatte sich bereits eine Handvoll Beamte in Zivil aus den verschiedenen Abteilungen eingefunden. Leopold winkte Sergeant Biker vom Sittendezernat zu, der gerade versuchte, Carol Fletcher mit einem widerspenstigen Feuerzeug behilflich zu sein, um ihre Zigarette anzuzünden. Dann blieb er stehen und wechselte ein paar Worte mit Lieutenant Williams, einem dürren Jüngling, der das Drogendezernat leitete. Williams hatte sich bereits innerhalb eines einzigen Dienstjahres einen Namen gemacht, indem er sich als Hippiemusiker verkleidet in eine Gruppe einschleuste, die an High-School-Schüler Drogen verkaufte. Leopold mochte ihn gern, er mochte seine aufrichtige und freundliche Art.

»Wie ich höre, werden Sie heute Abend eine kleine Rede halten«, meinte Williams, während er ihm ein Glas Bier einschenkte.

»Die hat mir Herb Clarke aufgehalst«, antwortete Leopold mit einen Kichern. »Ich halte sie am besten möglichst früh, bevor ihr Jungs zu bierselig seid, um noch zuzuhören.« Währenddessen blickte er sich in der großen Halle um und gewahrte den sechs Meter hoch aufragenden Weihnachtsbaum mit seinem Lichter- und Lamettaschmuck. Drei gespannte Drähte verliehen ihm neben einem Flügel mit aufgestelltem Deckel einen festen Stand. »Haben Sie Gibson gesehn?«

Williams reckte sich auf die Zehenspitzen und blickte über die Köpfe einiger neu eingetroffener Uniformierter. »Ich glaube, er hilft Carol den Baum fertig zu schmücken.«

»Danke.« Leopold nahm sein Bier und ließ sich bis zum hintersten Ende des Saals treiben. Carol hatte ihre Zigarette abgelegt, um einen der Drähte zu straffen, der den Baum hielt. Leopold half ihr beim Ziehen, dann trat er zurück. Sie war eine charmante, intelligente Frau, und es war nicht das erste Mal, dass er Fletcher um sie beneidete. Als Ehefrau und Mutter hatte sie ihm ein behagliches Familienleben beschert.

»Ich bin überrascht, Sie schon so früh hier zu sehen, Captain.«

Er half ihr einen anderen Draht festzuziehen und meinte, »ich bin immer rechtzeitig da, um charmanten Frauen bei Weihnachtsbäumen unter die Arme zu greifen.«

»Und auch vielen Dank für Sergeant Gibson! Er war mit dem Baum eine große Hilfe.«

»Kann ich mir denken. Wo steckt er jetzt?«

»Er hat den Hammer und die anderen Sachen in die Küche zurückgebracht. Jetzt schenkt er, glaube ich, Bier aus.« Sie nahm sich eine neue Zigarette und suchte etwas in ihrer Handtasche. Schließlich fragte sie: »Ach, hätten Sie zufällig Streichhölzer?«

Er gab ihr Feuer. »Sie rauchen zu viel.«

»Nur Energie für die Nerven. Gefällt Ihnen unser Baum?«

»Wunderschön. Ganz wie Weihnachten.«

»Wussten Sie, dass bei Chesterton irgendwo ein Baum vorkommt, der die Vögel frisst, die in seinen Ästen nisten, und an dem, wenn es Frühling wird, statt der Blätter Federn sprießen!«

»Sie lesen zu viel, Carol.«

Sie lächelte zu ihm hinauf. »Die Nächte sind einsam, wenn man die Frau eines Kriminalbeamten ist.« Ihr Lächeln wirkte ein wenig gezwungen, denn sie war nicht immer mit der Arbeit ihres Mannes einverstanden.

Er ließ sie beim Baum zurück und machte sich auf die Suche nach Gibson. Der stämmige Sergeant war tatsächlich in der Küche und damit beschäftigt, Bierkrüge abzufüllen. Als Leopold eintrat, blickte er überrascht auf. »Hallo, Captain.«

»Ich dachte, wir hätten heute eine Verabredung?«

»Die habe ich nicht vergessen. Nur wollte Fletcher, dass ich hier drüben aushelfe.«

»Wo ist nun der Beweis, von dem Sie sprachen?«

»Der was?«

Leopold wurde ungeduldig. »Machen Sie keine Witze, verdammt!«

Tommy Gibson blickte auf die größer werdende Menge in den Saal. »Ich habe ihn mitgebracht, aber ich musste ihn verstecken. Er ist nämlich auch hier.«

»Wer? Der Mann, der mit Ihnen in der Sache steckt?«

»Ja. Ich habe Angst, Freese könnte ihm was von der Untersuchung des Bezirksgerichts geflüstert haben.«

Von dieser Seite hatte Leopold Gibson noch nie gesehen – ein einsamer, in der Falle sitzender Mann, der wirklich Angst hatte. Oder der ein unheimlich guter Schauspieler war. »Ich habe Ihnen vierundzwanzig Stunden Zeit gegeben, Gibson. Entweder Sie rücken mit dieser Aufzeichnung raus oder …«

»Captain!«, unterbrach ihn plötzlich eine Stimme. »Wir sind bereit für Ihre Rede.«

Leopold wandte sich um und erblickte Sergeant Turner von der Vermissten-Abteilung im Türrahmen. »Ich komme sofort, Jim.« Turner schien sich einen winzigen Moment länger als nötig in der Tür herumzudrücken, bevor er sich umdrehte und ging. Leopold wandte sich wieder Gibson zu. »War er das?«

»Ich kann jetzt nicht reden, Captain.«

»Wo haben Sie sie versteckt?«

»Drüben beim Baum. Da ist sie sicher.«

»Bleiben Sie nach meiner Ansprache in der Nähe. Dann werden wir der Sache auf den Grund gehen.«

Während er einen nächsten Krug abfüllte, ließ Leopold ihn stehen, schlenderte aus der Küche und tauchte in die Menge. Da die Nachmittagsschicht zu Ende war, hatte sich der Saal nun rasch gefüllt. Es waren bereits an die sechzig Mitglieder der Polizei anwesend, ungefähr gleich viele Kriminalbeamte und uniformierte Streifenpolizisten. Manche schüttelten ihm die Hand oder schlugen ihm freundschaftlich auf den Rücken, während er sich den Weg zum Podium neben dem Baum bahnte.

Herb Clarke, Präsident des »Vereins der Freunde der Kriminalpolizei«, stand bereits auf der Bühne, hob die Hände und bat um Ruhe. Er schüttelte Leopold die Hand, dann wandte er sich an das Publikum. »Nun rückt mal alle näher ran, Männer. In fünf Minuten wird auch noch genug Bier da sein. Ihr alle wisst, dass wir auf diesen Weihnachtspartys nichts von langen Reden halten, aber ich habe mir gedacht, es könnte vielleicht ganz schön sein, wenn wir uns dieses Jahr mal ein paar Worte von einem Mann anhören, den wir alle kennen und bewundern. Leopold ist schon so lange bei der Kriminalpolizei, wie die meisten von uns überhaupt zurückdenken können ...« Das ausbrechende Gelächter zwang ihn, rasch hinzuzufügen, »obwohl er natürlich noch ein stattlicher junger Mann ist. Aber dieses Jahr hat er zusätzlich zu seinen Aufgaben als Inspektor der Mordabteilung eine ganz Menge neuer Verpflichtungen übernommen. Er ist jetzt der Chef der gesamten Abteilung Gewaltverbrechen in unserem Laden und somit in einer Position, durch die er in viel engerem Kontakt mit uns allen steht. Ich werde ihn nun bitten, nur ein paar wenige Worte zu sprechen, und dann werden wir, um das Klavier geschart, ein paar Weihnachtslieder singen.«

Leopold trat an das Mikrofon und justierte die Höhe, die Herb Clarke benutzt hatte, auf die seine. Dann blickte er hinaus auf das Meer vertrauter Gesichter. Carol Fletcher und die anderen Gattinnen entschwebten nach dem Hintergrund, während ihre männlichen Ehehälften und die anderen Männer sich nach vorn zusammenscharten. Fletcher selbst stand mit Sergeant Riker, einem alten Freund, zusammen, und Leopold fiel auf, dass Lieutenant Williams in die Nähe von Tommy Gibson gerückt war. Im Moment konnte er nichts von Jim Turner sehen.

»Männer, ich werde die Sache kurz machen, aber würdig zuzuhören. In dieser Zeit des Jahres hört ihr viel davon reden, dass Weihnachten ein Fest für Kinder ist, aber dem möchte ich noch eines hinzufügen. Weihnachten ist ein Fest für Kinder, natürlich – aber Weihnachten ist auch ein Fest für Polizisten, für die Cops, wie man uns nennt. Versteht ihr, was ich damit meine? Nein? Dann will ich es euch erklären. Weihnachten ist vielleicht die einzige Zeit des Jahres, in der der Polizist auf Streife oder der Kriminalbeamte bei der Ermittlung eine Gelegenheit hat, einiges von der Missgunst, die sich im Laufe der übrigen elf Monate gegen uns entwickelt hat, wieder in Gunst zu verwandeln. Dies war ein schlechtes Jahr für die Cops im Lande – und für uns, so scheint es, sind die meisten Jahre schlechte Jahre. Man macht uns verdammt viele Vorwürfe, manche zu Recht, die meisten aber nicht. Und dies ist die Zeit, um vielleicht manches von diesem Unrecht wieder gutzumachen. Habt keine Angst, euch mit der Heilsarmee an eine Straßenecke zu stellen und ein wenig die Glöckchen zu läuten oder einer alten Frau durch Matsch und Pfützen zu helfen. Vor allem aber habt keine Angst, freundlich zu lächeln und mit der Jugend zu reden.«

Er hielt inne und warf einen Blick zu Tommy Gibson hinunter. »Es hat immer ein paar schwarze Schafe unter den Cops gegeben und ich glaube, die wird es immer geben. Das bedeutet aber nur, dass der Rest von uns eine Menge zusätzliche, schwere Arbeit zu leisten hat. Vielleicht können wir aber so tun, als sei das ganze Jahr über Weihnachten, und dieses Unrecht ständig wieder gutmachen. Wie dem auch sei, jetzt habe ich schon so lange geredet, dass ich davon ein wenig Durst bekommen habe. Wenden wir uns also wieder dem Bier und dem Singen zu, und zwar laut und aus vollen Kehlen!«

Leopold sprang von der Bühne und schüttelte mehrere Hände. Eigentlich hatte er noch länger reden und ihnen noch härtere Brocken zu schlucken geben wollen, aber ganz hinten in der Menge wurden einige jüngere Polizisten bereits nervös. Schließlich waren sie ja gekommen, um sich zu amüsieren, und nicht, um sich eine Vorlesung anzuhören. Er konnte ihnen wahrhaftig nicht böse sein.

Herb Clarke scheuchte nun alle zum Singen um das Klavier, aber Leopold bemerkte, dass Tommy Gibson plötzlich verschwunden war. Der Inspektor drängte sich durch die

Menge und suchte unter den vertrauten Gesichtern nach dem gesuchten Mann. »Glänzende Rede, Captain«, meinte Fletcher, als er an seiner Seite auftauchte.

»Hat er Ihnen sonst noch irgendwas gesagt?«

»Nur, dass er das Band in der Nähe des Weihnachtsbaums verstecken musste. Er sagte, der andere Kerl sei auch hier.«

»Wer, meinen Sie, könnte das sein, Captain?«

»Ich meine, dass Tommy Gibson ein ziemlich cleveres Früchtchen ist. Ich denke, er will Zeit gewinnen, will darauf warten, dass Freese ihn irgendwie aus der Schlinge zieht.«

»Sie glauben doch nicht, dass es bei der Kripo noch einen anderen Polizisten gibt, der nicht ganz sauber ist?«

»Ich weiß nicht, Fletcher. Ich glaube, ich will es einfach nicht glauben.«

Plötzlich sprang mit einer so jähen Wucht die Tür der Herrentoilette auf, dass sich beide gleichermaßen wunderten. In Sergeant Rikers gewöhnlich so seelenruhigem Gesicht stand höchste Aufregung und er winkte ihnen hektisch zu. Im Nu war Leopold bei ihm. »Was gibt's, Riker?«

»Da drin! Mein Gott, Captain … da drin! Es ist Gibson!«

»Wer?«

»Tommy Gibson. Er wurde erstochen. Ich glaube, er ist tot.«

Leopold drängte hinter ihm in die gekachelte Herrentoilette mit ihrer blitzblanken Atmosphäre und ihrem Geruch nach Desinfektionsmittel. Da lag tatsächlich Tommy Gibson, die Augen erstarrt und aufgerissen, zusammengesackt zwischen zwei Waschbecken. Aus seiner Brust ragte eine lange Schere.

»Schließen Sie sämtliche Außentüren ab, Fletcher«, bellte Leopold. »Sorgen Sie dafür, dass niemand das Gebäude verlässt.«

»Ist er tot, Captain?«

»So tot, wie er jemals sein wird. Was für eine Scheiße!«

»Glauben Sie, das war einer von unseren Männern?«

»Wer sonst? Hängen Sie sich ans Telefon, machen Sie Meldung und lassen Sie die Mannschaft, die Dienst hat, herkommen. Jeder andere ist ein Tatverdächtiger.« Nachdem er die Leiche untersucht hatte, erhob er sich wieder und wandte sich an Riker. »Und nun erzählen Sie mir alles, was Sie wissen, Sergeant.«

Riker war ein Kriminaler vom Sittendezernat, ein Mann in mittleren Jahren mit friedlichem und freundlichem Wesen. Manche behaupteten, er könne sogar eine Nutte vom Straßenstrich, noch während er sie verhaftet, für sich einnehmen. Nun aber wirkte er krank und blass. »Ich kam rein, und da lag er, Captain. O mein Gott! Zuerst konnte ich meinen Augen nicht trauen. Ich dachte, er tut nur so, wollte irgendeinen Gag inszenieren.«

»Irgendwen bemerkt, der rausging, bevor Sie reinkamen?«

»Nein, niemanden.«

»Aber er ist erst seit ein paar Minuten tot. Das macht Sie zu einem Tatverdächtigen, Sergeant.«

Rikers bleiche Farbe schien bei Leopolds Worten ins Grünliche überzugehen. »Sie können doch nicht denken, ich hätte ihn umgebracht! Er war ein Freund von mir! Warum zum Teufel würde ich Tommy Gibson umbringen sollen?«

»Das werden wir schon sehen«, meinte Leopold und wies ihn mit einem Wink aus der Toilette. Die anderen Kriminalbeamten und Polizisten drängten sich in Scharen herein, versuchten einen Blick zu erhaschen. Es entstand ein düsteres Raunen von geflüsterten Reden. »Alle mal herhören!«, befahl der Inspektor. »Tretet alle zurück an das andere Ende des Saals, vor allem fort von dem Baum! Ganz richtig, fort aus seiner Nähe!«

»Captain!« Es war der kleine Herb Clarke, der sich zu ihm hindurchzwängte. »Captain, was ist passiert?«

»Irgendjemand hat Tommy Gibson umgebracht.«

»Tommy?«

»Einer von uns. Und deshalb darf hier keiner raus.«

»Das ist doch nicht Ihr Ernst, Captain. Ein Mord auf der Weihnachtsfeier der Polizei – die Zeitungen werden uns kreuzigen.«

»Schon möglich.« Leopold drängte hinter ihm her. »Niemand betritt die Herrentoilette«, brüllte er. »Fletcher, Williams – ihr kommt mit mir.« Sie waren die zwei einzigen Lieutenants im Saal, und er war gezwungen, ihnen zu trauen. Für Fletcher hätte er sich mit seinem Leben verbürgt. Er hoffte nur, dass er sich auch auf Williams verlassen konnte.

»Ich kann das einfach nicht glauben«, meinte der dürre junge Drogen-Lieutenant. »Warum würde irgendjemand Tommy umbringen wollen?«

Leopold räusperte sich. »Ich kann Ihnen sagen, warum, auch wenn Sie's vielleicht nicht glauben wollen. Gibsons Name war in der Untersuchung des Bezirksrichters über Carl Freeses Glücksspielimperium aufgetaucht. Er besaß eine Bandaufzeichnung von einem Gespräch zwischen Freese, ihm selbst und einem anderen von der Kriminalpolizei – offenbar ging es darin um Bestechung. Der andere Kripomann hatte ein handfestes Motiv, um ihn umzubringen.«

»Hat er gesagt, wer das war?«, fragte Williams.

»Nein. Nur dass es jemand war, der heute hier schon ziemlich früh aufgekreuzt ist. Wer war bereits hier, bevor Fletcher und ich ankamen?«

Williams zog angestrengt nachdenkend die Brauen zusammen. »Riker war hier und Jim Turner. Und ein paar Uniformierte.«

»Nein, nur Leute von der Kripo.«

»Gut, ich glaube, Riker und Turner waren die Einzigen. Und Herb Clarke natürlich. Er war den ganzen Tag mit den Damen zusammen und hat sich um das Essen und das Bier gekümmert.«

»Diese drei«, grübelte Leopold. »Und Sie natürlich.«

Lieutenant Williams grinste bitter. »Ja, und meine Wenigkeit.«

Leopold blickte zum großen Weihnachtsbaum. »Gibson sagte mir, er hätte die Tonbandaufzeichnung in der Nähe des Baums versteckt. Fangt mit dem Suchen an und lasst nichts aus. Sie könnte sogar in den Zweigen stecken.«

Nun trafen die Beamten vom Erkennungsdienst ein, und Leopold wandte ihnen seine Aufmerksamkeit zu. Die ganze Situation hatte wirklich etwas Groteskes, ein Umstand, der noch deutlicher wurde, als der Arzt, die Hilfskräfte von der Gerichtsmedizin und die Polizeifotografen stumme Begrüßungsgesten mit den herumschwärmenden Festgästen wechselten. Einer der jungen Spurensicherungsbeamten, der Tommy Gibson gekannt hatte, wurde beim Anblick der Leiche leichenblass und musste hinausgehen.

Als die Fotografen mit ihrer Arbeit fertig waren, begann einer der Männer von der Gerichtsmedizin den Körper hochzuheben. Plötzlich hielt er inne und rief nach Leopold. »Captain, hier ist etwas. Ein Feuerzeug auf dem Boden unter ihm.«

Leopold beugte sich dicht herab, um es eingehend zu betrachten ohne eventuelle Fingerabdrücke zu verwischen. »Initialen. C. F.«

Lieutenant Williams war hinter ihm eingetreten und stand in der Tür der Toilette. »Carl Freese?« vermutete er.

Leopold nahm ein Taschentuch und hob das Beweisstück vorsichtig an den Ecken auf. »Sollen wir vielleicht glauben, dass Freese inmitten von sechzig Cops diesen Raum hier betreten und Gibson umgebracht hat, ohne dass ihn jemand gesehen hat?«

»In der Wand dort gibt es ein Fenster.«

Leopold trat an die Milchglasscheibe und untersuchte sie. »Von innen verschlossen. Gibson könnte von draußen erstochen worden sein, aber danach konnte er das Fenster unmöglich verschlossen haben und durch diesen Raum gelangt sein, ohne eine Blutspur zu hinterlassen.«

Während sie sich noch unterhielten, war Fletcher eingetreten. »Den Gedanken können Sie sich abschminken, Captain. Meine Frau hat die Schere gerade als eine identifiziert, die sie früher am Nachmittag beim Dekorieren benutzt hat. Die Tat wurde eindeutig hier drinnen verübt.«

Leopold zeigte das Feuerzeug. »C. F. ... Könnte Carl Freese bedeuten.«

Fletcher runzelte stutzend die Stirn und beleckte sich die Lippen. »Durchaus möglich, ja.« Dann wandte er sich ab.

»Nichts«, berichtete Williams.

»Nichts *auf* dem Baum? Es könnte auch eine ziemlich kleine Spule sein.«

»Nichts.«

Leopold seufzte und winkte Fletcher und Williams zur Seite. Er wollte nicht, dass die anderen mithörten. »Hört zu, ich glaube, Gibson hat möglicherweise ebenfalls gelogen. Aber er ist tot, und genau dieser Umstand ist ein Indiz dafür, dass er auch die Wahrheit gesagt haben könnte. Ich muss die Sache aus jedem Blickwinkel betrachten. Nachdem ihr beide den Baum abgesucht habt, möchte ich, dass ihr euch in die Küche begebt, hinter euch abschließt und euch gegenseitig untersucht. Vorsichtig, aber sorgfältig!«

»Aber …«, begann Williams. »Gut, in Ordnung, Captain.«

»Dann lasst alle in einer Reihe antreten und nehmt an ihnen eine Leibesvisitation vor. Ihr wisst, wonach ihr sucht – nach einer Tonbandspule.«

»Was ist mit den Frauen, Captain?«

»Treibt für sie eine Krankenschwester auf. Es tut mir leid, dass das alles notwendig ist, aber wenn sich dieses Band hier befindet, dann müssen wir es finden.«

Er trat in die Mitte des Saals und betrachtete den Baum. Kerzen und Lametta, Festtagsgirlanden und Mistelzweige. All dieser Zierrat. Er versuchte sich bildlich vorzustellen, wie Tommy Gibson beim Dekorieren des Saals, beim Schmücken des Baums geholfen hat. Wo würde er das Band versteckt haben?

Herb Clarke trat zu ihm und sagte: »Die untersuchen jeden bis auf die Unterhose.«

»Ja. Tut mir leid, dass ich auf diese Art den Spaß an dem Fest verderben muss, aber ich vermute, der Spaß war bereits für Gibson verdorben.«

»Captain, müssen Sie damit denn überhaupt weitermachen? Ist denn ein unehrenhafter Mann nicht genug?«

»*Genug?* Bereits einer ist *zu viel*, Herb! Aber der Mann, nach dem wir suchen, ist jetzt mehr als nur ein unehrenhafter Cop. Er ist ein Mörder.«

Fletcher trat zu ihnen. »Wir haben alle Kripoleute untersucht, Captain. Die sind sauber. Jetzt nehmen wir uns die Uniformierten vor.«

Leopold grunzte missmutig. Er war sicher, dass sie nichts finden würden. »Einmal angenommen …«, begann er bedächtig. »Was ist, wenn Gibson das Band von der Spule abgerollt hat? Was ist, wenn er es wie Lametta auf den Baum gehängt hat?«

»Sehen Sie hier irgendwo braunes Lametta hängen, Captain? Sehen Sie irgendein Lametta von egal welcher Farbe, das lang genug wäre, um eine aufgezeichnete Nachricht zu enthalten?«

»Nein, sehe ich nicht«, gab Leopold zu.

Zwei von den Sergeants, Riker und Turner, gesellten sich zu ihnen. »Könnte er sich das nicht selbst zugefügt haben?«, fragte Turner. »Es heißt doch, Sie wären gerade dabei gewesen, ihn mit der Untersuchung des Freese-Falls in Zusammenhang zu bringen.«

»Sich mit einer Schere in die Brust zu stechen ist als Selbstmordmethode nicht gerade üblich«, gab Leopold zu bedenken. »Abgesehen davon würde das nicht zum Charakter eines Mannes wie Gibson passen.«

Einer der Beamten von der Spurensicherung kam mit dem Feuerzeug zu ihnen. »Nur Schmutzspuren, Captain. Nichts, was wir identifizieren könnten.«

»Danke.« Leopold nahm es an sich, drehte und wendete es zwischen den Fingern.

C. F. – Carl Freese.

Er versuchte es mehrmals zu betätigen, aber es funktionierte nicht. Endlich, beim vierten Versuch, kam eine Flamme. »Alles klar«, sagte er ruhig. Jetzt wusste er, was geschehen war.

»Captain …«, begann Fletcher.

»Verdammt noch mal, Fletcher, das ist das Feuerzeug Ihrer Frau, und das wissen Sie! C. F. bedeutet nicht Carl Freese, sondern Carol Fletcher!«

»Captain, ich …«, Fletcher verstummte.

Leopold fühlte sich auf einmal elend müde. Die bunten Lichter auf dem Baum schienen vor seinen Augen zu verschwimmen und er wünschte, er wäre weit weg in einem Land, in dem alle Cops aufrichtig waren und in dem jeder ein hohes Alter erreichte.

Sergeant Riker mischte sich ein. »Captain, wollen Sie damit sagen, dass Fletchers *Frau* Tommy Gibson erstochen hat?«

»Natürlich nicht, Riker. Sie hätte es schon ziemlich raffiniert anstellen müssen, um ihm unbemerkt in die Herrentoilette zu folgen. Abgesehen davon musste ich ihr heute Abend einmal mit einem Zündholz aushelfen, weil sie dieses Feuerzeug nicht finden konnte.«

»Aber wer war es dann?«

»Als ich ankam, waren Sie gerade dabei, Carol Fletcher mit einem widerspenstigen Feuerzeug Feuer zu geben. Ja, Sie, Riker. Dann haben Sie es gedankenlos eingesteckt, und das war der Grund, weshalb sie es später nicht mehr bei sich hatte. Es fiel Ihnen aus der Tasche, während Sie mit Gibson kämpften. Während Sie ihn umbrachten, Riker.«

Riker murmelte nur ein einziges obszönes Wort und seine Hand fuhr in Richtung des Dienstrevolvers an seinem Gürtel. Das hatte Leopold erwartet. Blitzschnell griff er ein und versetzte ihm zwei Faustschläge, einen in den Magen und einen ans Kinn. Riker ging zu Boden, und die Sache war erledigt.

Carol Fletcher hatte gehört, was geschehen war, und kam angestürzt. »Danke, dass Sie mir mein Feuerzeug wiederbeschafft haben«, sagte sie zu Leopold. »Ich hoffe, Sie hatten nicht mich verdächtigt.«

Er schüttelte den Kopf und meinte mit einem Seitenblick

auf Fletcher: »Natürlich nicht. Aber ich hätte mir, verdammt noch mal, gewünscht, Ihr Mann hätte mir gesagt, dass es Ihnen gehört.«

»Ich musste erst herausfinden, was es dort zu suchen hatte«, murmelte Fletcher. »Gott sei Dank kommt es nicht alle Tage vor, dass das Feuerzeug Ihrer Frau, das Sie ihr vor zwei Jahren zu Weihnachten geschenkt haben, als entscheidendes Indiz in einem Mordfall auftaucht.«

Leopold gab es ihr zurück. »Vielleicht wird Ihnen das eine Warnung sein, mit dem Rauchen aufzuhören.«

»Sie wussten von vornherein, dass es Riker war?«

»Ich war mir ziemlich sicher. Bei sechzig Männern, die hier herumstehen und Bier trinken, hätte kein Mörder eine Chance, diese Herrentoilette ungesehen zu verlassen. Seine beste Chance war, so zu tun, als hätte er die Leiche entdeckt, und genau das hat er getan. Abgesehen davon war unter den vier Kriminalbeamten, die sich schon früh am Tatort befanden, Rikers Stellung im Sittendezernat die nahe liegendste für Freeses Bestechungsaktion.«

»Und gab es überhaupt eine Tonbandaufzeichnung?«, fragte Fletcher.

Leopold starrte auf den Weihnachtsbaum. »Ich denke, in diesem Fall hatte Gibson die Wahrheit gesagt. Außer dass *er* nie etwas von einem Tonband gesagt hat. Das habe nur ich gesagt. Daraus habe ich einen voreiligen Schluss gezogen. Er hatte mir lediglich gesagt, es sei ein altes Gerät gewesen, das er sich nach dem Krieg gekauft hatte. In jenen frühen Tagen waren Bandgeräte nicht die einzige Art, die es gab. Eine Zeit lang waren Drahtgeräte fast genauso populär wie sie.«

»Draht!«

Leopold nickte und trat an den Weihnachtsbaum heran. »Wir wissen, Carol, dass Gibson Ihnen geholfen hat den Baum aufzustellen. Ich wette, dass einer dieser Drähte, von denen er gehalten wird, nichts anderes ist als das aufgezeichnete Gespräch zwischen Carl Freese, Tommy Gibson und Sergeant Riker.«

Zweites Kapitel

VON GOLDSUCHERN UND DESPERADOS: WEIHNACHTEN IM WILDEN WESTEN

Bret Harte

Die Outcasts von Poker Flat

Als Mr John Oakhurst, ein professioneller Spieler, am Morgen des 23. November 1850 auf die Hauptstraße von Poker Flat trat, bemerkte er eine gewisse Veränderung der moralischen Atmosphäre seit der vergangenen Nacht. Zwei, drei Männer, die sich gerade ernsthaft miteinander unterhielten, verstummten bei seinem Nahen und wechselten bedeutsame Blicke. Es lag eine Art Sabbatruhe in der Luft, welche in einer Siedlung, die mit Sabbateinflüssen nicht vertraut war, wie ein böses Omen wirkte.

Mr Oakhursts ruhiges, feines Gesicht verriet jedoch wenig Betroffenheit von diesen Anzeichen. Ob er sich jedoch irgendeiner Ursache bewusst war, stand auf einem anderen Blatt. ›Ich vermute, sie haben es auf jemanden abgesehen‹, überlegte er, ›höchstwahrscheinlich auf mich.‹ Er steckte das Taschentuch, mit dem er den roten Staub von Poker Flat von seinen glänzenden Stiefeln gewischt hatte, in seine Rocktasche zurück und entledigte seinen Geist gelassen von jeder weiteren Hypothese.

Poker Flat hatte es in der Tat »auf jemanden abgesehen«. Die Stadt hatte nämlich erst kürzlich den Verlust von mehreren Tausend Dollars, zwei wertvollen Pferden und einem prominenten Bürger erlitten. Seither erlebte sie ein Aufwallen heftiger Reaktion, das nicht minder ungesetzlich und unlenkbar war als jeder der Akte, die es ausgelöst hatten. Ein geheimes Komitee hatte beschlossen die Stadt von allem unsauberen Gesindel zu befreien. In der Regel wurde dabei so verfahren, wie am Beispiel zweier Männer zu erkennen, die damals unten in der Schlucht an den Ästen einer Platane hingen, zeitweise aber auch, indem man bestimmte andere unliebsame Individuen mit Verbannung bestrafte. Zu meinem Bedauern muss ich gestehen, dass einige von diesen auch Damen waren. Nur ihrem Geschlecht ist jedoch der Umstand zuzuschreiben, dass ihre Beflecktheit professioneller Art war, und nur nach solchen mühelos errichteten Maßstäben für das, was von Übel sei, wagte die Stadt Poker Flat zu Gericht zu sitzen.

Mr Oakhurst lag richtig in der Vermutung, dass auch er zu dieser Kategorie gerechnet wurde. Einige aus dem Komitee hatten darauf gedrängt, ihn zu hängen, um ein mögliches Beispiel zu geben sowie eine sichere Methode, um sich aus seinen Taschen für die Summen zu entschädigen, die er ihnen abgewonnen hatte. »Es ist gegen Recht und Ordnung«, meinte Jim Wheeler, »wenn wir zulassen, dass uns dieser junge Kerl aus Roaring Camp – noch dazu ein Fremder – unser Geld entführt.« Aber ein rudimentärer Sinn für Verhältnismäßigkeit, welcher in den Herzen derer wohnte, die das Glück gehabt hatten, gegen Mr Oakburst im Spiel gewonnen zu haben, obsiegte schließlich gegen diese engherzigere Ansicht in der Stadt.

Mr Oakhurst nahm sein Urteil mit philosophischer Gelassenheit und Kaltblütigkeit entgegen, so sehr ihm bewusst war, dass seine Richter ihr Urteil nicht ohne Zögern gefällt hatten. Er war zu sehr Spieler, als dass er sich dem Schicksal nicht gefügt hätte. Für ihn war das Leben bestenfalls ein unsicheres Spiel, und er akzeptierte den üblichen Prozentsatz, der für die Bank abfiel.

Ein Trupp bewaffneter Männer begleitete den deportierten Abschaum von Poker Flat bis an den Rand der Siedlung. Neben Mr Oakhurst, der als kaltblütig entschlossener Mann bekannt war und zu dessen Einschüchterung die bewaffnete Eskorte gedacht war, setzte sich die heimatvertriebene Schar des Weiteren aus einer jungen Frau, die in vertrautem Umgang unter dem Namen »die Herzogin« bekannt war, sowie aus einer Frau, die sich den Titel »Mutter Shipton«* erworben

* *Mother Shipton*: berühmte altenglische, halb sagenhafte Wahrsagerin und Hexe, angeblich 1488 geboren und mit 24 Jahren an einen gewissen Tony

hatte, und schließlich aus »Onkel Billy« zusammen, der ein mutmaßlicher Goldrinnenräuber und nachweislicher Säufer war. Die Reiterschar erregte weder seitens der Zuschauer irgendwelche Kommentare, noch kam ihrer Eskorte irgendein Wort über die Lippen. Erst als man die Schlucht erreicht hatte, die die äußerste Grenze von Poker Flat bildete, ergriff der Anführer kurz und sachlich das Wort: Den Exilierten sei es bei ihrem Leben verboten, wieder zurückzukehren.

Als die Eskorte ihren Blicken entschwand, machten sie ihren aufgestauten Gefühlen Luft: die Herzogin in ein paar hysterischen Tränen, Mutter Shipton mit einigen unschönen Worten und Onkel Billy durch eine letzten Salve wüster Verwünschungen. Allein der philosophische Oakhurst verharrte in Schweigen. Ruhig lauschte er Mutter Shiptons brennendem Wunsch, irgendwem das Herz aus dem Leib zu reißen, den wiederholten Beteuerungen der Herzogin, das Leben auf der Straße würde ihren Tod bedeuten, sowie den Besorgnis erregenden Flüchen, die, so schien es, direkt aus Onkel Billys feuchter Kehle heraufgepumpt wurden, während er dahinritt. Mit der unbeschwerten guten Laune, die für Leute seines Standes charakteristisch war, bestand er darauf, den erbärmlichen Maulesel, den die Herzogin ritt, gegen sein eigenes Reitpferd namens »Fünfauge« zu tauschen. Doch selbst diese Geste konnte die Schar nicht zu mehr Sympathie zusammenschweißen. Die junge Frau rückte mit schwacher und verblasster Koketterie ihre leicht mitgenommenen Hutfedern zurecht; Mutter Shipton beäugte voller Missgunst die neue Besitzerin von »Fünfauge« und Onkel Billy vereinte die gesamte Schar in einem einzigen, alles vernichtenden Fluch.

Die Straße nach Sandy Bar – einem Ort, der von den Säuberungsaktionen von Poker Flat bislang noch verschont

Shipton verheiratet; sie soll den Tod von Wolsey, Lord Percy u. a. sowie die Erfindung der Dampfmaschine und des Telegrafen vorausgesagt haben [Anm. d. Übers.].

geblieben war und der infolgedessen den Emigranten einigermaßen gastliche Aufnahme zu bieten schien – lag jenseits eines steil aufragenden Gebirgszugs. Dieses Ziel lag bei strengem Ritt eine Tagesreise weit entfernt. In jener fortgeschrittenen Zeit des Jahres war die Reisegruppe schon bald aus den feuchten und gemäßigten Regionen der vorgelagerten Hügel hinaus und in die trockene, kalte und erfrischende Luft der Sierra gelangt. Der Weg war schmal und beschwerlich. Gegen Mittag ließ sich die Herzogin aus ihrem Sattel zu Boden gleiten, tat ihre Absicht kund, keinen Schritt mehr weiterzureiten, und die Gruppe machte Halt.

Diese Stelle bot ein einzigartig wildes und beeindruckendes Bild. Ein bewaldetes Amphitheater, auf drei Seiten umrundet von senkrecht aufragenden Klippen aus nacktem Granit, und auf der vierten sanft abfallend zum Rand ein weiterer Abgrund, der das Tal überblickte. Es war zweifellos der geeignetste Ort, um eine Rast einzulegen – sofern ein Rasten ratsam gewesen wäre. Mr Oakhurst wusste aber, dass kaum die Hälfte des Weges nach Sandy Bar zurückgelegt und die Reisegesellschaft für ein Verweilen weder ausreichend gerüstet noch verpflegt war. Er wies seine Gefährten in knappen Worten auf diesen Umstand hin und unterstrich ihn mit einem philosophischen Kommentar über den Wahnsinn, »die Hände in den Schoß zu legen, bevor das Spiel gewonnen war«. Aber sie waren mit Schnaps ausgerüstet, und der diente ihnen in dieser Notlage als Ersatz für Nahrung, Brennmaterial, Erholung und Voraussicht. Seinen Warnungen zum Trotz dauerte es nicht lange, und sie befanden sich mehr oder minder stark berauscht. Onkel Billy verfiel im Nu von einem streitsüchtigen Zustand in einen der Benommenheit, die Herzogin wurde sentimental und Mutter Shipton begann vernehmlich zu schnarchen. Nur Mr Oakhurst hielt sich, an einen Fels gelehnt, standhaft aufrecht und wachte ruhig über sie.

Mr Oakhurst griff nicht zur Flasche. Das Trinken war einer Profession abträglich, welche Kaltblütigkeit, Gelassenheit und Geistesgegenwart erforderte, und so konnte er es sich, um mit seinen eigenen Worten zu sprechen, »nicht leisten«. Wie er so den Blick über seine ausgestreckt daliegenden Exilsgefährten schweifen ließ, begannen ihn die mit seinem Paria-Gewerbe verbundene Einsamkeit, seine Lebensgewohnheiten, ja sogar seine eigentlichen Laster zum ersten Mal ernsthaft zu bedrücken. Er suchte Ablenkung, indem er sich den Staub von seinen schwarzen Kleidern bürstete, sich Hände und Gesicht wusch und sich anderen, seinem sorgfältig gepflegten Aufzug entsprechenden Verrichtungen widmete, und so vergaß er für eine Weile seinen Kummer. Der Gedanke, seine schwächeren und bemitleidenswerteren Gefährten im Stich zu lassen, hatte ihn vermutlich kein einziges Mal gestreift. Und doch konnte er nicht verhindern, dass er einen Mangel an jener aufregenden Spannung verspürte, die, so sonderbar dies auch klingt, gerade besonders zu jener gelassenen Seelenruhe führte, für die er weithin bekannt war. Er blickte nach den düster dräuenden Wänden, die tausend Fuß hoch direkt über den Fichten rings um ihn her aufragten, nach dem ominös bewölkten Himmel, nach dem Tal unter ihm, das bereits immer tiefer in Schatten getaucht wurde – und während er all dies betrachtete, hörte er plötzlich, wie jemand seinen Namen rief.

Ein Reiter kam langsam den Weg herauf. In dem frischen, aufrichtigen Gesicht des plötzlich Aufgetauchten erkannte Mr Oakhurst Tom Simson, auch bekannt als »Klein Innozenz«, aus Sandy Bar. Er hatte ihn erst ein paar Monate zuvor »bei einem kleinen Spielchen« kennen gelernt und hatte in völliger Seelenruhe das gesamte Vermögen – es belief sich auf etwa vierzig Dollar – jenes arglosen Jünglings gewonnen. Nachdem das Spiel beendet war, hatte Mr Oakhurst den jugendlichen Glücksritter hinter der Tür in eine Nische gezogen und folgende Worte an ihn gerichtet: »Tommy, du bist ein anständiger junger Mann, aber deine Spielkunst taugt nicht einen Cent. Versuch dich nie wieder darin.« Dann gab er ihm sein Geld zurück, schob ihn sanft aus dem Saal und machte Tom Simson dadurch zu seinem ergebenen Sklaven. Ein Hauch von Erinnerung an diesen Vorfall lag in der kindlichen und begeisterten Art, mit der er Mr Oakhurst begrüßte. Er sei, so erzählte er, gerade nach Poker Flat aufgebrochen, um dort sein Glück zu suchen. »Allein?« Nein, ganz allein nicht; denn in Wirklichkeit (er kicherte) sei er mit Piney Woods zusammen davongelaufen. Ob Mr Oakhurst sich noch an Piney erinnern könne? Ah, die, die gewöhnlich am Tisch im Temperance House bediente? Tim nickte. Sie seien nämlich seit langem verlobt, aber der alte Jake Woods sei dagegen, und so seien sie davongelaufen und gerade unterwegs nach Poker Flat, um zu heiraten – und hier wären sie also! Und sie seien hundemüde, fügte er hinzu, und was für ein Glück, dass sie einen Ort zum Rasten und noch dazu Gesellschaft gefunden hätten. All dies gab Klein Innozenz in hastigen Worten von sich, während Piney, ein kräftiges, ansehnliches Dämchen von fünfzehn Jahren, hinter einer Fichte auftauchte, wo sie ungesehen errötet war, und nun an die Seite ihres Geliebten herangeritten kam.

Selten zerbrach sich Mr Oakhurst über Fragen von Feingefühl und noch weniger mit Fragen von Sitte und Anstand den Kopf; und doch hatte er das dumpfe Gefühl, dass dies eine nicht gerade glückliche Situation war. Er besaß jedoch so viel Geistesgegenwart, Onkel Billy rasch einen Tritt zu versetzen, als dieser gerade den Mund aufmachen wollte, und Onkel Billy war nüchtern genug, um in Mr Oakhursts Fußtritt eine höhere Gewalt zu erkennen, mit der nicht zu spaßen war. Dann versuchte er Tom Simson davon abzuraten, weiter zu verweilen, aber vergebens. Er wies sogar darauf hin, dass es keinerlei Proviant gab oder irgendwelche Mittel, um ein Lager zu errichten. Doch unglücklicherweise entkräftete Klein Innozenz seine Bedenken, indem er der Gruppe versicherte, dass er mit einem zusätzlichen Muli, voll bepackt mit Proviant, ausgerüstet sei, und ihnen enthüllte, dass sie ganz in der Nähe des Weges eine primitive Art von Blockhaus entdeckt hatten. »Piney kann ja bei Mrs Oakhurst bleiben«, meinte Klein Innozenz und deutete auf die Herzogin, »und ich komme schon selbst zurecht.«

Nur Mr Oakhursts mahnender Fußtritt bewahrte Onkel Billy davor, dass er in röhrendes Gelächter ausbrach. In seinem Zustand fühlte er sich gezwungen, sich höher in den Cañon zurückzuziehen, bis er sich wieder gefasst hatte. Dort oben vertraute er, während er sich immer wieder auf die Schenkel schlug, wie wild sein Gesicht verzerrte und in seine gewohnt profane Sprache verfiel, diesen Witz den hohen Fichtenbäumen an. Aber als er wieder zu der Gesellschaft zurückkehrte, fand er sie um ein Feuer sitzen – denn die Luft war seltsam kühl geworden, und der Himmel hatte sich vollends bezogen – und in sichtlich freundschaftliche Unterhaltung vertieft. Piney redete in spontaner, mädchenhafter Art auf die Herzogin ein, und diese hörte ihr so interessiert und lebhaft zu, wie sie sich seit vielen Tagen nicht gezeigt hatte. Klein Innozenz schwang mit sichtbar ähnlicher Wirkung feurige Reden vor Mr Oakhurst und Mutter Shipton, die sich tatsächlich bis zur Liebenswürdigkeit entkrampfte. »Zum Teufel, soll das etwa ein Picknick werden?«, rief Onkel Billy mit innerlicher Verachtung, als er die Gruppe in der Waldeslichtung, den funkenden Feuerschein und die im Vordergrund angebundenen Tiere gewahrte. Da mischte sich plötzlich eine verführerische Idee unter die Alkoholschwaden, die seinen Geist umnebelten. Sie war offensichtlich scherzhafter Natur, denn er fühlte sich erneut bemüßigt, sich auf die Schenkel zu klatschen und seine Faust gegen den Mund zu pressen.

Während die Schatten langsam an dem Gebirge hochkrochen, wiegte eine leichte Brise die Kronen der Fichten und heulte durch die langen, düsteren Schneisen dazwischen. Die verfallene Hütte, notdürftig geflickt und bedeckt mit Fichtenzweigen, wurde für die Damen reserviert. Als sich die Liebenden trennten, tauschten sie hingebungsvoll einen Kuss aus, so ehrlich und aufrichtig, dass man ihn wohl noch hoch oben in den schwankenden Fichten hätte hören können. Die empfindsame Herzogin und die boshafte Mutter Shipton waren vermutlich gleichfalls sprachlos über diesen letzten Beweis reinster Einfalt, weshalb sie sich wortlos zur Hütte abwandten. Auf dem Feuer wurde nachgelegt, die Männer legten sich vor der Türschwelle nieder und waren in wenigen Minuten eingeschlafen.

Mr Oakhurst hatte einen leichten Schlaf. Kurz vor Morgengrauen erwachte er benommen und durchfroren. Als er das erlöschende Feuer aufstocherte, trieb ihm der Wind, der nun kräftig blies, etwas gegen seine Wangen, was ihm das Blut aus diesen trieb – Schnee!

Er sprang auf die Beine und wollte die Schläfer wecken, denn es war keine Zeit zu verlieren. Aber als er sich dorthin wandte, wo Onkel Billy gelegen hatte, stellte er fest, dass dieser verschwunden war. Ein Verdacht schoss ihm durch den Kopf und ein Fluch auf die Lippen. Er rannte zu der Stelle, an der die Mulis angebunden waren; sie waren nicht mehr da. Die Spuren verschwanden bereits zusehends im Schnee.

Die momentane Erregung führte Mr Oakhurst mit seiner gewohnten Ruhe zurück zum Feuer. Er weckte die Schläfer nicht. Klein Innozenz schlummerte friedlich mit einem Lächeln auf seinem frohgemuten, sommersprossigen Gesicht; die keusche Jungfrau Piney schlief sanft wie von himmlischen Mächten behütet neben ihren weniger reinen Schwestern, und so zog sich Mr Oakhurst seine Decke über die Schultern, strich seinen Schnauzbart glatt und harrte der Dämmerung entgegen. Nur langsam zog sie in einem flimmernden Nebel aus Schneeflocken, die den Blick verwirrten, herauf. Was von der Landschaft noch zu erkennen war, erschien wie von Zauberhand verändert. Er blickte über das Tal und fasste Gegenwart und Zukunft in einem Wort zusammen: »Eingeschneit!«

Eine sorgfältige Inventur der Vorräte, die zum Glück für die Gruppe im Inneren der Hütte verstaut worden und somit Onkel Billys treulosen Händen entgangen waren, erbrachte als Ergebnis, dass sie mit Sorgfalt und Umsicht zehn Tage durchhalten konnten. »Das heißt«, sagte Mr Oakhurst *sotto voce* an Klein Innozenz gerichtet, »sofern du gewillt bist, auch uns zu bewirten. Wenn nicht – und vielleicht tätest du besser daran –, dann kannst du warten, bis Onkel Billy mit neuem Proviant zurückkommt.« Aus irgendeinem verborgenen Grund konnte sich Mr Oakhurst nicht dazu durchringen, Onkel Billys ruchlosen Verrat ans Licht zu bringen, und bot daher die Hypothese an, er habe sich zu einem Spaziergang vom Lager entfernt, habe dabei versehentlich die Tiere verschreckt und zu wilder Flucht getrieben. Er ließ der Herzogin und Mutter Shipton gegenüber eine warnende Andeutung fallen, aber diese waren über den Abfall ihres Gefährten natürlich bereits im Bilde. »Wenn sie überhaupt etwas finden, werden sie die Wahrheit über uns *alle* herausfinden«, fügte er bedeutsam hinzu, »und es ist nicht gut, sie jetzt schon in Angst und Schrecken zu versetzen.«

Tom Simson stellte Mr Oakhurst nicht nur all sein irdisches Hab und Gut zur Verfügung, sondern schien sogar erfreut über die Aussicht ihrer gewaltsamen Eingeschlossenheit. »Wir werden eine Woche lang ein gutes Lager haben, und dann wird der Schnee schmelzen und wir werden alle gemeinsam zurückkehren.« Der strahlende Frohsinn des jungen Mannes und Mr Oakhurts ruhige Gelassenheit steckten auch die anderen an. Klein Innozenz improvisierte mit Hilfe dicker Fichtenäste ein Dach für die dachlose Hütte, und die Herzogin leitete Piney bei der Neueinrichtung ihres Inneren mit so viel Geschmack und Umsicht, dass jene Provinzjungfer ihre blauen Augen bis zu voller Größe aufriss. »Ich nehme an, Ihr wart in Poker Flat die feinsten Dinge gewohnt«, meinte Piney. Darauf wandte sich die Herzogin heftig ab, um etwas zu verbergen, was ihr bis durch ihre berufliche Schminke hindurch die Schamesröte auf die Wangen trieb, und Mutter Shipton bat Piney energisch, nicht »dumm herumzuschwätzen«. Aber als Mr Oakhurst von einer ermüdenden Suche nach dem Weg zurückkehrte, schlug ihm ein Gelächter entgegen, so fröhlich, dass es von den Felsen widerhallte. Besorgt hielt er inne, und seine Gedanken kehrten natürlich als Erstes zum Whiskey zurück, den er in weiser Voraussicht versteckt hatte. »Und doch klingt das irgendwie nicht nach Whiskey«, sagte sich der Spieler. Erst als er das lodernde Feuer durch den immer noch blind machenden Sturm und die Gruppe um es versammelt erblickte, gelangte er zu der Überzeugung, dass es nichts als Freude am häuslichen Herd war.

Ob Mr Oakhurst zusammen mit dem Whiskey auch seine Spielkarten als etwas kaschiert hatte, was vor dem freien Zugang der Gesellschaft zu schützen war, kann ich nicht sagen. Gewiss war jedoch, dass er – um mit Mutter Shiptons Worten zu sprechen – an jenem Abend »nich' ein einziges Ma' was von Karten sagte«. Rein zufällig wurde die Zeit nämlich durch ein Akkordeon verkürzt, das Tom ein wenig prahlerisch aus seinem Gepäck zutage förderte. Ungeachtet einiger Schwierigkeiten mit der Handhabung des Instruments gelang es Piney Woods dennoch, seinen Tasten mehrere zaghafte Melodien zu entlocken, die Klein Innozenz mit einem Paar Kastagnetten aus Knochen begleitete. Das krönende Fest des Abends bildete jedoch eine einfache *camp-meeting*-Hymne*, welche die beiden Liebenden Hand in Hand mit großem feierlichen Ernst und kräftiger Stimme sangen. Ich fürchte, es war eher ein gewisser trotziger Ton und Schwung nach Art der Covenanter ** in ihrem Zweigesang als irgendetwas besonders Gottesfürchtiges, was dazu führte, dass dieser im Nu auch die anderen ansteckte, die schließlich mit in den Refrain einfielen:

* *camp meeting*: besonders von den Freien Kirchen gepflegter Feldgottesdienst unter freiem Himmel [Anm. d. Übers.].

** *Covenanter*: Anhänger des National Covenant, der schottischen Presbyterianerkirche; der Name Covenanters bezieht sich insbesondere auf jene Presbyterianer, die nach dem Verbot ihrer Glaubensrichtung durch die Engländer (1622) und der Ermordung ihres Feldpredigers Richard Cameron in der Schlacht von Aird's Moss (1688) tapfer und fanatisch gegen die englische Kirche Widerstand leisteten [Anm. d. Übers.].

Ich bin voller Stolz, zu leben im Dienst des Herrn,
Und ich bin ausersehn zu sterben in Seinem Heer.

Die Fichten schwankten, der Sturm wirbelte und fegte über das elende Häuflein dahin und die Flammen ihres Altars hüpften himmelwärts wie zum Zeichen des heiligen Bundes.

Um Mitternacht legte sich der Sturm, die dahinrollenden Wolken rissen auf und die Sterne funkelten strahlend munter über der schlafenden Lagerstatt. Mr Oakhurst, dessen berufliche Gewohnheiten ihm die Fähigkeit verliehen hatten, auch mit dem geringstmöglichen Quantum an Schlaf auszukommen, gelang es irgendwie, dass er, während er die Wache mit Tom Simson teilte, den größeren Teil der Pflicht selbst übernahm. Klein Innozenz gegenüber rechtfertigte er dies damit, dass er »oft eine ganze Woche ohne Schlaf gewesen« sei. »Wobei denn das?«, fragte Tom. »Beim Pokern!«, antwortete Oakhurst mit Nachdruck. »Wenn ein Mann eine Glückssträhne hat – auch *nigger-luck* genannt –, dann kennt er keine Müdigkeit. Das Glück lässt früher nach. Das Glück«, fuhr der Spieler nachdenklich fort, »ist ein höchst sonderbares Ding. Alles, was du von ihm sicher weißt, ist, dass es wechselt, nicht von Dauer ist. Und den Zeitpunkt herauszufinden, wann es sich ändern wird, das macht dich zum Mann. Wir hatten eine Pechsträhne, seit wir Poker Flat verließen – und dann kamst du, und schon bist auch du von ihr geschlagen. Wenn du deine Karten trotzdem weiter halten kannst, dann bist du gerettet. Denn«, so fügte der Spieler in einem vergnügt beiläufigem Ton hinzu,

Ich bin stolz, zu leben im Dienst des Herrn,
Und ich bin ausersehn zu sterben in Seinem Heer.

Der dritte Tag brach an, und als die Sonne durch das weiß verschleierte Tal blickte, sah sie, wie die Outcasts ihren allmählich abnehmenden Proviantvorrat für das Morgenmahl aufteilten. Es gehörte zu den Eigenarten jenes Gebirgsklimas, dass ihre Strahlen hier wie in reuevollem Mitleid für das Vergangene eine freundliche Wärme über die Winterlandschaft verbreiteten. Aber sie offenbarte auch die Sicht auf Schneewehen und nochmals Schneewehen, die sich hoch um die Hütte türmten – ein hoffnungs-, zeichen- und wegeloses Meer in Weiß, das sich zu Füßen der felsigen Küsten dehnte, an die sich die Ausgestoßenen noch immer klammerten. Durch die seltsam klare Luft stieg der Rauch über der dörflichen Siedlung Poker Flat auf, jedoch meilenweit entfernt. Sowie Mutter Shipton dies sah, schleuderte sie von einer entlegenen Zinne ihrer inneren Felsenfestung einen endgültig vernichtenden Fluch in ihre Richtung. Es war ihr letzter schmähender Ausfall und vielleicht aus diesem Grunde gewürzt mit einem gewissen Maß von Grandezza. Das habe ihr richtig gut getan, vertraute sie der Herzogin heimlich an. »Nun geh du hinaus und fluche, und du wirst sehen, wie du dich dann fühlst.« Dann machte sie sich an die Aufgabe, auch »das Kind« aufzuheitern, wie sie und die Herzogin Piney zu nennen beliebten. Piney war zwar kein kleines Küken mehr, aber es war eine ebenso tröstliche wie originelle Theorie der beiden, auf diese Art dem Umstand Rechnung zu tragen, dass sie weder fluchte noch befleckt war.

Als die Nacht wieder durch die tiefen Schluchten heraufkroch, schwollen die zaghaften Töne des Akkordeons in krampfhaften Zuckungen und lang gezogenen Seufzern am flackernden Lagerfeuer an und ab. Aber auch Musik vermochte die schmerzende Leere, die von ungenügender Nahrung hinterlassen wurde, nicht zur Gänze auszufüllen, und so wurde von Piney eine neue Ablenkung vorgeschlagen – das Erzählen von Geschichten. Da weder Mr Oakhurst noch seinen weiblichen Begleiterinnen sonderlich daran gelegen war, ihre persönlichen Erlebnisse zum Besten zu geben, hätte auch dieser Plan scheitern müssen, wenn nicht Klein Innozenz dabei gewesen wäre. Einige Monate zuvor war er zufällig auf ein herrenloses Exemplar von Mr Popes ingeniöser Übersetzung der ›Ilias‹ gestoßen. Daher schlug er nun vor, die wichtigsten Begebenheiten aus jenem Gedicht – dessen Handlung er sich durch und durch eingeprägt, dessen Worte er jedoch so gut wie ganz vergessen hatte – in der landläufigen Mundart von Sandy Bar zu erzählen. Und so wandelten für den Rest jener Nacht die homerischen Halbgötter erneut auf Erden. Trojanische Helden und listenreiche Hellenen rangen mit den Winden und die mächtigen Fichten im Cañon schienen sich unter dem Zorn von Peleus' Sohn zu beugen. Mr Oakhurst hörte mit stiller Befriedigung zu. Ganz besonders interessierten ihn jedoch die Geschicke eines gewissen »Ash-heels«, wie Innozenz beharrlich den »leichtfüßigen Achilles« nannte.

So zog mit wenig Speisung, viel Homer und dem Akkordeon eine Woche über den Häuptern der Outcasts hin. Die Sonne verließ sie wieder, und wieder wurden aus bleiernen Himmeln die Schneeflocken über das Land gesiebt. Tag um Tag zog sich der schneeige Kreis enger um sie zu, bis sie schließlich aus ihrem Gefängnis über wehende Mauern aus blendendem Weiß blickten, die sich zwanzig Fuß hoch über ihren Häuptern türmten. Es wurde immer schwieriger, Nahrung für ihr Feuer zu finden, selbst von den neben ihnen umgestürzten Bäumen, die nun halb verborgen unter den Schneewehen lagen. Die Liebenden wandten sich von dieser trüben Aussicht ab, blickten einander in die Augen und waren glücklich. Mr Oakhurst fügte sich kaltblütig dem Spiel vor seinen Augen, das er zu verlieren drohte. Die Herzogin, nun freundlicher, als sie je zuvor gewesen, widmete sich der Sorge um Piney. Nur Mutter Shipton – einst die Robusteste der Gruppe – schien dahinzusiechen und dahinzuschwinden. Um Mitternacht des zehnten Tages rief sie Mr Oakhurst an ihre Seite. »Ich werde euch bald verlassen«, sagte sie mit einer jämmerlich entkräfteten Stimme, »aber sagen Sie kein Wort davon. Und wecken Sie die Kinder nicht auf. Nehmen Sie das Bündel da unter meinem Kopf und machen Sie es auf.« Mr Oakhurst tat, wie ihm geheißen. Es enthielt Mutter Shiptons Rationen der vergangenen Woche – völlig unangerührt. »Geben Sie sie dem Kind«, sagte sie, auf die schlafende Piney deutend. »Sie haben sich verhungern lassen«, sagte der Spieler. »So nennen's wohl die Leute«, sagte die Frau jämmerlich und ließ sich wieder zurücksinken, wandte sich zur Seite und verschied in aller Stille.

Das Akkordeon und die Kastagnetten wurden an jenem Tag beiseite gelegt und Homer war vergessen. Nachdem sie Mutter Shiptons Leichnam dem Schnee übergeben hatten, nahm Mr Oakhurst Klein Innozenz beiseite und zeigte ihm ein Paar Schneeschuhe, die er aus dem alten Packsattel gefertigt hatte. »Es besteht noch eine Chance von eins zu hundert, sie zu retten«, sagte er, auf Piney deutend; »aber die liegt dort«, fügte er, nach Poker Flat deutend, hinzu. »Wenn du's in zwei Tagen bis dorthin schaffst, ist sie gerettet.« »Und Sie?«, fragte Tom Simson. »Ich bleibe hier«, war seine knappe Antwort.

Die Liebenden trennten sich mit einer langen Umarmung. »Sie gehen also doch mit?«, fragte die Herzogin, als sie sah, dass Mr Oakhurst offenbar auf ihn wartete, um ihn zu begleiten. »Nur bis zum Cañon«, antwortete er. Plötzlich wandte er sich um und küsste die Herzogin und ließ sie, ihr bleiches Gesicht erglüht und ihre gerade noch bebenden Glieder vor Verwunderung erstarrt, zurück.

Die Nacht kam wieder, nicht aber Mr Oakhurst. Sie brachte den Sturm zurück und den wirbelnden Schnee. Dann entdeckte die Herzogin, als sie Holz auf dem Feuer nachlegen wollte, dass irgendjemand still und heimlich neben der Hütte so viel Brennmaterial aufgeschichtet hatte, dass es für ein paar weitere Tage reichte. Die Tränen stiegen ihr in die Augen, doch sie hielt sie vor Piney verborgen.

Die Frauen fanden nur wenig Schlaf. Am Morgen, als sie einander in die Augen sahen, konnten sie ihr Schicksal darin lesen. Keine sprach ein Wort, aber Piney, die die Position der Stärkeren akzeptierte, rückte an sie heran und legte ihren Arm um die Hüfte der Herzogin. In dieser Haltung verharrte sie für den Rest des Tages. In jener Nacht erreichte die Wildheit des Sturms ihren Höhepunkt und er fuhr, die schützenden Fichten auseinander fegend, direkt in die Hütte.

Gegen Morgen fanden sie nicht mehr die Kraft, noch weiter das Feuer zu nähren, das Schritt um Schritt erlosch. Als die Asche langsam schwarz wurde, kroch die Herzogin dichter zu Piney heran und brach das Schweigen vieler Stunden: »Piney, kannst du beten?« »Nein, meine Liebe«, sagte Piney schlicht. Die Herzogin fühlte sich, ohne genau zu wissen, weshalb, erleichtert, sie legte ihren Kopf an Pineys Schulter und sagte nichts mehr. Und solcherart daliegend, wobei die Jüngere und Reinere mit ihrem jungfräulichen Busen dem Haupt ihrer befleckten Schwester als Kissen diente, fielen beide in Schlaf.

Der Wind flaute ab, so als fürchtete er sie aufzuwecken. Federleichte Schneedriften flogen, von den langen Fichtenästen abgeschüttelt, wie Vögel mit weißen Schwingen durch die Luft und ließen sich, während die beiden schliefen, um sie her nieder. Der Mond blickte durch die aufgerissenen Wolken herab auf das, was einst das Lager gewesen war. Aber alle menschliche Befleckung, alle Spur von irdischer Müh und Plage war unter dem fleckenlosen Mantel verborgen, der von oben gnädig über sie geworfen wurde.

Sie schliefen jenen ganzen Tag hindurch und noch den nächsten und erwachten auch dann nicht, als Stimmen und Schritte die Stille des Lagers brachen. Und als barmherzige Finger den Schnee von ihren bleichen Gesichtern fegten, hätte man angesichts jenes gleichen Friedens, der auf beiden lag, kaum unterscheiden können, welche von ihnen diejenige war, die gesündigt hatte. Sogar das Gesetz von Poker Flat erkannte dies an und wandte sich ab und ließ sie so, wie sie lagen, einander noch immer fest in die Arme schließend, zurück.

Auf der Höhe der Schlucht fanden sie jedoch an einer der mächtigsten Fichten die Kreuzzwei mit einem Bowiemesser in die Rinde gespießt. Auf der Spielkarte stand, von sicherer Hand mit Bleistift geschrieben:

†

UNTER DIESEM BAUM

RUHT DER STERBLICHE LEIB

VON

JOHN OAKHURST,

DEN

AM 23TEN NOVEMBER 1850

EINE PECHSTRÄHNE TRAF

UND DER

AM 7TEN DEZEMBER 1850

SEINE KARTEN

HINWARF.

†

Und pulslos und kalt, einen Derringer an seiner Seite und eine Kugel in seinem Herzen, obwohl noch warm wie im Leben, so lag er unter dem Schnee – er, der einst stärkste und dennoch schwächste der Outcasts von Poker Flat.

Bret Harte

Wie Santa Claus nach Simpson's Bar kam

Es hatte stark geregnet im Tal des Sacramento.

Der North Fork war über seine Ufer getreten und auch den Klapperschlangenbach konnte man nicht mehr überqueren. Die vereinzelten Geröllbrocken, die den Sommerübergang bei Simpsons Furt markiert hatten, waren unter einer weiten Wasserfläche verschwunden. Die Flut erstreckte sich bis an den Fuß der Berge. Die Postkutschen kamen nur noch bis zu Grangers Ranch; die letzte Post hatte aufgegeben werden müssen, während der Reiter um sein Leben schwamm. »Ein Gebiet von der Größe des Staates Massachusetts«, schrieb die ›Sierra-Lawine‹ mit nachdenklichem Lokalstolz, »steht jetzt bei uns unter Wasser!«

Aber auch in den Bergen war das Wetter um nichts besser. Die Bergstraße lag tief verschlammt; stecken gebliebene Wagen, die weder physische Kraft noch moralische Beschwörungen von der Stelle brachten, versperrten die Fahrspur. Der Weg nach der Ansiedlung Simpson's Bar war durch zusammengebrochene Gespanne und wilde Flüche gekennzeichnet … Etwas weiter aber klebte, abgeschnitten von der Umwelt und unzugänglich, vom Regen gepeitscht, vom Sturm umtobt, vom Hochwasser bedroht, die Ansiedlung Simpson's Bar wie ein Schwalbennest an den felsigen, zerklüfteten Säulen des Tafelberges. Es war der Abend des Weihnachtstages 1862.

Als die Nacht über die Häuser hereinbrach, schimmerten einige spärliche Lichter durch das Unwetter. Sie drangen aus Hütten zu beiden Seiten der Hauptstraße, die jetzt von wilden Fluten überströmt und von streunenden Windstößen gefegt wurde. Zum Glück waren die meisten Ansiedler in Thompsons Laden versammelt, wo sie um einen rot glühenden Ofen hockten und in einem allgemein anerkannten Gemeinschaftssinn schweigend die Wärmequelle anspuckten, was wohl eine Unterhaltung ersetzte. In der Tat waren alle Möglichkeiten der Zerstreuung in Simpson's Bar schon längst erschöpft. Das Hochwasser hatte die normale Arbeit in den Schluchten und am Fluss unmöglich gemacht und der daraus folgende Mangel an Geld und Whisky nahm den Männern die Lust an den meisten illegitimen Erholungsarten.

Selbst Mr Hamlin war froh, die Ansiedlung mit fünfzig Dollar in der Tasche verlassen zu können – das war der einzige Betrag, den er von seinen riesigen Gewinnen, die ihm bei erfolgreicher Ausübung seines schwierigen Berufs als Spieler zugeströmt waren, hatte eintreiben können.

»Wenn man mich nach 'nem hübschen kleinen Nest gefragt hätte«, sagte er einmal, »wo ein so abwegiger Sport wie die Nichtachtung des Geldes gedeihen könnte, dann hätte ich Simpson's Bar genannt; aber ein junger Mann mit großer Familie, die von seinen Bemühungen abhängt, würde dort nicht auf seine Kosten kommen.« – Da jedoch die Familie von Mr Hamlin hauptsächlich aus weiblichen Erwachsenen bestand, muss man seine angeführte Bemerkung mehr als Beweis für die Breite seines Humors denn für das exakte Ausmaß seines Verantwortungsgefühls werten.

Nun, die nichts ahnenden Objekte dieser Erzählung saßen an jenem Abend in ihrer schweigsamen Apathie, die durch den Müßiggang und den Mangel an Abwechslung hervorgerufen war. Selbst ein unerwarteter Hufschlag vor der Tür konnte sie nicht aufmuntern. Lediglich Dick Bullen unterbrach sich beim Auskratzen seiner Pfeife und hob den Kopf, aber niemand sonst gab ein Interesse an dem eintretenden Mann zu erkennen oder grüßte ihn als einen Bekannten.

Dieser Mann war allerdings kein Fremder für die Gruppe, sondern in Simpson's Bar allgemein bekannt als »der Alte Mann«. Er mochte etwa fünfzig Jahre alt sein, hatte nur noch wenige graue Haare, doch sein Aussehen wirkte noch immer frisch und jugendlich. Sein Gesicht zeigte eine bereitwillige, aber nicht sehr tief gehende Freundlichkeit und besaß die chamäleonartige Fähigkeit, die Tönungen und Farben der verschiedensten Stimmungen und Gefühle wiederzugeben.

Offensichtlich kam er soeben aus einer sehr lustigen Gesellschaft und bemerkte zunächst nicht den Ernst, der unter den Männern herrschte. Er schlug dem Nächstsitzenden scherzhaft auf die Schulter und ließ sich auf einen freien Stuhl fallen. »Grade die beste Geschichte gehört, Jungs … Ihr kennt doch Smiley, da drüben – Jim Smiley, den spaßigen Burschen …? Also, Jim hat uns gerade das tollste Ding erzählt, das ich je gehört habe …«

»Smiley ist ein Trottel!«, unterbrach ihn eine düstere Stimme.

»Ein Stinktier!«, setzte eine andere Stimme im Grabestone hinzu.

Diesen eindeutigen Feststellungen folgte ein kurzes Schweigen. Der Alte Mann ließ seine Blicke rasch über die Gruppe wandern und dann wandelte sich langsam sein Gesichtsausdruck.

»Mag sein«, meinte er nachdenklich, »sicher ist er eine Art Stinktier und vielleicht auch Trottel. Sicher.«

Er schwieg wieder eine Weile, wie in schmerzlichem Nachdenken über die Beschränktheit und Narrheit des armen Smiley versunken.

»Ekelhaftes Wetter, was?«, setzte er dann hinzu und war damit ganz auf die Linie der vorherrschenden Stimmung eingeschwenkt. »Schlechte Neuigkeiten für die Jungs; keine Aussicht mehr auf Geld in dieser Saison, und morgen ist Weihnachten!«

Bei dieser Bemerkung entstand eine Bewegung unter den Männern, aber ob aus Zustimmung oder Missfallen, das wurde nicht deutlich.

»Ja«, fuhr der Alte Mann in dem kläglichen Ton, den er in den letzten Minuten unbewusst angenommen hatte, fort, »ja, Weihnachten is' morgen, und heute Heiligabend! Seht ihr, Jungs, ich dachte mir so – das heißt, ich hatte 'ne Idee; war mir nur so gekommen, ihr versteht – dass ihr vielleicht heute Abend mit hinüber zu mir nach Hause kommt und 'ne Runde macht? Aber vielleicht habt ihr keine Lust, was? Seid wohl nich' dazu aufgelegt, ja?« So fragte er mit ängstlicher Freundlichkeit und starrte in die Gesichter seiner Gefährten ringsum.

»Na, ich weiß nicht«, erwiderte ihm Tom Flynn mit einem Anflug von Fröhlichkeit, »vielleicht haben wir Lust. Aber was is' n mit deiner Frau, Alter Mann? Was wird sie dazu sagen?«

Der Alte Mann zögerte. Seine ehelichen Erfahrungen waren nicht die glücklichsten gewesen, und diese Tatsache war natürlich in ganz Simpson's Bar bekannt. Seine erste Frau, eine zierliche, hübsche kleine Person, hatte zunächst tapfer und in aller Stille die eifersüchtigen Verdächtigungen ihres Mannes ertragen, bis er eines Tages alle Ansiedler zu seinem Haus einlud, um die Untreue seiner Frau an den Tag zu bringen. Als man am Haus ankam, traf die Gesellschaft die scheue, kleine Frau in aller Ruhe bei ihrer Hausarbeit an, und die Männer zogen sich beschämt und verwirrt zurück. Die sensible Frau allerdings erholte sich nicht so leicht vom Schock dieser ungewöhnlichen Beleidigung. Nur mühsam gewann sie genügend Gleichmut, um ihren Liebhaber aus dem Wandschrank zu befreien, in dem er sich verborgen hielt, und mit ihm zu entfliehen. Zum Trost für ihren verlassenen Ehemann ließ sie einen dreijährigen Jungen zurück. Die gegenwärtige Ehefrau des Alten Mannes war früher seine Köchin gewesen. Sie war groß, treu und sehr streitsüchtig.

Noch ehe der Alte Mann auf die Frage antworten konnte, ergriff schon Joe Dimnick an seiner Stelle das Wort und erklärte, dass es schließlich das Haus des Alten Mannes sei und dass er, Joe Dimnick, so wahr ihm Gott helfe, einladen würde, wen er wollte, wenn er an der Stelle des Alten Mannes wäre – selbst wenn dadurch sein Seelenfrieden gefährdet würde. Die Kräfte des Bösen, so fuhr er fort, müssten vergebens gegen ihn ankämpfen … Seine Sätze waren dabei von einer Markigkeit und Ausdruckskraft, von der dieser Bericht leider nur einen schwachen Eindruck wiedergeben kann …

»Natürlich. Sicher, so ist es«, stimmte der Alte Mann mit entschlossenem Stirnrunzeln zu. »Darüber gibt's auch nichts zu streiten. 's is' mein Haus; jeden Balken daran habe ich selbst zugehauen … Ihr braucht keine Angst vor ihr zu haben, Jungs. Kann sein, dass sie manchmal 'n bisschen stachlig ist – wie Frauen halt so sind –, aber sie wird sich schon beruhigen!«

Insgeheim vertraute der Alte Mann darauf, dass die Macht des Alkohols und die Ermutigung vonseiten der beherzten Vorbilder ihn unterstützen würden.

Allerdings hatte Dick Bullen, das Orakel und der Anführer der Männer von Simpson's Bar, bis jetzt noch nicht seine Meinung zu dem Vorschlag kundgetan. Nun jedoch nahm er seine Pfeife aus den Lippen und fragte: »Alter Mann, was macht eigentlich dein Johnny? Mir scheint, er sah nicht sehr gut aus, als ich ihn das letzte Mal auf der Klippe Steine nach den Chinesen werfen sah. Er schien nicht viel Spaß daran zu haben. Da ist doch gestern 'ne ganze Bande von ihnen unten am Fluss ertrunken – ich musste an Johnny denken, wie sehr er sie wohl vermissen würde. Vielleicht sind wir jetzt, falls er krank wäre, nur im Wege?«

Der Vater, der offensichtlich nicht nur durch diese pathetische Schilderung von Johnnys Verlust, sondern auch durch die Zartfühligkeit des Sprechers gerührt war, beeilte sich zu versichern, dass sich Johnny besser fühle und ein kleiner Spaß ihn wohl aufmuntern werde. Daraufhin erhob sich Dick, schüttelte sich und meinte: »Also, dann bin ich bereit. Zeig uns den Weg, Alter, es geht los!« Doch er wartete den Alten Mann nicht ab, sondern sprang mit einem charakteristischen Geheul zur Tür und stürzte hinaus in die Nacht. Im Vorraum riss er im Vorbeirennen einen flackernden Feuerbrand vom Herd und die ganze übrige Gesellschaft, die ihm auf den Fersen folgte, tat ihm dies nach. Man stieß und drängte sich, und ehe noch der erstaunte Eigentümer von Thompsons Kramladen die Absicht seiner Gäste begriffen hatte, lag der Raum bereits leer da.

Die Nacht war stockdunkel. Vom ersten Windstoß bereits wurden ihre behelfsmäßigen Fackeln ausgelöscht und nur noch die roten Glutfünkchen tanzten und huschten durch die Dunkelheit wie betrunkene Irrlichter und zeigten den jeweiligen Standort der Gesellschaft an.

Ihr Weg führte sie den Fichtenbaum-Cañon hinauf, an dessen oberem Ende sich eine breite, niedrige, rindengedeckte Hütte an den Berg drängte. Dies war das Haus des Alten Mannes und zugleich der Eingang zu dem Schacht, in dem er arbeitete – falls er gerade einmal arbeitete. Aus einer gewissen zartfühlenden Rücksichtnahme gegen den Gastgeber, der hinter ihnen herangekeucht kam, blieben die Männer stehen.

»Vielleicht bleibt ihr lieber noch 'ne Sekunde draußen, während ich allein hineingehe und zusehe, dass alles in Ordnung geht«, erklärte der Alte Mann mit einer Gleichgültigkeit, die zu empfinden er vielleicht weit entfernt war. Man nahm den Vorschlag aber großzügig an; die Tür wurde aufgestoßen und schloss sich hinter dem Gastgeber, und die Männer lehnten sich mit dem Rücken gegen die Wand, kauerten sich unter die Dachrinnen, warteten und lauschten.

Einige Augenblicke lang war nichts zu hören als das Tropfen des Wassers aus der Dachrinne und das Rauschen und Knarren der bewegten Zweige über ihnen. Langsam wurde es den Männern aber ungemütlich und geflüsterte Vermutungen und Vorschläge gingen unter ihnen rund. »Schätze, sie hat ihm schon das erste Leck in den Schädel geschlagen!« – »Hat ihn in den Schacht gelockt und dort eingesperrt ...« – »Oder auf den Boden geworfen und sich auf ihn gesetzt!« – »Wahrscheinlich sucht sie was, um es nach uns zu werfen: Macht die Tür frei, Jungens!«

Aber gerade in diesem Augenblick knackte die Klinke, langsam ging die Tür auf und eine Stimme forderte sie auf: »Kommt herein aus der Nässe!«

Die Stimme gehörte weder zu dem Alten Mann noch zu seiner Frau; es war vielmehr die Stimme eines kleinen Jungen – ein schwacher Sopran, der durch jene unnatürliche Heiserkeit gebrochen war, wie sie lediglich das Herumtreiben und frühreife Selbstständigkeit mit sich bringen. Das Gesicht eines kleinen Jungen schaute auch zu ihnen auf – ein Gesicht, das vielleicht hübsch und selbst fein zu nennen gewesen wäre, das jedoch von innen durch schlimmes Wissen und von außen durch schmutzige und harte Erfahrungen überschattet wurde ... Der Junge hatte eine Decke um die Schultern geschlungen und war offensichtlich gerade vom Bett aufgestanden. »Kommt rein«, wiederholte er, »und macht keinen Lärm! Der Alte Mann ist da drinnen und spricht mit Mutter«, und damit zeigte er auf einen angrenzenden Raum, der eine Küche zu sein schien. Die Stimme des Alten Mannes klang von dort mit ihrem bittenden Tonfall herüber.

»Lass mich los«, stieß der Junge ärgerlich hervor und meinte damit Dick Bullen, der ihn mitsamt seiner Decke gepackt hatte und so tat, als ob er ihn in das Feuer werfen wolle. »Du verdammter alter Narr, hörst du nicht?«

Derart beschimpft, setzte Dick Bullen mit einem verlegenen Lachen Johnny wieder auf den Boden, während die Männer leise eintraten und sich um einen langen, rohen Tisch gruppierten, der mitten im Raum stand.

Johnny schritt würdevoll zu einem Schrank und holte verschiedene Gegenstände heraus, die er auf den Tisch stellte. »Da is' Whisky. Und Zwieback. Und Käse.« Während des Weges zum Tisch biss er einmal vom Käse ab. »Und Zucker.« Im Vorbeigehen nahm er auch davon mit seiner kleinen, sehr schmutzigen Hand einen Mundvoll mit. »Und Tabak. Auf dem Brett liegen auch gedörrte Äpfel, aber die mag ich nicht. Äpfel quellen so auf. Also«, schloss er, »nun greift zu und habt keine Angst! Ich kümmere mich nicht um die alte Frau. Sie gehört nicht zu mir. Bis später also.«

Damit war er zur Schwelle eines kleinen Raumes gegangen, der, kaum größer als ein Schrank, vom großen Raum abgeteilt war und in dessen dunklem Hintergrund ein kleines Bett stand. Der Junge blieb noch einen Moment stehen und blickte zurück auf die Gesellschaft. Seine bloßen Füße schauten unter der Decke hervor. Dann nickte er altklug.

»Nanu, Johnny! Du willst doch nicht schon wieder hineingehen?«, fragte Dick.

»Doch, das will ich!«, gab Johnny entschlossen zurück.

»Aber, was ist denn los, alter Bursche?«

»Ich bin krank.«

»Wieso krank?«

»Ich habe Fieber, Frostbeulen und Rheumatismus«, gab

Johnny zurück und verschwand. Nach einer kleinen Weile setzte er aus der Dunkelheit heraus und offensichtlich unter der Bettdecke liegend hinzu: »Und schlechte Laune ...«

Ein verlegenes Schweigen trat ein. Die Männer sahen sich an und starrten dann ins Feuer. Trotz des appetitanregenden Banketts vor ihnen schien es, als ob sie wieder in die gleiche gedrückte Stimmung wie in Thompsons Laden verfallen könnten, doch plötzlich drangen die Worte des Alten Mannes aus der Küche, als dieser unvorsichtig laut sprach.

»Sicher, so ist es! Natürlich sind sie das: eine Bande von faulen, betrunkenen Herumtreibern, und dieser Dick Bullen ist der Schlimmste von allen. Hatten nicht genug Grips, sondern kamen einfach mit, obwohl wir 'n Kranken im Haus haben und keine Vorräte. Ich hab's ihnen gesagt: ›Bullen‹, sagte ich, ›du bist ja sternhagelvoll oder ein Narr‹, sagte ich, ›dass du auf solche Gedanken kommst! Stables‹, sagte ich, ›sei du ein Mann, Stables, und bring keinen Ärger unter mein Dach, wo Invaliden rumliegen!‹ Aber sie wollten eben kommen – sie wollten einfach. Was kann man auch anderes von dem Pack erwarten, das sich in der Bar herumtreibt ...«

Auf diese unglücklichen Ausführungen hin brachen die Männer in Gelächter aus. Ob dies nun in der Küche überhört wurde, oder ob die zornige Gefährtin des Alten Mannes gerade jetzt alle anderen Möglichkeiten erschöpft hatte,- ihre Entrüstung und Verachtung auszudrücken, das kann ich nicht entscheiden, aber gleich darauf wurde eine rückwärtige Tür mit großer Kraft zugeschlagen. Einen Augenblick später erschien der Alte wieder bei den Männern. Er kannte glücklicherweise nicht den Grund für deren Lachen und lächelte daher freundlich.

»Die alte Dame meinte, sie wolle zu einem kleinen Schwätzchen hinüber zu Mistress McFadden«, erklärte er mit unschuldiger Gleichgültigkeit und setzte sich an den Tisch.

Merkwürdigerweise bedurfte es dieses nicht sehr schönen Zwischenfalls, um die Verlegenheit, die sich bei der Gesellschaft einstellen wollte, zu verjagen. Die natürliche Verwegenheit der Männer kehrte mit ihrem Gastgeber zurück. Ich hege nun nicht die Absicht, die Festlichkeit jenes Abends zu schildern. Der neugierige Leser wird sich wohl mit der Feststellung begnügen, dass die Unterhaltung später am Abend von der gleichen geistigen Höhe, der gleichen vorsichtigen Zurückhaltung, dem sorgsamen Zartgefühl, der rednerischen Genauigkeit und der gleichen logischen, zusammenhängenden Gedankenkette gekennzeichnet war wie ähnliche Versammlungen von Angehörigen des männlichen Geschlechts an zivilisierten Stätten und unter günstigeren Voraussetzungen. Gläser wurden nicht zerbrochen, weil es keine gab; auch Alkohol wurde nicht sinnlos auf den Fußboden oder Tisch vergossen, weil diese Materie so knapp war.

Kurz vor Mitternacht wurde die Feier plötzlich unterbrochen.

»Hört mal«, sagte Dick Bullen und hob seine Hand hoch. Aus dem angrenzenden Raum klang die klagende Stimme Johnnys: »O Papi ...«

Der Alte stand hastig auf und verschwand in dem Kämmerchen. Gleich darauf erschien er wieder. »Sein Rheumatismus wird schlimmer«, erklärte er, »und er möchte, dass ich ihn einreibe.« Er hob die Korbflasche vom Tisch und schüttelte sie, doch es war kein Whisky mehr darin. Dick Bullen setzte mit verlegenem Lachen seinen Zinnbecher nieder; ihm folgten die anderen. Der Alte Mann prüfte den Inhalt der Becher und meinte dann hoffnungsvoll: »Ich glaube, das genügt; er braucht nicht viel! Unterhaltet euch einen Moment allein, ich bin gleich wieder da!« Dann verschwand er mit einem alten Flanellhemd und dem Whisky in dem Kämmerchen. Die Tür schloss allerdings nicht richtig, und so war der folgende Dialog deutlich vernehmbar:

»Nun, mein Kleiner, wo ist der Schmerz am schlimmsten?«

»Manchmal hier drüben und manchmal da unten; aber am meisten reißt's von hier nach da ... Reib mal dort, Papi!«

Das darauf folgende Schweigen schien auf heftiges Massieren hinzudeuten. Dann fragte Johnny:

»Habt ihr viel Spaß draußen, Papi?«

»Ja, mein Kleiner.«

»Morgen is' Weihnachten, nicht wahr?«

»Ja, Söhnchen. Wie fühlst du dich jetzt?«

»Besser. Reib ein bisschen weiter unten ...! Was is' 'n eigentlich Weihnachten? Was hat 'n das zu bedeuten?«

»Oh, das ist nur so 'n Tag ...«

Diese erschöpfende Auskunft war offensichtlich ausreichend, denn es trat eine kurze Pause ein, in der schweigend massiert wurde. Dann begann Johnny wieder:

»Mama sagt, dass überall sonst jeder dem anderen etwas zu Weihnachten schenkt, und dann wettert sie gleich gegen dich los. Sie sagt, dass es 'nen Mann gibt, der Santa Claus heißt; kein weißer Mann, weißt du, sondern so 'ne Art Chinese; der kommt in der Nacht vor Weihnachten durch 'n Schornstein runter und bringt den Kindern Geschenke – solchen Jungs wie mir, steckt sie ihnen in die Stiefel! Das hat sie versucht mir weiszumachen ...! Vorsichtig jetzt, Papi – wo du jetzt reibst, das ist ja 'ne Meile weit von der richtigen Stelle weg! – Das hat sie sich doch nur ausgedacht, um dich un' mich zu ärgern, nich' wahr? Nicht dort reiben – aber, Papi ...!«

In der großen Stille, die sich danach auf das Haus zu senken schien, war das Seufzen der nahe stehenden Fichten und das Tropfen des Wassers draußen deutlich zu hören. Als Johnny weitersprach, klang auch seine Stimme leiser: »Du kannst jetzt aufhören, – 's geht schon wieder besser. Was tun die Kerle draußen?«

Der Alte Mann öffnete die Tür einen Spalt und spähte hindurch. Seine Gäste saßen sittsam da und auf dem Tisch lagen einige Silbermünzen und ein magerer Geldbeutel aus Leder. »Sie wetten um irgendwas, machen 'n kleines Spiel oder so was; 's ist alles in Ordnung«, berichtete er Johnny und machte sich wieder ans Einreiben.

»Ich möcht's auch gern mal versuchen und 'n bisschen Geld gewinnen«, meinte Johnny nach einer Weile nachdenklich. Der Alte Mann brachte rasch und mühelos eine Phrase vor, die offensichtlich oft verwandt wurde, dass nämlich Johnny genügend Geld haben werde, wenn er nur warten wolle, bis er, der Alte Mann, im Schacht eine Ader anschlüge – und so weiter, und so weiter …

»Jaja«, entgegnete Johnny, »aber das tust du ja nich'! Und ob du nun 'ne Ader anschlägst oder ich gewinne das Geld, das bleibt doch dasselbe. Immer ist es Glück. – Aber mit Weihnachten, das is' 'ne merkwürdige Sache, nicht wahr? Weshalb nennt man das Weihnachten?«

Aus irgendeiner instinktiven Furcht vielleicht, dass seine Gäste ihn hören könnten, oder aus einem unbestimmten Bewusstsein von der Ungereimtheit der Situation fiel die Antwort des Alten Mannes so leise aus, dass sie im anderen Raum nicht verstanden wurde.

»Ja«, erklärte Johnny dann mit nachlassender Anteilnahme, »ich hab schon mal von ihm gehört. So, das genügt jetzt, Dad, es tut nun nicht mehr so weh wie erst. Wickle mich doch ganz fest in diese Decke. So. Und nun«, sprach er flüsternd weiter, »setz dich hier zu mir, bis ich eingeschlafen bin!«

Um sich zu vergewissern, dass dieser Bitte auch Folge geleistet würde, streckte er die Hand unter der Decke hervor, fasste seinen Vater am Ärmel und legte sich dann wieder bequem zurecht.

Eine Weile wartete der Alte Mann geduldig, dann aber erregte die ungewöhnliche Ruhe im Haus seine Neugier, und ohne sich vom Bett zu rühren, öffnete er mit seiner freien Hand vorsichtig die Tür und spähte in den großen Raum. Zu seiner grenzenlosen Überraschung lag er leer und dunkel da. Aber gerade in diesem Augenblick zersprang ein schwelendes Scheit auf dem Herd, und in der aufspringenden Glut erkannte er die Gestalt von Dick Bullen, der am verglimmenden Feuer saß.

»Hallo!«

Dick fuhr zusammen, erhob sich und kam unsicher auf ihn zu.

»Wo stecken die Jungs?«, fragte der Alte Mann.

»Sie sind den Cañon hinauf, machen 'n kleinen Bummel. In 'ner Minute kommen sie zurück und holen mich. Ich warte hier auf sie. Was siehst du mich so an, Alter Mann?«, fragte er mit gezwungenem Lachen. »Glaubst du etwa, ich bin betrunken?«

Einen solchen Verdacht hätte man dem Alten Mann nachfühlen können, denn Dicks Augen waren feucht und sein Gesicht gerötet. Er torkelte und stolperte zum Kamin zurück, gähnte, schüttelte sich, knöpfte seinen Rock zu und lachte dann. »So reichlich ist der Schnaps nicht gewesen, Alter Mann! Aber bemüh dich nicht«, fuhr er fort, als der Alte eine Bewegung machte, um seinen Ärmel aus Johnnys Hand zu befreien.

»Lass nur deine Manieren; bleib sitzen, wo du bist; ich verschwinde gleich. Da, das sind sie schon!«

Leise klopfte jemand an die Tür. Dick Bullen öffnete sie rasch, nickte dem Gastgeber einen Gutenachtgruß zu und verschwand.

Der Alte Mann wäre ihm gern gefolgt, hätte ihn nicht immer noch die Hand am Ärmel gepackt. Zwar konnte er sich leicht befreien, denn die Hand war klein, schwach und abgemagert. Aber vielleicht gerade weil sie dies war, wurde er anderen Sinnes, rückte seinen Stuhl näher zum Bett und legte seinen Kopf darauf. In dieser hilflosen Lage überkam ihn die Macht des vorangegangenen Gelages. Der Raum tanzte und verschwamm vor seinen Augen, erschien wieder, verblasste abermals, verschwand völlig – und ließ ihn schlafend zurück.

Unterdessen hatte Dick Bullen die Tür von außen geschlossen und stand vor seinen Gefährten. »Bist du bereit?«, fragte Stables. »Bin bereit!«, entgegnete Dick. »Wie spät ist es?«

»Zwölf durch«, war die Erwiderung. »Wirst du es schaffen? – Es sind fast fünfzig Meilen, die ganze Reise hin und zurück!«

»Ich glaube schon«, gab Dick kurz zurück. »Wo steht die Stute?«

»Bill und Jack halten sie an der Kreuzung fest.«

»Sie sollen sie noch eine Minute länger halten«, meinte Dick. Dann drehte er sich um und schlich leise noch einmal in das Haus zurück. Beim Licht einer flackernden Kerze und des ersterbenden Feuers sah er, dass die Tür des kleinen Gelasses offen stand. Auf Zehenspitzen schlich er hin und schaute hinein. Der Alte Mann war auf dem Stuhl zurückgesunken und schnarchte. Seine kraftlosen Beine hatte er weit von sich gestreckt, so dass sie eine Linie mit der herabgesunkenen Schulter bildeten. Den Hut hat er über die Augen gezogen. Neben ihm auf dem schmalen hölzernen Bettgestell lag Johnny, fest in seine Decke eingewickelt, die lediglich ein Stückchen Stirn und ein paar schweißfeuchte Locken freiließ. Dick Bullen machte noch einen Schritt vorwärts, zögerte und schaute über die Schulter zurück in den leeren Raum. Alles war ruhig. In einem plötzlichen Entschluss teilte er seinen mächtigen Schnurrbart mit beiden Händen auseinander und beugte sich über den schlafenden Jungen. Aber gerade in diesem Augenblick fegte ein missgünstiger Windstoß, der schon auf der Lauer gelegen hatte, durch den Kamin herunter, belebte das Herdfeuer und übergoss den Raum mit zudringlichem Licht, vor dem Dick in verlegenem Schreck flüchtete.

Seine Gefährten warteten bereits an der Kreuzung auf ihn. Zwei von ihnen quälten sich in der Dunkelheit mit einer merkwürdigen missgestalteten Masse ab, die, als Dick näher kam, eine gewisse Ähnlichkeit mit einem großen gelben Pferd gewann. Dies war die Stute. Sie bot nicht gerade einen schönen Anblick. Von ihrer Ramsnase bis zu den hohen Keulen, vom durchgebogenen Rücken, der unter den steifen *machillas* eines mexikanischen Sattels halb verbogen war, bis zu den dicken, geraden und knochigen Beinen war keine Spur von Pferdegrazie zu entdecken. In ihren halb blinden, aber boshaften weißen Augen, in der vorstehenden Unterlippe und der monströsen Farbe steckten nichts als Hässlichkeit und Niedertracht.

»Also denn«, erklärte Stables, »weg jetzt von ihren Hufen, Jungs, und rauf mit dir! Pass auf, dass du gleich mit dem ersten Griff ihre Mähne packst, und sieh zu, dass du schnell den Steigbügel erwischst. Los!«

Es folgte ein Sprung, ein wilder Kampf, dann ein Satz vorwärts, woraufhin die Menge jäh zurückwich; im Kreis herumwirbelnder Hufe wieder zwei steife Sätze, die den Erdboden erzittern ließen, wildes Sporenklirren, abermals ein Satz, und dann drang Dicks Stimme irgendwo aus der Dunkelheit: »Alles in Ordnung!«

»Nimm auf dem Rückweg nicht die untere Straße, oder höchstens, wenn die Zeit drängt … Hügelabwärts darfst du sie nicht zurückhalten! Um fünf Uhr werden wir an der Furt sein. Vorwärts also. Hoppla, Mula, vorwärts!«

Es klatschte, ein Funke stob von der Straße auf, im felsigen Tal polterte es, und dann war Dick verschwunden.

Singe, o Muse, vom Ritt des Richard Bullen! Singe, o Muse, von ritterlichen Männern, vom geheiligten Suchen, von tapferen Taten, von den Horden elender Schurken, vom angstvollen Ritt und grausamen Gefahren, die der Blüte von Simpson's Bar drohten. Aber ach, sie ist wählerisch, diese Muse! Sie will nichts zu tun haben mit diesem bockenden Vieh und dem großsprecherischen, zerlumpten Reiter, und so muss ich denn in Prosa folgen, zu Fuß!

Es war bereits ein Uhr und doch hatte er erst den Klapperschlangenberg erreicht. Bis dahin nämlich hatte Jovita ihm alle ihre Untugenden bewiesen und all ihre Unarten gezeigt. Dreimal war sie gestolpert. Zweimal hatte sie ihre Ramsnase zu gleicher Höhe mit den Zügeln emporgerissen und war, ohne der Kandare oder Sporen zu achten, wie verrückt querfeldein gerast. Zweimal hatte sie sich gebäumt und war dabei nach rückwärts gefallen, aber zweimal hatte der behände Dick unverletzt seinen Sitz zurückgewonnen, ehe sie wieder auf ihre bösartigen Beine kam. Und nun floss eine Meile weit vor ihnen am Fuß eines langen Hügels der Klapperschlangenbach. – Dick wusste wohl, dass seine Fähigkeit, dieses Unternehmen zu Ende zu führen, dort auf die härteste Probe gestellt werden würde. So biss er grimmig die Zähne zusammen, drückte seine Knie in die Flanken und änderte seine hinhaltende Taktik in jähen Angriff. Verwirrt und halb verrückt begann Jovita den Hügel hinabzurasen. Nun gab der geschickte Richard vor, sie mit beschwörenden Flüchen und gut geheuchelten Entsetzensschreien zügeln zu wollen. Es ist wohl unnötig hinzuzusetzen, dass Jovita daraufhin weiter vorwärts stürmte. Ich brauche nicht den Zeitraum zu nennen, den die beiden für die restliche Strecke brauchten; er ist in der Chronik von Simpson's Bar festgehalten. Schon im nächsten Moment, so erschien es Dick jedenfalls, platschte die Stute über das überflutete Ufer des Klapperschlangenbaches. Wie Dick erwartet hatte, riss der unterdessen erreichte Schwung über den Punkt hinaus, an dem sie noch hätte stoppen können. Dick drängte sie zu einem mächtigen Satz und dann klatschten sie mitten hinein in den schnell fließenden Wasserlauf. Ein paar Augenblicke stieß die Stute wie wild um sich, watete und schwamm, und dann konnte Dick am anderen Ufer tief Atem holen.

Die Straße vom Klapperschlangenbach zum Roten Berg war einigermaßen eben. Mochte nun der Sprung in den Fluss Jovitas Feuer gedämpft oder die Kunst, mit der es zu diesem Sprung kam, ihr die überlegene Bosheit ihres Reiters gezeigt haben, jedenfalls vergeudete Jovita nicht länger ihre überschüssigen Kräfte zu mutwilligen Aktionen. Einmal bockte sie noch, aber das war mehr aus der Macht der Gewohnheit heraus. Einmal scheute sie auch noch, aber diesmal vor dem neuen, frisch gestrichenen Gemeindehaus an der Straßenkreuzung. Sonst aber flogen Senken, Gräben, Kiesaufschüttungen und Flecken frisch sprießenden Grases unter ihren klappernden Hufen dahin. Sie begann unangenehm zu riechen; ein- oder zweimal hustete sie leicht, aber weder ihre Kräfte noch die Geschwindigkeit ließen nach. Gegen zwei Uhr hatte Dick den Roten Berg passiert und begann den

Abstieg zur Ebene. Zehn Minuten später wurde der Fahrer der schnellen Pionier-Kutsche von einem »Mann auf einem scheckigen Pferd« überholt – ein Ereignis, das durchaus wert war bemerkt zu werden. Gegen halb drei hob sich Dick in seinen Steigbügeln und stieß einen schrillen Schrei aus. Durch die aufgerissenen Wolken funkelten Sterne und vor ihm wuchsen aus der Ebene zwei Turmspitzen, ein Flaggenmast und eine unregelmäßige Umrisslinie schwarzer Gebäude. Dick ließ die Sporen klirren und schwang seine Peitsche; Jovita stürmte vorwärts und im nächsten Moment schon preschten sie in Tuttleville ein und kamen vor der hölzernen Veranda des »Hotels der Nationen« zu stehen.

Was in jener Nacht in Tuttleville geschah, gehört eigentlich nicht zu diesem Bericht. In aller Kürze will ich nur erwähnen, dass Dick, nachdem Jovita einem schläfrigen Stallknecht übergeben worden war, den sie sofort auf unangenehme Weise ins volle Bewusstsein trat, sich mit dem Barkeeper zu einem Gang durch die schlafende Ansiedlung aufmachte. Aus ein paar Saloons und Spielhöllen drang noch Licht; aber diese mieden sie und hielten dafür vor verschiedenen geschlossenen Läden. Durch beständiges Klopfen und wildes Geschrei holten sie die Eigentümer aus den Betten und brachten sie dazu, die Türen ihrer Lagerräume aufzuriegeln und ihre Waren vorzuzeigen. Manchmal begegnete man ihnen mit Flüchen, öfter aber noch mit Interesse und einigem Verständnis für ihre Nöte, und die Verhandlung wurde unterschiedslos jedes Mal mit einem Drink abgeschlossen.

Es war schon drei Uhr, als dies Vergnügen schließlich zu Ende ging. Mit einem kleinen wasserdichten Gummibeutel, den er sich auf den Rücken gebunden hatte, kehrte Dick zum Hotel zurück. Hier aber lauerte ihm »Beauty« auf – eine Schönheit mit üppigen Reizen, lockender Kleidung, verführerischer Sprache und spanischem Akzent. Vergeblich jedoch wiederholte sie die Einladung ins »Excelsior«, das glücklicherweise von der bergliebenden Jugend verachtet und auch von unserem Kind der Sierras abgelehnt wurde – eine

Zurückweisung, die er durch ein Lachen und seine letzte Goldmünze milderte. Dann aber sprang er in den Sattel und jagte die einsame Straße hinunter, wo fast augenblicklich die Lichter, die schwarzen Schatten der Häuser, der Türme und des Flaggenmastes hinter ihm versanken und in der Ferne verschwanden.

Der Sturm hatte sich gelegt, die Luft war frisch und kalt und die Umrisse einzelner Wahrzeichen konnte er schon deutlich erkennen, aber es wurde halb fünf, ehe Dick das Gemeindehaus und die Straßenkreuzung erreichte. Um die Steigung zu vermeiden, hatte er eine längere und im Bogen laufende Straße gewählt, in deren zähen Schlamm Jovita bei jedem Schritt bis zu den Fesseln eingesunken war. Dies bildete einen schlimmen Auftakt für den kommenden Anstieg über weitere fünf Meilen; aber Jovita ließ die Beine mit ihrer üblichen blinden und unvernünftigen Wut fliegen, und eine halbe Stunde später erreichte Dick die lang gestreckte Ebene, die zum Klapperschlangenbach führte. Nach einer weiteren halben Stunde Weges würde er den Bach erreichen. Er ließ die Zügel lose über den Nacken der Stute hängen, schnalzte ihr zu und begann zu singen.

Plötzlich scheute Jovita mit einem Satz, der einen weniger erfahrenen Reiter aus dem Sattel geworfen hätte. An ihren Zügeln hing eine Gestalt, die sich von der Böschung herabgelassen hatte, und zur gleichen Zeit taucht auf dem Weg vor ihr schattenhaft ein Pferd mit einem Reiter auf.

»Nimm die Hände hoch!«, befahl die zweite Erscheinung mit einem Fluch.

Dick fühlte, wie die Stute unter ihm erzitterte, schauderte und unter ihm wegzusinken schien. Er wusste, was das bedeutete, und war bereit.

»Scher dich zur Seite, Jack Simpson! Ich kenne dich, du verdammter Dieb! Lass mich vorbei, sonst …«

Er beendete den Satz nicht. Jovita flog in einem mächtigen Sprung durch die Luft, warf die Gestalt an ihrem Zaum mit einer einzigen Bewegung des hässlichen Kopfes zur Seite und ging mit tödlicher Bösartigkeit das Hindernis vor ihr an. Ein Fluch ertönte, ein Pistolenschuss, dann rollten Pferd und Wegelagerer übereinander auf der Straße. Im nächsten Augenblick war Jovita schon hundert Yards weit weg. Der kräftige rechte Arm ihres Reiters allerdings war von einer Kugel zerschmettert und hing hilflos zur Seite herab.

Ohne das Tempo zu verringern, ergriff Dick mit der linken Hand die Zügel. Bald darauf aber wurde er gezwungen anzuhalten und die Sattelgurte nachzuziehen, die sich bei dem Zusammenstoß gelockert hatten. In seiner jetzigen Verfassung erforderte das einige Zeit. Er fürchtete nicht, verfolgt zu werden, aber als er aufsah, merkte er, dass die Sterne im Osten bereits erbleichten, die fernen Gipfel ihren geisterhaften Glanz verloren hatten und nun schwarz vor dem helleren Himmel emporragten. Der Tag zog herauf. Nur von einem einzigen Gedanken besessen, vergaß Dick den Schmerz seiner Wunde. Er stieg wieder auf und jagte weiter, auf den Klapperschlangenbach zu. Jovitas Atem wurde jetzt immer öfter durch Stöhnen unterbrochen; Dick schwankte in seinem Sattel, und heller und heller wurde der Himmel.

Reite, Richard; laufe, Jovita; verweile, o Tag!

Während der letzten Strecke dröhnte es in seinen Ohren. Lag dies an der Erschöpfung durch den Blutverlust oder woran sonst? Er war benommen, und ihm schwindelte, als er den Hügel hinabstürmte; seine Umgebung erkannte er nicht mehr. War er einen falschen Weg geritten oder war das wirklich der Klapperschlangenbach? Er war es! Aber der brausende Bach, den er vor ein paar Stunden durchschwommen hatte, war angeschwollen und mehr als doppelt so breit geworden, und nun wälzte sich schnell und ohne Widerstand zu dulden ein Fluss zwischen ihm und dem Klapperschlangenberg dahin. Zum ersten Mal in jener Nacht verlor Dick allen Mut. Der Fluss, das Gebirge, der immer heller werdende Osten verschwammen ihm vor den Augen. Er schloss sie, um seine Selbstbeherrschung wiederzufinden. In diesem kurzen Zeitraum erschien ihm durch irgendeinen seltsamen seelischen Prozess der kleine Raum in Simpson's Bar, und die Gestalten des schlafenden Vaters mit seinem Sohn tauchten vor ihm auf. Wild riss er die Augen wieder auf, warf Rock, Pistole, Stiefel und Sattel ab, band seinen kostbaren Beutel fest an die Schultern, umklammerte Jovitas bloße Flanken mit seinen bloßen Knien und trieb sie mit einem Schrei in das gelbe Wasser. Vom gegenüberliegenden Ufer erhob sich ebenfalls ein Schrei, als der Kopf des Mannes und des Pferdes ein paar Augenblicke lang gegen die wütende Strömung ankämpften und dann inmitten entwurzelter Bäume und wirbelnden Treibholzes hinweggerissen wurden.

Der Alte Mann schrak zusammen und erwachte. Das Feuer auf dem Herd war erloschen, die Kerze im vorderen Raum flackerte in ihrem Halter und irgendjemand klopfte an die Tür. Er öffnete sie, fuhr aber mit einem Schrei vor der tropfnassen, halb nackten Gestalt zurück, die gegen den Türpfosten fiel.

»Dick …?«

»Pst, pst! Ist er wach?«

»Nein, aber Dick …«

»Sei doch still, alter Narr! Bring mir Whisky, aber schnell!«

Der Alte Mann stürzte davon und kehrte zurück – doch mit einer leeren Flasche. Dick hätte am liebsten geflucht, seine Kräfte reichten aber dazu nicht mehr aus. Er taumelte, hielt sich am Türgriff fest und winkte dem Alten Mann.

»Da is' was in meinem Beutel für Johnny … Nimm es ab! Ich kann nich' mehr.«

Der Alte Mann schnürte den Beutel los und legte ihn vor dem erschöpften Mann nieder.

»Öffne ihn, schnell!«

Mit zitternden Fingern gehorchte der Alte. Der Beutel enthielt nur ein paar armselige Spielsachen – billig und barbarisch genug, weiß Gott, aber leuchtend von Farbe und

Rauschgold. Eines von ihnen war zerbrochen; ein anderes hatte, wie ich fürchte, das Wasser unrettbar zerstört, und auf dem dritten prangte ein grausamer Fleck.

»Es sieht nich' nach viel aus, das ist leider wahr«, meinte Dick traurig, »aber es ist das Beste, was wir tun konnten. Nimm es, Alter Mann, und stopf es ihm in die Strümpfe, und sag ihm – sag ihm, na du weißt schon – halt mich fest, Alter Mann …«

Der Alte stützte die zusammensinkende Gestalt. »Sag ihm«, flüsterte Dick mit einem schwachen kleinen Lachen, »sag ihm, Sandy Claus sei gekommen …«

Und so war denn bespritzt und zerrissen, unrasiert und ungekämmt mit einem hilflos an der Seite herabhängenden Arm Santa Claus doch noch nach Simpson's Bar gekommen, aber an der ersten Schwelle mit schwindenden Kräften zusammengesunken. Die Dämmerung des Weihnachtstages stieg langsam herauf und rührte die fernen Berggipfel mit der rosigen Wärme unaussprechlicher Liebe an. Sie schaute so zärtlich auf Simpson's Bar herab, dass der ganze Berg, als ob man ihn bei einer edlen Tat ertappt hätte, bis zum Himmel hinauf errötete.

Stephen Crane

Ein im Kampf errungenes Weihnachtsmahl

Sobald die Bewohner von Levelville gelernt hatten, sich mehr für sanitäre Einrichtungen zu interessieren als dafür, welche Tabakmischung die Marsbewohner rauchten, hatte Tom in diesem Präriestädtchen ein Installationsgeschäft eröffnet. Und doch war er ein weiser junger Mann, denn er war damit nur um eine Woche den Landvermessern zuvorgekommen. Levelville sollte nämlich wie mit einem Zauberstab von der Eisenbahn berührt und in eine mächtige Stadt verwandelt werden. Tatsächlich gab es in unglaublich kurzer Zeit in der Stadt bereits ein Hotel, einen Bürgermeister, einen ganzen Stadtrat und mehr als hundert Grundstücksmakler – und daneben auch noch Pläne für eine drei Meilen lange Straßenbahn. Und als die Cowboys mit ihrem gewohnten Lärm in die Stadt einritten, um die Tatsache zu feiern, dass man ihren Lohn bezahlt hatte, wurden sie in ihrem Ansinnen durch neu eingeführte Polizisten in Uniform entmutigt.

Levelville hatte es zu Ansehen und Würde gebracht. Während sich die Stadt in wunderlichen Kreisen immer weiter über die Prärie ausdehnte, ritt auch Tom auf den Wogen des Fortschritts mit. Schon bald zählte er zu ihren angesehensten Bürgern. Diese Wogen pflegen die Menschen mit plötzlich daherfegendem Schwung zu Glück und Reichtum zu befördern, und Tom besaß den Mut, die Verwegenheit und die Selbstsicherheit, sich wie ein fahrender Ritter im Sattel zu halten.

In dem demokratischen und fruchtbaren Klima dieses ersten Aufschwungs wurde er ein enger Freund von Colonel Fortman, dem Präsidenten der Eisenbahngesellschaft, und mit noch mehr Mut, Verwegenheit und Selbstsicherheit hatte er sich bereits heftig in dessen Tochter, die unvergleichliche Mildred, verliebt. Er trieb seine enge Freundschaft mit dem Colonel sogar so weit, dass er ihm einmal vor der heranrasenden Macht des 5-Uhr-30-Express das Leben rettete. Es schien, als habe der Colonel dem Führer des 5-Uhr-30-Zugs den Befehl gegeben, unter allen Umständen seinen Fahrplan einzuhalten, ja, ihn selbst dann noch einzuhalten, wenn er durch Feuer, Blut und Erdbeben jagen müsste. Der Zugführer kam zu dem Schluss, dass die übliche Vorschrift für die Geschwindigkeit von Zügen beim Durchfahren von Güterbahnhöfen offenbar nicht für einen Expresszug gelten konnte, dem befohlen war, für nichts außer dem Zorn des Himmels abzubremsen, und so war der 5-Uhr-30er zum

Zeitpunkt dieses Zwischenfalls mit 50 Meilen pro Stunde über die Weichen donnernd und an den langen Reihen geschlossener Güterwaggons entlangjaulend durch den Güterbahnhof von Levelville gerast. Der Colonel und Tom kamen gerade von den Geschäften zurück. Sie waren just um die Ecke eines Waggons gebogen und auf das Hauptgleis hinausgetreten, als dieser dämonisch schwirrende, schnaubende und heulende Expresszug auf sie zu gestürmt kam. Tom blieb noch der Bruchteil einer Sekunde, um seinen Begleiter von den Schienen zu reißen, und der Zug pfiff wie ein riesiges Geschoss dicht hinter ihnen vorbei. »Verdammter Teufelskerl – er hält seinen Fahrplan ein«, keuchte der alte Colonel, während er dem langen davonjagenden Schatten mit seinen grünen Schlusslichtern hinterherstarrte. Später meinte er in einem sehr ernsten, feierlichen Ton: »Dafür bin ich dir sehr verbunden, Tom, alter Junge.«

Als Tom jedoch ein Jahr später bei ihm vorsprach und um Mildreds Hand anhielt, antwortete der Colonel: »Mein lieber Mann, ich glaube, Ihr seid übergeschnappt. Mildred wird nach meinem Tod über eine Million Dollar besitzen, und obwohl ich die Geldfrage nicht zu weit in den Vordergrund rücken möchte, kann Mildred dennoch mit ihrer Schönheit, ihrer Herkunft und ihrem Wohlstand den feinsten Mann im Lande heiraten. Keiner ist zu mächtig für sie. Ihr seht, mein lieber Mann, es ist unmöglich, dass sie Euch auch nur eine Minute lang in Erwägung zieht.«

Darauf verlor Tom die Nerven. Ihn ergriff die Empörung eines guten Jungen mit gesundem Verstand und klarem Blick, der sich seiner Liebe gewiss und fast auch der Liebe des Mädchens gewiss ist. Überdies erfüllte es ihn mit unsäglichem Zorn, dass man ihn »mein lieber Mann« nannte.

Darauf warfen sie einander niedere Beweggründe an den Kopf, derer keiner von beiden schuldig war, und Tom zog von dannen. Es war eine ernsthafte Auseinandersetzung. Der Colonel sagte zu Tom, er solle es nie wieder wagen noch einmal über die Schwelle seines Hauses zu treten. Auf der Straße gingen sie aneinander vorüber, ohne dass auch nur ein Augenzwinkern verriet, dass der eine wusste, dass der andere existierte. Mit der Zeit wurde der Colonel immer aristokratischer und immer unerbittlicher streng. In Levelville hatten sich an die fünf gesellschaftliche Klassen entwickelt, und die Fortmans verkehrten vorsichtig mit jenem Dutzend Familien, die die höchsten und gefühlskältesten Klassen bildeten. Als der Colonel und Mildred einmal gemeinsam durch die Stadt fuhren, verneigte sich das Mädchen vor einem jungen Mann, der an ihnen vorüberging.

»Wer zum Teufel war das?«, fragte der Colonel hochnäsig. »Mir scheint, ich müsste diesen Knaben kennen.«

»Das war der Mann, der dich vor dem 5-Uhr-30er gerettet hat«, antwortete Mildred.

»Hör mir zu, junge Dame«, schrie der Colonel zornig, »ergreif nur ja nicht gegen mich Partei für ihn.«

Etwa ein Jahr später kam der große Eisenbahnerstreik. Die Zeitungen der Stadt kündigten ihn von Zeit zu Zeit vage an, aber offenbar nahm niemand die Sache ernst. Es hatte Drohungen und Gerüchte über Drohungen gegeben, aber die allgemeine Öffentlichkeit schien diese als eitle Aufschneiderei betrachtet zu haben. Am Ende offenbarte sich die wahre Lage jedoch so überraschend wie heftig als das, was sie war. Fast die gesamte Streitmacht der mächtigen Gewerkschaftsverbände wie der Western Union trat in Streik. Als die Einwohner der Stadt eines Morgens erwachten, fanden sie den grauen Himmel der Morgendämmerung blutrot erleuchtet. Die Streikenden hatten eines der Warenkontore der Gesellschaft in den Vororten in Brand gesteckt und der Feuerschein ließ ein rotes, Unheil verkündendes Warnzeichen aufleuchten, das die Not und Verzweiflung des Kampfes ankündigte, der darauf folgen sollte. Gerüchte wurden laut, dass Männer, die sonst so nüchtern, fleißig und unbeirrbar waren, in einem wilden Mob brüllend und alles in Stücke schlagend durch die Gegend zogen. Daraufhin begannen die Leute, die jeden Gedanken, sich auf diesen Aufruhr vorzubereiten, verächtlich von sich gewiesen hatten, den Behörden beharrlich Vorhaltungen zu machen, dass sie nicht bereit seien diesem zu begegnen.

An jenem Morgen begab sich Tom in Hemdsärmeln in den hinteren Raum seines Ladens, um einigen von seinen Arbeitern Anweisungen für eine bestimmte Arbeit zu erteilen, und als er wieder herauskam, war er über und über mit jener so ehrbaren zweiten Haut aus Schmutz und Ruß bedeckt, wie sie ein Hilfsarbeiter seit jeher trug. Er ging zum Spülstein, um sich dieses Schmuckes wieder zu entledigen, und während er dort weilte, hörte er, wie sich seine Männer über den Streik unterhielten. Einer sagte: »Jawohl, Sir, so sicher wie das Amen inner Kirche! Sie sagen, sie gehn dem Präsident sein Haus abbrenn'n mit Mann un' Maus.« Bei diesen Worten erstarrte Tom am ganzen Leibe. Er fühlte, wie ihm eisig kalt wurde. Einen Augenblick später verließ er, seinen Mantel vergessend, seine Bedeckung mit Ruß und Schmutz vergessend, den Laden.

Auf den Hauptstraßen der Stadt herrschte keine erkennbare Veränderung. Die Pferde der quietschenden Straßenbahnen rutschten und stapften nach wie vor durch den tiefen Morast, zu dem der Schnee zertrampelt worden war. Die Schaufenster der Geschäfte strahlten fröhlich in weihnachtlichem Glanz. Unzählige Truthähne hingen vor jedem Metzgerladen. Auf den Bürgersteigen hatten sich Geschäftsleute in munteren Grüppchen versammelt, in denen man über die häuslichen Kalamitäten diskutierte. Vor dem bleiverhangenen Himmel über den Firsten der Gebäude stieg eine mächtige, schräg geneigte Rauchsäule empor, die die Stelle anzeigte, wo sich das brennende Lagerhaus befand.

Tom hastete weiter durch jenen Teil der Stadt, der aus kleinen engen Straßen mit winzigen grauen Häusern auf beiden Seiten bestand. Dort erblickte er eine Menschenansammlung von Slawen, Polen, Italienern und Ungarn und Arbeitern der Eisenbahngesellschaft, die im Dreck herumtrampelten, brüllten und auf ihre eigene unnachahmliche Art einen Aufstand anführten. Sie wirkten so blutdürstig, gnadenlos und wild geworden wie ausgehungerte Wölfe. Und Tom bot ein nicht minder finsteres Bild, wie er so mantellos und nun gar hutlos und mit kreidebleicher Haut, die unter dem Schmutz hervor schien, durch die Menge rannte. Er lief immer weiter, bis er zu einem Stück Gemeindeland kam, jenseits dessen er das Haus der Formans sehen konnte, das noch ruhig und erhaben, ohne erkennbare Anzeichen von Aufruhr stand. Da mäßigte er seine Schritte.

Als er diesen kleinen schneebedeckten Anger etwa zur Hälfte überquert hatte, wandte er sich um, denn er hörte Stimmengeschrei. Über die weißen Felder, die sich längs der morastigen Landstraße hinzogen, kam eine sonderbare Prozession anmarschiert. Sie erinnerte an einen Paradezug von Pariser Bürgern zur Zeit der ersten Revolution. Fäuste wurden wild geschwungen und hie und da erschollen heisere Schreie. Es war, als sei diese Menge vom Trunk berauscht. Als sie näher kam, konnte Tom darunter Frauen erkennen – hagere und zerlumpte Gestalten mit flammendroten Gesichtern und rollenden Augen. Auch Männer waren dabei, mit dunklen, finster blickenden Mienen, die Tom noch nie zuvor gesehen hatte. Sie waren gewissermaßen aus dem Erdboden aufgetaucht, um sich in diesen Rauschzug der Gewalt einzureihen. Aus dieser Prozession drangen ständig bedrohliche Rufe herüber, schrille Racheschreie und kampfsüchtige Stimmen des Hasses, die sich zu einer barbarischen Hymne fügten, zu einem heidnischen Gesang von Schlacht und Tod.

Tom wartete, bis sie ihn erreicht hatten. Diejenigen, die die Schar anführten, betrachteten ihn, da sein Gesicht mit Schmutz verschmiert und sein Gewand zerzaust war, sichtlich als einen aus ihren Reihen. Ein riesenhafter Kerl mit nackten, muskulösen Armen und stämmigem Hals lud ihn mit einem wilden Grinsen ein, sich ihnen anzuschließen. »Los, komm mit, Kamerad, wenn wir sie im Feuer braten.«

Ein tobendes grauhaariges Weib plärrte, während es sich durch den Morast kämpfte, ein Lied, das aus einer einzigen endlos wiederholten Zeile bestand:

Wir ziehn aus, die Füchse auszuräuchern,
Wir ziehn aus, die Füchse auszuräuchern,
Wir ziehn aus, die Füchse auszuräuchern.

Die anderen schwatzten und schrien in unzähligen ausländischer Sprachen. Tom schloss sich ihnen an und hörte den Schreien aus der kleinen Heerschar Furcht erregender Gestalten zu, die mit geballten Fäusten marschierten und glühende Augen auf das Anwesen hefteten, das so still und ruhig vor ihnen aufragte.

Als sie ihr Ziel erreicht hatten, zögerten sie einen Augenblick, sie waren wie gebannt von der ungerührten Stille des Gebäudes mit seinen geschlossenen Fensterläden und verrammelten Türen, das ihnen unerschütterlich und gleichgültig gegenüberstand.

Dann rief aus der Mitte der Menge die Stimme der grauhaarigen Alten: »Schlagt die Tür ein! Schlagt die Tür ein!« Und dies war der Moment, wo Tom eine verzweifelte Entschlossenheit zeigte, die all seine Verehrung des Mädchens im Haus umfasste. Obwohl er vielleicht tapferer als die meisten Männer war, besaß er inmitten von Aufruhr und Gefahr nicht jene herrliche Seelenkraft, jene grandiose Seelenruhe, welche die Helden von Bühnendramen zeigen; aber er stürmte die Eingangsstufen hoch und stellte sich dem Gewühl von Angesicht zu Angesicht entgegen. Sein Gesicht war seltsam bleich und seine Hände zitterten, aber er rief: »Hier könnt ihr nicht hinein.«

Ein gewaltiges sarkastisches Gegröle schlug ihm aus der Menge entgegen. »Wie? Wir können nicht?« Über diese höchst lächerliche Bemerkung brachen sie in Gelächter aus. Der muskulöse bloßarmige Riese packte Tom am Arm. »Geh aus dem Weg, du Wicht«, knurrte er zwischen seinen Zähnen. Im Nu wurde Tom hierhin und dorthin geboxt, gezerrt und geschlagen, und noch mitten im Schmerz dieser Momente bemerkte er, dass der Mob donnernde Schläge gegen die mächtigen Türflügel hageln ließ. Und tatsächlich stürzten diese sofort darauf krachend zu Boden und er fühlte, wie die Menge hinter ihm in das Haus strömte. Er klammerte sich an ein Geländer; sein Gleichgewicht war nicht mehr stärker als das einer Feder. Er erhielt einen Schlag gegen den Kopf und fühlte, wie sich der Boden unter seinen Füßen zu drehen, heben und senken begann. Er hatte kein weiteres Interesse mehr an Kampf und Krawall und dieser Aufregung. Während er stumpf über die Gemeindewiese starrte, sah er zwei Patrouillenwagen, voll bemannt mit Polizisten, sowie die davor gespannten Pferde durch den Morast herangaloppieren. Er wunderte sich nicht einmal sehr, warum sie eine solche Eile hatten.

In diesem Augenblick drang jedoch aus dem Innern des Hauses durch die aufgerissenen Türflügel ein Schrei. Er erkannte die Stimme, und wie ein elektrischer Schlag riss sie ihn aus seiner Benommenheit. Wieder zu neuem Leben erwacht, fuhr er herum und stürmte so tollkühn und zornerfüllt wie ein Römer in das Haus. Innen herrschte ein wahres Pandämonium: Schreie und Gebrüll, Splittern von Holz, Krachen und Klirren von Scherben, und wieder drang Mildreds Aufschrei an sein Ohr; diesmal erkannte er, dass er aus dem Speisezimmer kam, an dessen verschlossener Tür sich vier Männer mit improvisierten Hacken und Stemmeisen so eifrig wie Grubenarbeiter zu schaffen machten.

Tom ergriff einen schweren Eichenstuhl, der schmuckvoll in der Flurhalle stand, erhob ihn über seinen Kopf schwingend und raste besessen auf die vier Männer los. Als er sie beinahe erreicht hatte, ließ er ihnen den Stuhl entgegenfliegen. Er schien sie alle auf einen Streich getroffen zu haben, denn ein schwerer Eichenstuhl von alter englischer Art ist eine der wirkungsvollsten Waffen. Es schienen jedoch noch immer genügend viele Männer zur Stelle, denn sie stürzten sich nun von allen Seiten wie Bestien auf ihn. Im Dunkel des Flurgangs duckte Tom seinen Kopf, schloss die Augen bis auf einen schmalen Spalt und ballte die Fäuste. Er wusste, ihm blieb nur ein winziger Moment, um sich aufzuraffen, aber es erfüllte ihn mit grimmiger Freude, dass das schreckliche dichte Getöse dieser Schläge direkt durch diese Speisezimmertür und mitten in Mildreds Herz dringen würde, und wenn sie erfahren würde, dass ihr Retter ... Plötzlich sah er ein Stück blutroten Himmel unter seinen Lidern und sank blind, taub und besinnungslos zu Boden. Als der alte Colonel in einem der Patrouillenwagen das Haus erreicht hatte, wartete er nicht erst, um zuzusehen, wie die Polizei von der Front her angriff, sondern rannte um das Haus herum nach hinten. Als er an den Fenstern des Speisezimmers vorüberkam, erblickte er das Gesicht seiner Tochter. Er schrie nach ihr, und als sie mit vereinten Kräften ein Fenster geöffnet hatten, kletterte er höchst behänd in das Zimmer. Eine Minute lang überschwemmten sie einander mit Freudenschreien und Tränen. Dann meinte der alte Colonel schließlich: »Aber bis hier hinein sind sie nicht gelangt. Wie war das nur möglich?«

»Oh, Papa«, berichtete Mildred, »sie versuchten gerade diese Tür aufzubrechen, als plötzlich jemand dazwischentrat, ganz furchtbar mit ihnen kämpfte und sie zum Halt brachte.«

»Himmel, wer könnte das gewesen sein?«, wunderte sich der Colonel. Er trat zur Tür und riss sie auf. Sofort begann eine Gruppe von Polizisten in sichtlicher Hast durch die weite Halle zu schwärmen, doch zu des Colonels Füßen lag ein Körper mit einem kreideweißen reglosen Gesicht.

»Oh, das ist ... das ist ...«, stammelte der Colonel mächtig ergriffen.

»Das ist Tom«, schrie Mildred auf.

Als Tom wieder zur Besinnung kam, fand er seine Finger fest umklammert von einer weißen Hand, die er aufgrund einer geheimen Macht der Liebenden sofort erkannte.

»Oh, Tom«, hauchte Mildred.

Und der alte Colonel rief ein paar Schritte weiter entfernt: »Tom, mein Junge!«

Aber Tom war ein halsstarriger junger Mann. Sobald er sich wieder genug bei Kräften fühlte, erhob er sich und wankte mit unsicheren Schritten zur Tür.

»Tom, wo willst du hin?«, schrie Mildred.

»Wo willst du hin, Tom?«, rief der Colonel.

»Ich geh nach Hause«, sagte Tom hartnäckig. »Ich hatte nicht die Absicht, noch einmal diese Schwelle … ich …« Er strauchelte und schien nahe daran, zu stürzen. Mildred schrie auf und rannte zu ihm. Sie machte ihn zu ihrem Gefangenen. »Du wirst nicht nach Hause gehen«, befahl sie ihm.

»Doch«, begann Tom erschöpft, aber beharrlich, »ich …«

»Nein, o nein, Tom«, sagte der Colonel, »du wirst morgen Abend ein Weihnachtsmahl mit uns teilen, und dann wünsche ich mit dir zu reden … über … über …«

»Über was?«, fragte Tom.

»Über … über … verdammt und zugenäht, über deine Hochzeit mit meiner Tochter …«, brüllte der Colonel.

O. Henry

Cherokees Weihnachtsbescherung

Cherokee war der Stadtvater von Yellowhammer, einer neuen Bergwerksstadt, die hauptsächlich aus Wagenplachen und ungehobeltem Kiefernholz bestand. Cherokee war Goldsucher. Eines Tages grub er, während sein Esel Kieselsteine und Kiefernzapfen fraß, mit seiner Hacke einen Goldklumpen, einen Nugget, aus, der neunhundert Gramm wog. Cherokee steckte sein Claim ab und erließ dann, da er ein großzügiger und gastfreundlicher Mann war, Einladungen an seine Freunde in drei Staaten, sie sollten zu ihm kommen und sein Glück teilen.

Keiner der Eingeladenen sagte ab. Sie kamen herbei aus den Gebieten der Flüsse Gila, Salt River und Pecos, aus Albuquerque, Phoenix und Santa Fé und von den dazwischen liegenden Feldern.

Als tausend Bürger angekommen waren und jeder sein Claim abgesteckt hatte, nannten sie die neue Siedlung Yellowhammer, gründeten einen Wachtausschuss und schenkten Cherokee eine Uhrkette aus Nuggets.

Drei Stunden nach der Festlichkeit hatte Cherokee mit seinem Claim ausgespielt. Er hatte nur ein Nest getroffen, keine Ader. Er zog weiter und steckte ein Claim nach dem andern ab. Das Glück hatte sich von ihm abgewendet. Er fand in Yellowhammer nicht einmal genügend Goldstaub, um seine Rechnung in der Bar zu bezahlen. Aber seine tausend eingeladenen Gäste waren größtenteils erfolgreich und Cherokee lächelte und beglückwünschte sie.

Yellowhammer wurde von Männern bevölkert, die vor einem lächelnden Verlierer den Hut abnahmen; so forderten sie Cherokee auf seine Wünsche zu äußern.

»Was ich mir wünsche?«, sagte Cherokee. »Oh, eine Ausrüstung zum Schürfen wird wohl das Richtige sein. Ich will oben im Waldland von Mariposa Gold suchen. Wenn ich dort etwas finde, gebe ich euch genau Bescheid. Ich habe meinen Freunden noch nie meine Karten verheimlicht.« Im Mai belud Cherokee seine Esel und richtete die gedankenvolle mausgraue Stirn des Tieres nach Norden. Viele Bürger begleiteten ihn bis zu der unbestimmten Grenze von Yellowhammer und überschütteten ihn mit Glücks- und Abschiedswünschen. Fünf Feldflaschen ohne Luftblase zwischen Flüssigkeit und Korken wurden ihm aufgedrängt; und man bat ihn, Yellowhammer als ewigen Lieferanten von Bett, Frühstück und heißem Rasierwasser zu betrachten, falls Fortuna sich nicht herbeiließ, ihre Hände an seinem Lagerfeuer in Mariposa zu wärmen.

Den Namen »Vater von Yellowhammer« erhielt er von den Goldgräbern nach ihrem übliche Taufsystem. Es war nicht notwendig, dass ein Einwohner seinen Taufschein vorlegte, um einen Namen zu haben. Ein Name galt als persönliches Eigentum. Doch um einen Mann unter anderen blaubehemdeten Zweifüßlern unterscheiden und anrufen zu können, wurde ihm ein Spitzname oder ein Titel gegeben. Persönliche Besonderheiten bildeten meistens die Quelle einer derartigen unförmlichen Taufe. Viele wurden einfach nach dem geografischen Gebiet genannt, aus dem sie angeblich stammten. Recht beliebt waren Namen wie »Kleiner«, »Krummbein«, »Texas«, »Fauler Bill«, »Durstiger Rogers«, »Hinkebein«, »Richter« und »Kalifornier Ed«. Cherokee hatte seinen Namen erhalten, weil er behauptete, eine Zeit lang bei diesem Indianerstamm gelebt zu haben.

Am zwanzigsten Dezember brachte Kahlkopf, der Postreiter, eine Neuigkeit nach Yellowhammer.

»Was glaubt ihr wohl, wen ich in Albuquerque gesehen habe«, sagte Kahlkopf zu den Stammkunden in der Schänke, »keinen andern als Cherokee, ganz verschönert und aufgeputzt wie der türkische Zar und im Gelde schwimmend. Wir tranken zusammen Prickelwein und Cherokee bezahlte die Rechnung in bar. Seine Taschen sahen aus wie ein Billardtisch nach einem Fünfzehnbällespiel.«

»Cherokee muss ein Goldvorkommen gefunden haben«, bemerkte Kalifornier Ed. »Na, es ist ihm zu gönnen. Ich habe ihm viel zu verdanken.«

»Man hätte meinen können, Cherokee würde nach Yellowhammer kommen und seine Freunde besuchen«, sagte ein anderer leicht bekümmert. »Aber so geht es zu. Reichtum ist die beste Kur gegen verlorenen Gedächtnisschwund.«

»Wartet, darauf komme ich noch zu sprechen«, erwiderte Kahlkopf. »In Mariposa fand Cherokee eine meterdicke Ader und verkaufte sie einem Syndikat für hunderttausend Dollar in bar. Dann kaufte er sich einen Sealmantel und einen roten Schlitten, und was glaubt ihr, was er jetzt vorhat?«

»Würfelspiel«, meinte Texas, der sich keine schönere Erholung vorstellen konnte.

»Komm und küss mich, mein Liebling«, sang Kleiner, der beim Goldsuchen immer Fotografien in der Tasche hatte und ein rotes Halstuch trug.

»Einen Saloon kaufen?«, mutmaßte Durstiger Rogers.

»Cherokee zeigte mir sein Zimmer«, fuhr Kahlkopf fort. »Es war voll gestopft mit Trommeln, Puppen, Schlittschuhen, Süßigkeiten, Hampelmännern, Plüschlämmern, Pfeifen und ähnlichem Spielzeug. Und was glaubt ihr, was er mit dem Krimskrams vorhat? Niemand wird es erraten, sagte Cherokee zu mir. Er will das ganze Zeug auf seinen roten Schlitten laden und – wartet einen Augenblick, bestellt noch keine Getränke – und hierher nach Yellowhammer fahren und den Kindern – den Kindern dieser Stadt – den größten Weihnachtsbaum schenken und die größte Bescherung veranstalten, die man jemals westlich von Kap Hatteras erlebt hat.«

Zwei Minuten vollständige Stille vertickten im Kielwasser von Kahlkopfs Worten. Sie wurde von dem Wirt gebrochen, der zu seiner Freude den Augenblick für besondere Gastfreundlichkeit gekommen hielt und ein Dutzend Whiskygläser die Theke hinuntergleiten ließ; als Nachhut folgte die etwas langsamere Flasche.

»Hast du ihm nichts gesagt?«, fragte der Goldsucher namens Trinidad.

»Hm, nein«, antwortete Kahlkopf nachdenklich, »ich wusste nicht, wie ich es ihm beibringen sollte. Cherokee hatte nämlich den ganzen Weihnachtskram schon gekauft und bezahlt, und er schwelgte in Begeisterung über seinen Einfall. Außerdem waren wir etwas benommen von dem merkwürdigen Sprudelwein, und so kam ich nicht dazu.«

»Ich muss mich doch wundern«, sagte der Richter und hängte seinen Stock mit der Elfenbeinkrücke an der Theke auf, »dass unser Freund Cherokee einen so falschen Begriff von seiner eigenen Stadt hat.«

»Oh, das ist nicht das achte Weltwunder«, erwiderte Kahlkopf. »Cherokee ist seit über sieben Monaten aus Yellowhammer fort. Inzwischen hätten viele Dinge geschehen können. Woher soll er wissen, dass in dieser Stadt kein einziges Kind lebt und vorläufig auch keins erwartet wird?«

»Wenn ich mir's recht überlege«, warf Kalifornier Ed ein, »so ist es eigentlich seltsam, dass gar keins zugezogen ist.«

»Um Cherokees Christbaum die Krone aufzusetzen«, berichtet Kahlkopf weiter, »will er selbst den Santa Claus spielen. Er hat sich eine weiße Perücke und einen Bart beschafft, außerdem einen roten, pelzbesetzten Mantel, dicke Handschuhe, einen Stehkragen und eine rote Kapuze. Ist es nicht jammerschade, dass eine derartige Kostümierung kein Publikum finden wird?«

»Wann will Cherokee mit seiner Ladung herkommen?«, erkundigte sich Trinidad.

»Am Morgen vor Weihnachten«, gab Kahlkopf Bescheid.

»Er wünscht, dass ihr ihm ein Zimmer herrichtet und für einen Baum sorgt. Es sollen Frauen helfen, die den Mund halten können, damit es für die Kinder eine Überraschung wird.«

Der ungesegnete Zustand von Yellowhammer war richtig beschrieben worden. Nie hatten Kinderstimmen die wackligen Gebäude erfüllt, nie hatten rastlose Füßchen die einzige Wegspur zwischen den Zelten und Baracken geweiht. Später würden sie kommen. Vorläufig aber war Yellowhammer nichts als ein Berglager, und nirgendwo öffneten sich hier spitzbübische, erwartungsvolle Augen in der Dämmerung des Zaubertages; es gab keine Händchen, die nach den verwirrenden Schätzen des Santa Claus greifen konnten; kein Kinderjubel konnte die guten Dinge mit dem Dank begrüßen, den der warmherzige Cherokee verdiente.

Es gab fünf Frauen in Yellowhammer. Die Frau des Goldprüfers, die Besitzerin des Hotels Lucky Strike und eine Wäscherin, deren Waschzuber täglich dreißig Gramm Goldstaub aussiebte. Das war die Dauerweiblichkeit; die übrigen zwei waren die »Spangler-Sisters«, Miss Fanchon und Miss Erma von der Transkontinentalen Theatergesellschaft, die gerade im improvisierten Empire-Theater ein Gastspiel gab. Aber Kinder waren nicht vorhanden. Manchmal spielte Miss Fanchon in Reden und Gehaben die Rolle eines Kindes; aber zwischen ihrer Darstellung und dem Bilde, das man sich von den Empfängern der Gaben Cherokees machte, bestand eine große Kluft.

Weihnachten fiel auf einen Donnerstag. Am Dienstagmorgen suchte Trinidad, anstatt zur Arbeit zu gehen, den Richter im Hotel Lucky Strike auf.

»Es wäre eine Schande für Yellowhammer«, sagte Trinidad, »wenn es Cherokee um seine schöne Weihnachtsbescherung bringt. Man kann wohl sagen, dass der Mann diese Stadt geschaffen hat. Ich für meinen Teil will sehen, was sich tun lässt, damit Santa Claus auf seine Kosten kommt.«

»Dabei würde ich gern mithelfen«, antwortete der Richter. »Ich verdanke Cherokee viele frühere Gefälligkeiten. Aber ich weiß nicht recht – bisher habe ich es eher angenehm gefunden, dass wir hier keine Kinder haben – doch in diesem Falle – trotzdem weiß ich nicht …«

»Schauen Sie mich an«, sagte Trinidad, »und dann wird Ihnen ein Licht aufgehen. Ich werde Maulesel einspannen und eine Ladung Kinder für Cherokees Vorstellung als Santa Claus zusammenbringen, und wenn ich ein Waisenhaus plündern muss.«

»Heureka!«, rief der Richter begeistert.

»O nein«, entgegnete Trinidad entschieden, »ich hab's selbst gefunden. Dieses lateinische Wort habe ich nämlich in der Schule gelernt.«

»Ich komme mit«, erklärte der Richter und schwenkte seinen Stock. »Vielleicht kann ich mit meiner Beredsamkeit und Überzeugungskraft von Nutzen sein und unsere jungen Freunde überreden, sich für unseren Plan ausleihen zu lassen.«

Binnen einer Stunde kannte und billigte Yellowhammer den Plan der beiden. Bürger, die kinderreiche Familien im Umkreis von vierzig Meilen von Yellowhammer kannten, meldeten sich. Trinidad schrieb alle Auskünfte sorgfältig auf und beeilte sich dann Wagen und Zugtiere zu beschaffen.

Als erster Halt war ein Doppelblockhaus fünfzehn Meilen von Yellowhammer vorgesehen. Ein Mann öffnete die Tür auf Trinidads Ruf, kam dann herbei und lehnte sich auf das wacklige Gartentor. In der Tür drängte sich eine dichte Kinderschar, einige waren zerlumpt, alle neugierig und gesund.

»Es handelt sich um Folgendes«, erklärte Trinidad. »Wir sind aus Yellowhammer und haben eine gutartige Kindsentführung vor. Einer unserer führenden Bürger hat den Santa-Claus-Fimmel und er kommt morgen mit lauter rot bemaltem, in Deutschland hergestelltem Spielzeug in die Stadt. Das jüngste Kind, das wir haben, hat fünfundvierzig Jahre auf dem Buckel und besitzt ein Rasiermesser. Folglich scheuen wir uns, ›Oh‹ und ›Ah‹ zu sagen, wenn wir die Kerzen am Weihnachtsbaum anzünden. Also, Kamerad, wenn Sie uns ein paar Kinder ausleihen, verbürgen wir uns, dass wir sie am Weihnachtstag wohlbehalten und gesund zurückbringen werden. Und sie werden beladen mit Fröhlichkeit, Robinsonbüchern, Füllhörnern, roten Trommeln und ähnlichen schönen Dingen zurückkehren. Wie finden Sie das?«

»Mit andern Worten«, fiel der Richter ein, »wir haben zum ersten Mal festgestellt, dass es in unserem jungen, aber aufstrebenden Städtchen leider an Kindern fehlt. Nun naht die Zeit, in der es üblich ist, die Kleinen zu beschenken …«

»Ich verstehe«, sagte der Vater und stopfte seine Pfeife mit dem Zeigefinger. »Ich glaube, ich brauche die Herren nicht aufzuhalten. Wir haben sieben Kinder, und wenn ich sie im Geiste vor mir aufreihe, sehe ich keins, das wir für Ihr Vorhaben entbehren könnten. Meine Frau hat süßes Popcorn und Stoffpuppen in der Kommode versteckt und wir erlauben uns einen bescheidenen eigenen Weihnachtsrummel. Nein, ich kann keins der Kinder gehen lassen, so habgierig sind wir denn doch nicht. Besten Dank, meine Herren.«

Bergab fuhren sie und dann wieder bergauf zu Wiley Wilsons Ranchhaus. Trinidad trug seine Bitte vor und der Richter lieferte sonor und gewichtig sein Wechselgesangsstück. Frau Wiley raffte ihre beiden rotbackigen Sprösslinge dicht an sich und lächelte nicht, bis sie ihren Mann lachen und den Kopf schütteln sah. Wieder eine Ablehnung.

Über die Hälfte der Liste erschöpften Trinidad und der Richter in vergeblichem Bemühen, bevor sich die Abenddämmerung auf die Berge senkte. Sie übernachteten in einem Postgasthof und machten sich am folgenden Morgen in aller Frühe erneut auf den Weg. Der Wagen hatte keinen einzigen Fahrgast erhalten.

»Mir schwant allmählich«, bemerkte Trinidad, »dass das Ausleihen von Kindern zur Weihnachtszeit etwas Ähnliches ist, als wollte man einem Mann, der gerade Pfannkuchen bäckt, Butter stehlen.«

»Zweifellos ist es unbestreitbare Tatsache«, antwortete der Richter, »dass die Familienbande zu dieser Jahreszeit fester denn je geknüpft sind.«

Am Tage vor Weihnachten legten sie dreißig Meilen zurück und machten vier fruchtlose Besuche. Überall standen Kinder hoch im Kurs.

Die Sonne stand schon tief, als die Frau eines Streckenwärters in einsamer Gegend ihre unentbehrliche Nachkommenschaft hinter sich versteckte und sagte: »Da ist eine Frau, die gerade die Eisenbahnkantine am Knotenpunkt Granite übernommen hat. Wie ich höre, hat sie einen kleinen Sohn. Vielleicht lässt sie ihn gehen.«

Um fünf Uhr nachmittags zügelte Trinidad seine Maulesel beim Knotenpunkt Granite. Der Zug war soeben mit seiner Ladung gesättigter und besänftigter Fahrgäste abgefahren.

Auf den Stufen des Rasthauses sahen sie einen mageren, finsteren Zehnjährigen, der eine Zigarette rauchte. Der Speisesaal war in einem Chaos zurückgeblieben. Eine jüngere Frau lag erschöpft in einem Stuhl. Ihr Gesicht hatte scharfe Sorgenfalten. Sie musste früher einen gewissen Schönheitsstil gehabt haben, den sie nie ganz verlieren und nie zurückgewinnen würde. Trinidad entledigte sich seiner Mission.

»Ich würde es für ein Werk der Barmherzigkeit halten, wenn sie mir Bobby eine Zeit lang abnähmen«, sagte sie müde. »Ich bin von morgens bis in die Nacht hinein auf den Füßen, und ich habe keine Zeit mich um ihn zu kümmern. Von den Männern lernt er nur Schlechtes. Es wird die einzige Gelegenheit für ihn sein, Weihnachten zu feiern.«

Die beiden Männer gingen hinaus und sprachen mit

Bobby. Trinidad malte den Glanz des Weihnachtsbaumes und der Geschenke in lebhaften Farben.

»Und morgen, mein kleiner Freund«, fügte der Richter hinzu, »wird Santa Claus die Gaben persönlich verteilen, lauter Symbole der Geschenke, die die Hirten von Bethlehem dem ....«

»Ach, hören Sie doch auf«, unterbrach ihn der Junge und sah ihn scheel an. »Ich bin kein kleines Kind mehr. Es gibt Santa Claus nicht. Die Großen kaufen das Spielzeug und schmuggeln es ins Zimmer, wenn man schläft. Und sie machen mit der Feuerzange Striche in den Kaminruß, das sollen dann die Schlittenspuren des Santa Claus sein.«

»Mag sein«, lenkte Trinidad ein, »aber Weihnachtsbäume sind keine Märchen. Bei uns wird er aussehen wie das Einheitspreisgeschäft in Albuquerque, ganz beladen mit Flittergold. Da gibt es Kreisel und Trommeln und Archen und ...«

»Ach, Quatsch«, fiel Bobby müde ein. »Das ist schon lange nichts mehr für mich. Ich hätte gern ein Gewehr – nicht zum Scheibenschießen –, ein richtiges Gewehr, mit dem man Wildkatzen abknallen kann. Aber das haben Sie bestimmt nicht an Ihrem albernen Baum.«

»Na ja, mit Sicherheit kann ich es nicht sagen«, versetzte Trinidad diplomatisch, »aber es könnte sein. Komm mit uns, dann wirst du ja sehen.«

Die so genährte, wenn auch schwache Hoffnung bewog den Jungen, zögernd einzuwilligen. Mit diesem einzigen Nutznießer der weihnachtlichen Güte Cherokees machten sich die Werber auf den Heimweg.

In Yellowhammer war der leere Lagerraum in etwas verwandelt worden, das für das Gemach einer Fee von Arizona hätte gelten können. Die Damen hatten gute Arbeit geleistet. In der Mitte stand ein Weihnachtsbaum, bedeckt bis zum obersten Zweig mit Kerzen, Flitter und Spielzeug, das für zwei Dutzend Kinder gereicht hätte. Bei Sonnenuntergang begannen ängstliche Augen die Straßen nach dem Wagen der Kinderbringer abzuspähen. Mittags war Cherokee mit seinem Schlitten, der hoch beladen war mit Bündeln, Ballen und Schachteln aller Größen und Formen, in die Stadt gesaust. So versessen war er auf die Verwirklichung seiner selbstlosen Pläne, dass ihm die Kinderlosigkeit gar nicht auffiel. Niemand verriet etwas von den betrüblichen Zuständen in Yellowhammer, da man erwartete, dass Trinidad und der Richter durch ihre Bemühungen dem Mangel abhelfen würden.

Als die Sonne untergegangen war, verzog sich Cherokee zwinkernd und grinsend mit dem Bündel, das sein Santa-Claus-Kostüm enthielt, und einem Paket, in dem besondere, noch nicht enthüllte Geschenke waren.

»Wenn sich die Kinder versammelt haben«, wies er den freiwilligen Organisationsausschuss an, »müsst ihr die Kerzen anzünden. Dann lasst ihr sie ›O du fröhliche‹ und ›Ihr Kinderlein kommet‹ singen, und wenn sie mitten dabei sind, stiehlt sich der alte Santa Claus herein. Ich schätze, dass die Geschenke für alle reichen werden.«

Die Damen umflatterten den Baum und legten letzte Hand an, die doch nie die letzte war. Die Spangler-Sisters trugen ihr Kostüm als Gräfin Violetta de Vere und Zofe Marie; das waren ihre Rollen in dem neuen Stück ›Die Braut des Goldgräbers‹. Da die Vorstellung erst um neun Uhr anfing, waren die beiden willkommene Helferinnen des Weihnachtsbaumkomitees. Jede Minute steckte jemand den Kopf zur Tür hinaus und lauschte auf das Hufgeklapper der Ankömmlinge. Die ängstliche Spannung steigerte sich, als es dunkelte. Bald mussten die Kerzen angezündet werden, und jeden Augenblick konnte Cherokee in seinem Aufzug als Kriss Kringle hereinplatzen.

Endlich ratterte der Wagen der Kindsentführer die Straße entlang und hielt vor der Tür. Mit aufgeregten kleinen Schreien flogen die Damen, die Kerzen anzuzünden. Die Männer von Yellowhammer gingen rastlos ein und aus oder standen in verlegenen Gruppen im Lagerraum herum.

Trinidad und der Richter, denen man die anstrengende

Reise ansah, traten ein; zwischen ihnen kam ein einziger Lausejunge, der den prächtigen Baum mit finsterer, pessimistischer Miene betrachtete.

»Wo sind die andern Kinder?«, fragte die Frau des Goldprüfers, die anerkannte Leiterin aller gesellschaftlichen Anlässe.

»Madam«, antwortete Trinidad mit einem Seufzer, »Kindersuche zur Weihnachtszeit ist wie Silbersuche in Kalkstein. Ich kenne mich in elterlichen Dingen nicht aus. Allem Anschein nach sind Väter und Mütter dreihundertvierundsechzig Tage im Jahr bereit, ihre Kinder ertrinken, stehlen und vergiften zu lassen; aber am Weihnachtstag wollen sie unbedingt ihre Gesellschaft genießen. Dieser Junge hier ist alles, was wir nach zweitägiger Schufterei ausgewaschen haben.«

»Oh, so ein süßer kleiner Junge!«, gurrte Fräulein Erma und ließ ihre Gräfin-de-Vere-Schleppe zum Mittelpunkt des Schauplatzes schleifen.

»Ach, halt's Maul«, brummte Bobby. »Wer ist hier ein Kind? Sie bestimmt nicht.«

»So ein frecher Bengel!«, hauchte Fräulein Erma unter ihrem aufgemalten Lächeln.

»Wir haben unser Möglichstes getan«, sagte Trinidad. »Für Cherokee ist es bitter, aber es lässt sich nicht ändern.«

Da ging die Tür auf und Cherokee kam im althergebrachten Kostüm des heiligen Nikolaus herein. Ein weißer Rauschebart und herabwallende Haare verdeckten sein verwittertes Gesicht fast bis zu den glänzenden dunklen Augen. Auf dem Rücken trug er einen Sack.

Niemand rührte sich, als er eintrat. Sogar die Spangler-Sisters gaben ihre koketten Posen auf und starrten neugierig auf die große Gestalt. Bobby stand mit den Händen in den Hosentaschen und suchte mit mürrischer Miene den weiblichen und kindlichen Baum ab. Cherokee stellte seinen Sack ab und blickte sich verwundert um. Vielleicht vermutete er, eine Horde eifriger Kinder werde irgendwo gehütet und solle bei seinem Eintritt losgelassen werden. Er ging zu Bobby und streckte die rotbehandschuhte Rechte aus.

»Fröhliche Weihnachten, kleiner Junge«, sagte Cherokee. »Ich hole dir von dem Baum herunter, was du dir wünscht. Willst du Santa Claus nicht die Hand geben?«

»Es gibt keinen Santa Claus«, höhnte der Knabe. »Sie haben einen alten falschen Ziegenbart im Gesicht. Ich bin kein kleines Kind mehr. Was soll ich mit Puppen und Bleipferdchen? Der Kutscher sagte, Sie hätten ein Gewehr für mich, aber Sie haben keins. Ich will nach Hause.«

Trinidad sprang in die Bresche. Mit herzlichem Händedruck begrüßte er Cherokee. »Es tut mir leid, Cherokee«, erklärte er. »Wir haben in Yellowhammer kein einziges Kind. Wir wollten für deine Feier einen ganzen Schwarm auftreiben, aber diese Sardine war alles, was wir fangen konnten. Der Bengel ist ein Atheist, und er glaubt nicht an Santa Claus. Schade, dass du dir solche Mühe gemacht hast. Aber wir dachten, ich und der Richter, wir könnten eine ganze Wagenladung Kandidaten für deinen Krimskrams zusammenbringen.«

»Schon recht«, antwortete Cherokee ernst. »Die Kosten sind keiner Erwähnung wert. Wir können das Zeug in einen Schacht abladen oder wegwerfen. Ich weiß nicht, was ich mir vorgestellt habe; aber es ist mir überhaupt nicht in den Sinn gekommen, dass es in Yellowhammer keine Kinder gibt.«

Inzwischen hatte sich die Gesellschaft zu einer hohlen, aber lobenswerten Nachahmung eines freudigen Anlasses entspannt.

Bobby hatte sich in einen Winkel zurückgezogen, wo er auf einem Stuhl saß und kalt dem Schauspiel zusah; Langeweile stand deutlich auf seinem Gesicht geschrieben. Cherokee, der von seiner ursprünglichen Idee nicht so ohne weiteres lassen wollte, ging zu ihm hinüber und setzte sich neben ihn. »Wo wohnst du, kleiner Junge?«, fragte er ehrerbietig.

»Station Granite«, antwortete Bobby tonlos.

Es war warm im Lagerraum. Cherokee nahm nicht nur seine Mütze ab, sondern auch Bart und Perücke.

»He!«, rief Bobby, der zum ersten Mal Neugier zeigte. »Ihr Gesicht kenne ich doch.«

»Hast du mich schon einmal gesehen?«, fragte Cherokee.

»Ich weiß nicht, aber Ihr Bild habe ich viele Male gesehen.«

»Wo?«

Der Knabe zögerte, dann antwortete er: »Zu Hause auf der Kommode.«

»Sag mir bitte, wie du heißt, Jungchen.«

»Robert Lumsden. Das Bild gehört meiner Mutter. Nachts steckt sie es unters Kopfkissen. Und einmal sah ich, wie sie es küsste. Aber die Weiber sind eben so.«

Cherokee stand auf und winkte Trinidad zu sich. »Behalte den Jungen hier, bis ich zurückkomme. Ich will diese Weihnachtsmaskerade ablegen und meinen Schlitten anspannen. Ich werde den Jungen heimbringen.«

»Soso, du Treuloser«, sagte Trinidad und setzte sich auf den Stuhl, den Cherokee freigegeben hatte. »Du bist anscheinend so uralt und ausgelaugt, dass du dir aus solchen Albernheiten wie Süßigkeiten und Spielzeug nichts machst.«

»Ich kann Sie nicht leiden«, gab Bobby ätzend zurück. »Sie sagten, hier gäbe es ein Gewehr. Nicht einmal rauchen kann man hier. Ich wünschte, ich wäre zu Hause.«

Cherokee fuhr mit dem Schlitten bei der Tür vor und Bobby wurde hinaufgehoben und neben ihn gesetzt. Die prachtvollen Pferde tänzelten über den harten Schnee davon. Cherokee trug einen Sealmantel, der fünfhundert Dollar gekostet hatte. Die Decke, die er über sich und den Jungen breitete, war samtwarm.

Bobby kramte aus seiner Tasche eine Zigarette hervor und traf Anstalten, ein Zündholz anzureiben.

»Wirf die Zigarette weg«, sagte Cherokee in ruhigem, aber ganz neuem Tone.

Bobby zauderte, dann ließ er sie über den Schlittenrand fallen.

»Auch die Streichholzschachtel«, befahl die neue Stimme.

Noch widerwilliger gehorchte der Junge.

»Sie«, begann Bobby unvermittelt, »ich habe Sie gern. Ich weiß nicht, warum. Noch nie hat mich ein Mensch dazu gebracht, etwas zu tun, das mir nicht passt.«

»Sag einmal, Kind«, diesmal schlug Cherokee nicht den neuen Ton an, »hat deine Mutter wirklich das Bild geküsst, das mir so ähnlich ist?«

»Ehrenwort. Ich hab es ja selbst gesehen.«

»Sagtest du nicht etwas davon, dass du dir ein Gewehr wünschst?«

»Und wie! Wollen Sie mir eins schenken?«

»Morgen bekommst du von mir eine Flinte, mit Silber beschlagen.«

Cherokee zog seine Uhr hervor.

»Halb zehn. Wir werden noch am Weihnachtsabend zu Hause sein. Ist dir kalt? Rück näher, mein Sohn.«

O. Henry

Ein Weihnachtsgeschenk im Wilden Westen

Der eigentliche Grund des ganzen Ärgers brauchte an die zwanzig Jahre, um heranzureifen.

Und am Ende dieser Zeit war er ihn wahrhaftig wert.

Hättet ihr irgendwo im Umkreis von fünfzig Meilen von der Sundown Ranch gelebt, so hättet ihr gewiss davon gehört. Er besaß pechschwarzes Haar, offene und ehrliche tiefbraune Augen und ein Lachen, das über die Prärie hallte wie das Plätschern eines verborgenen Bachs. Sein Name war Rosita McMullen; und sie war die Tochter des alten McMullen von der Sundown Ranch, auf der man Schafe züchtete.

Da kamen eines Tages auf rotgrauen Gäulen – oder, um genau zu sein: auf einem Schecken und einem von Mücken zerstochenen Rotfuchs – zwei Freier angeritten. Der eine war Madison Lane und der andere war Frio Kid. Aber zu jener Zeit nannte man ihn noch nicht »Frio Kid«, denn die Ehren eines speziellen Namens hatte er sich noch nicht verdient. Sein Name war damals schlicht Johnny McRoy.

Man darf aber nicht annehmen, dass diese beiden bereits die Summe der Bewunderer jener lieblichen Rosita bildeten. Auch die *bronchos* * von einem Halbdutzend anderer kauten, an dem langen Balken vor der Sundown Ranch angebunden, ungeduldig auf ihrer Kandare. Zahlreich waren in diesen Savannen auch die schmachtenden Blicke derer, die nicht zu den Hütern von Dan McMullens Herden gehörten. Doch all diesen Kavalieren galoppierten Madison Lane und Johnny McRoy weit voraus, weshalb von ihnen schon bald zu berichten ist.

Madison Lane, ein junger Rinderzüchter aus dem Nueces-Land, gewann am Ende das Rennen. Er und Rosita wurden eines schönen Weihnachtstags zum Paar getraut. Bewaffnet, ausgelassen, lautstark und edelmütig legten die Rinder- und Schafzüchter ihren tief sitzenden Hass aufeinander für diesmal beiseite und vereinten ihre Kräfte, um den Anlass zu feiern.

Die Sundown Ranch erzitterte unter den Lachsalven aus Witze reißenden Mündern und sechsschüssigen Revolvern, dem Blitzen von Gürtelschnallen und strahlenden Augen, den freimütigen Glückwünschen der Hornviehzüchter.

Aber während die Hochzeitsfeier in vollem Gange war, da brach Johnny McRoy von Eifersucht zerfressen wie ein Besessener über sie herein.

»Ich will euch ein Weihnachtsgeschenk machen«, schrie er von der Tür her, mit seiner Fünfundvierziger in der Faust. Schon damals hatte er einen gewissen Ruf als jemand, der aus dem Stegreif die Waffe zog.

* kleines halb wildes Pferd des nordamerikanischen Westens; *mexikanisch* für Mustang [Anm. d. Übers.].

Sein erstes Geschoss riss eine Kerbe, so sauber wie eine Rindermarke, in Madison Lanes rechtes Ohr. Die Trommel seines Revolvers drehte sich um eine Kammer weiter. Der nächste Schuss wäre der für die Braut gewesen, hätte Carson, ein Schafzüchter, nicht einen Verstand besessen mit einem Abzug, der nicht weniger gut geölt und in Schuss war. Als Konzession an Sitte und Anstand waren die Waffen der Hochzeitsgesellschaft in ihren Gürteln an die Nägel in der Wand gehängt. Doch Carlson schleuderte in blitzschneller Reaktion seinen Teller mit gebratenem Wild und *frijoles** auf McRoy, was diesem beim Zielen die Hand verriss. Daher zerschmetterte das zweite Geschoss nur die weißen Blütenblätter einer Spanischen Marguerite, die zwei Fuß weit über Rositas Haupt hing.

Die Gäste stießen ihre Stühle fort und stürzten zu ihren Waffen: Man hielt es für ungebührlich, auf einer Hochzeit auf Braut und Bräutigam zu schießen. Binnen schätzungsweise sechs Sekunden pfiffen an die zwanzig Kugeln in Mr McRoys Richtung.

»Beim nächsten Mal werde ich besser schießen«, schrie Johnny, »und ein nächstes Mal wird kommen!« Dann sprang er zurück zur Tür hinaus.

Carson, der Schafzüchter, war, durch den Erfolg seines Tellerwurfs zu weiteren Heldentaten angespornt, der Erste, der die Tür erreichte. Doch McRoys Geschoss aus dem Dunkel streckte ihn nieder.

Da schwärmten die Rinderzüchter nach Rache schreiend hinaus ihm hinterdrein, denn obwohl das Niedermetzeln eines Schafzüchters nicht selten Vergebung fand, war es in diesem Fall entschieden ein sträfliches Vergehen. Denn Carson war unschuldig; er war bei dieser Eheanbahnung kein Komplize gewesen, noch hatte ihn irgendjemand vor den Gästen den Vers »Weihnacht kommt kein zweites Mal im Jahr« zitieren hören.

* weiße Bohnen, auch Schminkbohnen genannt [Anm. d. Übers.].

Aber die militärische Aktion scheiterte in seiner Rache. McRoy war längst in seinem Sattel und auf und davon und schrie ihnen Flüche und Drohungen zurück, während er im Galopp in der Wildnis des Chaparral verschwand.

Jene Nacht war die Geburtsstunde des »Frio Kid«. Er wurde zum gefürchtetsten Mann jener Gegend des Staates. Der Umstand, dass er von Miss McMullen einen Korb bekommen hatte, machte ihn zu einem gefährlichen Mann. Als sich wegen des Mordes an Carson Justizbeamte an seine Fersen hefteten, legte er zwei von ihnen um und begann das Leben eines Outlaw zu führen. Er wurde ein sagenhafter Schütze, egal mit welcher Hand. Er tauchte ab und an in Städten und ländlichen Siedlungen auf, brach bereits beim geringsten Anlass Streit vom Zaun, machte seinen Widersacher kalt und lachte den Gesetzeshütern ins Gesicht. Er war so kaltblütig, so tödlich, so flink, so unmenschlich blutdürstig, dass überhaupt nur schwache Versuche unternommen wurden, um ihn zu verhaften.

Als er am Ende dennoch von einem kleinen einarmigen Mexikaner, der dabei vor Angst beinahe selbst umkam, niedergeschossen und getötet wurde, hatte Frio Kid den Tod von achtzehn Männern auf seinem Steckbrief stehen. Etwa die Hälfte von diesen fiel in fairen Duellen, deren Ausgang davon abhing, wie rasch man die Waffe zog. Die andere Hälfte waren Männer, die er aus reiner Mordlust und Grausamkeit ermordet hatte.

Entlang der Grenze erzählte man sich viele Geschichten über seine schamlose Unerschrockenheit und Dreistigkeit. Aber er gehörte nicht zu jener Spezies von Desperados, die auch Phasen von Großmut und sogar menschliche Regungen hatte. Die Leute sagen, er habe niemals Gnade für das Objekt seines Zorns gefunden.

Und doch gehört es sich in dieser wie in jeder Weihnachtszeit, dass man jedem Menschen selbst für das kleinste Quäntchen an Gutem, das er besitzen mag, Anerkennung zollt, sofern dies irgend möglich ist. Wenn Frio Kid je eine freundliche Tat getan oder eine Regung von Großmut in seinem Herzen verspürt hatte, so war dies einmal in einer solchen Zeit geschehen, und das kam so:

Wer in der Liebe enttäuscht wurde, sollte niemals den Duft der Blüten des Ratamabaums einatmen. Dieser wühlt nämlich in gefährlichem Maße das Gedächtnis auf.

Eines Tages im Dezember stand im Frio-Land ein Ratamabaum in voller Blüte, denn der Winter war so warm gewesen, als wäre es Frühling. An diesem Baum ritten Frio Kid und sein Gefolgsmann und Mordgeselle Mexican Frank in jenen Tagen vorüber. Der Junge ließ seinem Mustang die Zügel schießen und saß gedankenversunken und finster brütend, die Brauen gefährlich zusammengezogen, im Sattel. Der reiche süße Wohlgeruch berührte ihn irgendwo unter seinem Panzer aus Eis und Stahl.

»Ich weiß nicht, wo ich die ganze Zeit meine Gedanken hatte, Mex«, bemerkte er in seinem üblich milden Ton, »dass ich ein bestimmtes Weihnachtsgeschenk, das ich jemandem machen muss, ganz vergessen habe. Morgen Nacht werde ich losreiten und Madison Lane in seinem eigenen Haus erschießen. Er hat mein Mädchen – und Rosita hätte mich, wenn er mir nicht in die Quere gekommen wäre. Möchte wissen, warum ich die Sache bis jetzt ganz einfach übersehen habe!«

»Ach Quatsch, Kid«, sagte Mexican Frank, »red kein dummes Zeug. Du weißt genau, dass du es morgen Abend nicht schaffst, dich auch nur bis auf eine Meile Mad Lanes Haus zu nähern. Vorgestern hab ich den alten Allen gesehn und er sagt, Mad wird eine Weihnachtsfeier bei sich im Hause haben. Du erinnerst dich doch, wie du damals, als Mad geheiratet hat, die ganze Feier in Stücke geschossen hast und was du damals angedroht hast? Glaubst du etwa, Mad Lane wird nicht scharf die Augen offen halten nach einem gewissen Mr Kid? Du Dummkopf ermüdest mich mit solchen Worten.«

»Und ich geh dennoch«, wiederholte Frio Kid, »zu Madison Lanes Weihnachtsfeier und leg ihn um. Schon vor langer Zeit hätt ich's tun sollen. Mensch, Mex, gerade vor zwei Wochen habe ich geträumt, ich sei mit Rosita verheiratet und nicht sie mit ihm, und wir lebten in einem Haus und ich könnte sie sehen, wie sie mich anlächelt und – oh, verdammt! – Mex, jetzt hat er sie sich geschnappt; und ich schnapp mir ihn – jawohl, Sir, am Heiligen Abend hat er sie sich geschnappt und genau da schnapp ich mir ihn.«

»Es gibt auch andere Möglichkeiten, Selbstmord zu begehen«, belehrte der Mexikaner. »Warum gehst du nicht gleich hin und lieferst dich dem Sheriff aus?«

»Ich schnapp ihn mir«, beharrte Kid.

Der Heilige Abend fiel so mild aus wie im April. Vielleicht lag weit entfernt auch ein eisiges Frösteln in der Luft, aber sie prickelte nur wie Mineralwasser und duftete leicht nach späten Präriеblüten und nach Büffelgras.

Als der Abend dämmerte, wurden die fünf, sechs Zimmer des Ranch-Hauses hell erleuchtet. In einem Raum stand ein Weihnachtsbaum, denn die Lanes hatten einen dreijährigen Jungen, und man erwartete gut ein Dutzend Gäste aus den Ranches der näheren Umgebung.

Bei Einbruch der Dunkelheit rief Madison Lane Jim Belcher und drei andere auf seiner Ranch angestellte Cowboys zur Seite.

»Jetzt, Jungs«, sagte Lane, »haltet eure Augen offen. Macht Runden um das Haus und beobachtet genau die Straße. Ihr alle kennt ›Frio Kid‹, wie die Leute ihn jetzt nennen, und wenn ihr ihn seht, dann eröffnet das Feuer, ohne lange zu fragen. Ich hab keine Angst, dass er aufkreuzt, aber Rosita schon. An jedem Weihnachten, seit wir verheiratet sind, hat sie Angst, er könnte plötzlich hereinplatzen.«

Die Gäste waren auf dem Kutschbock oder im Sattel angekommen und machten es sich drinnen bequem. Der Abend nahm vergnüglich und angenehm seinen Lauf. Die Gäste genossen und priesen Rositas vorzügliches Weihnachtmahl, und danach zerstreuten sich die Männer in Grüppchen rauchend und schwatzend in die verschiedenen Räume oder auf die breite Veranda.

Der Weihnachtsbaum entzückte natürlich besonders die Jüngsten, und ihre größte Freude war der Augenblick, als Santa Claus, der heilige Nikolaus in Person, mit prächtig weißem Bart und dicken Pelzen erschien und die Spielsachen zu verteilen begann.

»Das ist mein Papa«, verkündete Billy Sampson, ein sechsjähriger Bengel. »Ich hab ihn schon einmal diese Sachen tragen gesehn.«

Berkly, ein Schafzüchter und alter Freund von Lane, hielt Rosita an, als sie auf der Veranda vorüberkam, während er dort saß und rauchte.

»Nun, Mrs Lane«, sagte er, »ich vermute, am heutigen Weihnachtsabend werden Sie Ihre Angst vor diesem Kerl McRoy wohl überwunden haben, oder irr ich mich? Madison hat mir davon erzählt, verstehen Sie.«

»Ja, so gut wie«, sagte Rosita lächelnd, »aber manchmal werde ich immer noch nervös. Diesen furchtbaren Moment werde ich nie vergessen, als er so nahe dran war, uns alle umzubringen.«

»Er ist der kaltherzigste Lump der ganzen Welt«, meinte Berkly. »Alle anständigen Bürger entlang der Grenze sollten ausschwärmen und ihn jagen wie einen Wolf.«

»Er hat furchtbare Verbrechen begangen«, entgegnete Rosita, »aber … ich … ach, ich weiß nicht. Ich glaube, irgendwo steckt in jedem etwas Gutes. Er war nicht immer ein schlechter Mensch – so viel weiß ich sicher.«

Rosita wandte sich zurück in den Flur zwischen den Zimmern. Da kam, dick vermummt in seinem Bart und seinen Pelzen, Santa Claus an ihr vorüber.

»Ich hab durchs Fenster mitgehört, was Sie gerade sagten, Mrs Lane«, meinte er. »Gerade wollte ich nach einem Weihnachtsgeschenk für Ihren Mann in meine Tasche greifen. Aber stattdessen habe ich eins für Sie dagelassen. Es ist im Zimmer zu Ihrer Rechten.«

»Oh, ich danke Euch, lieber Santa Claus«, rief Rosita strahlend.

Rosita trat in das besagte Zimmer, während sich Santa Claus in die kühlere Gartenluft hinausbegab.

Sie fand in dem Zimmer nichts außer Madison.

»Wo ist mein Geschenk, das Santa, wie er sagte, für mich hier hinterlassen hat?«, fragte sie.

»Hab nichts gesehn, was nach einem Geschenk aussieht«, sagte lachend ihr Gemahl, »es sei denn, er hätte mich gemeint.«

Am nächsten Tag kam Gabriel Radd, der Vorarbeiter von der XO Ranch, in Loma Alta ins Postamt gestürzt.

»Nun hat Frio Kid am Ende doch noch seine Ladung Blei verpasst gekriegt«, meinte er zu dem Postmeister.

»Nein, wirklich? Wie ist das passiert?«

»Einer der mexikanischen Schafhüter vom alten Sanchez hat's getan! – Man stell sich das mal vor: Frio Kid gekillt von einem Schafhüter! Der kleine *greaser** sah ihn gestern so um zwölf Uhr Mitternacht an seinem Lager vorüberreiten, da kriegte er eine solche Angst, dass er eine Winchester hochriss und ihm eins drüberbrannte. Das Komischste an der Sache war, dass Frio Kid einen Rauschebart aus Angorafell vorm Gesicht trug und von Kopf bis Fuß in eine richtige Weihnachtsmann-Montur gekleidet war. Man stell sich das mal vor: Frio Kid spielt Santa Claus!«

* scherzhafte oder abfällige Bezeichnung für Mexikaner [Anm. d. Übers.].

Drittes Kapitel

IM SCHNEEGESTÖBER: KANADISCHE WEIHNACHTSGESCHICHTEN

Jessie Kerr Lawson

Twinkle oder Liebst du meinen Hund, so liebst du mich

Regen, Regen, Regen. Es hatte die ganze letzte Nacht geregnet, es hatte den ganzen Tag geregnet, noch immer fiel ein leichter Nieselregen. Aber durch diese graue Ungemütlichkeit hindurch hielt der ausgedehnte Lärm des Großstadtverkehrs weiter an; auf den glatten, glänzenden Straßen klapperte unablässig das Klack-Klack-Klack von Pferdehufen; die Omnibuswagen waren bis auf die Trittbretter besetzt, als die undurchdringliche Nacht herabsank, allmählich die Gaslaternen aufflackerten, die Schaufenster aufleuchteten und den langen Blick durch die Argyle Street illuminierten. Diese Fenster, mit ihrer Vielfalt ausgestellter Farben stets eine Attraktion, strahlten heute Abend so bunt wie ein Osterbasar. Und trotz der Dusche überm Kopf und der Nässe unter den Füßen waren die Straßen überfüllt mit wohlhabenden Bürgern und auch ganz und gar nicht wohlhabenden Bürgern: Bürger in behaglichen Überziehern und mit gummibeschuhten Füßen, Bürger in abgelegten Mänteln vom Trödler, notdürftig zugeknöpft über der frierenden Brust, und in Schuhen, die das Wasser aus- und einpumpten bei jedem Schritt; Bürgerinnen in vernünftig robusten Stiefeln und mit verlässlich wasserdichten Umhängen und Regenschirmen; Bürgerinnen mit schalumwickelten Köpfen und – o Jammer, o Elend! – nackten Füßen, ganz weiß gewaschen vom kalten, kalten Regen.

Aber ob wohlhabend oder nichts habend, alle umkreisten heute Abend in einem ständigen Schwirren die Ladenfenster wie Nachtfalter das Licht, manche überlegend, wie viel, manche, wie wenig sie kaufen konnten; manche blickten bitter drein und versuchten sich einzureden, die Trauben seien sauer – jene Trauben, die zur Weihnachtszeit reifen, gefüllt mit dem Wein des Wohls für alle; jene Trauben, welche selbst zu kosten oder anderen zu schenken ihnen durch traurige Umstände verboten war, so gern sie es gewollt hätten.

Die Läden schienen reißenden Umsatz zu machen, denn noch immer herrschte ein Kommen und Gehen und ein Rein und Raus von Kunden, die sie mit der Geldbörse in der Hand und miteinander tuschelnd betraten und sie wieder verließen mit Händen voller Päckchen – ganz geheimnisvollen Päckchen –, die sie lieber selbst tragen wollten anstatt sie anliefern zu lassen; Päckchen, die der Obhut von Santa Claus anvertraut würden, die von ihm über den Luft- und Traumlandweg hinab durch viele, viele rußige senkrechte Tunnels gebracht werden sollten. Gewiss, es war eine mondlose und rutschige Nacht für Rentierhufe, die doch um die Kamine klappern sollten, aber da ihr Schritt so sicher war, wie die Liebe zu kleinen Kindern ihn nur machen konnte, kamen die Päckchen stets sicher an, wie die nächste Morgendämmerung es strahlenden und früh erwachenden Augen bewies.

Unter den wohlhabenden Bürgern, die gerade in die Scheinwelt in einem Spielzeugladenfenster blickten, befand sich auch eine Gruppe von zwei Männern und einer Frau – John Milne, seiner Gemahlin und seinem Bruder Tom, Letzterer eben erst zurückgekehrt von einem langjährigen Aufenthalt in Kanada. Jetzt betraten sie den Laden und wurden bedient und waren gerade im Begriff, ihn wieder zu verlassen, als Toms Blick zufällig auf einen komisch aussehenden Spielzeughund fiel.

»Ach, könnten Sie mir bitte noch diesen Hund dort zeigen«, meinte er zu der Verkäuferin.

»Oh, Tom, du hast schon genug für die Kinder ausgegeben«, protestierte seine Schwägerin.

»Egal, ich werde in diesen Hund investieren, er wird mich schon nicht Bankrott machen«, antwortete er in sich hinein lächelnd, und John flüsterte, durchaus nicht ungehalten, seiner Frau ins Ohr: »Lass Tom besser seinen Willen, Mary. Den hat er immer durchgesetzt, solange ich zurückdenken kann.«

Tom hörte, was er sagte, wandte sich nach seinem Bruder um und echote mit einem zustimmenden Augenzwinkern: »Da kannst du Gift drauf nehmen«, und trug den Hund im Triumph davon.

An jenem Abend kamen, nachdem die Kinder bereits zu Bett gegangen waren, noch ein paar Freunde auf dem Heimweg von ihren Einkäufen vorbei.

»Oh, was habt ihr denn da – einen Hund?«, schrie Kate Wyn auf.

»Jawohl, Miss Wyn, das ist mein Hund; das ist Jim Mackenzies Twinkle, wie er leibt und lebt. Ich habe mir diesen da gekauft, weil er Twinkle wie aus dem Gesicht geschnitten gleicht.«

»Twinkle? Jim Mackenzie?«, stöhnte Kate wie nach Luft ringend auf, doch im nächsten Moment setzte sie sich ruhig wieder hin und sagt nur: »Oh.«

Kate war eine Freundin des Hauses, eine Frau von bereits über zweiunddreißig Jahren, aber noch immer in voller Blüte und verblüffend gut aussehend. Warum sie nie geheiratet hatte, war all jenen ein Rätsel, die wussten, wir sehr sie von den Männern aus ihrer Bekanntschaft bewundert wurde; aber irgendwie hatte sie einen Tick, es bei Bekanntschaften männlicher Art auf der Bekanntschaft beruhen zu lassen; und mit keinem Vertreter des anderen Geschlechts hatte sie auch nur die platonischste Freundschaft aufkeimen lassen. Es hatte einmal ein Gemunkel über irgendeine Enttäuschung in der Liebe gegeben, aber das war vor langer Zeit gewesen, noch bevor ihr Vater von Irvine nach Glasgow gezogen war, wo er ein angesehener Bürger wurde. Über diese Liebesaffäre blieben Kates geschwungene Lippen verschlossen wie ein Siegel. Hatte sie in ihrem inneren Bewusstsein eine unverheilte Wunde, so ließ sie keine Klage darüber laut werden, nicht einmal gegenüber ihren engsten Freundinnen. Wenn diese sie verspotteten, weil sie nicht verheiratet war, dann lachte sie und sagte, sie würde schon heiraten, wenn der richtige Mann daherkäme.

Die gegenwärtig Versammelten waren zu ausgelassen und von ihrem Gelächter über Toms Spielzeughund selbst zu sehr gefangen, als dass sie Kates momentane Anwandlung und das plötzliche Erblassen ihres klaren Gesichts bei der Erwähnung von Jim Mackenzie und dem Hund Twinkle bemerkt hätten.

»Ist das dieser Mackenzie, von dem du in deinen Briefen geschrieben hast, Tom?«, erkundigte sich sein Bruder mit einiger Neugier. »Der Mann, der nicht erlaubte, dass du seinen Hund verspeist, als ihr alle am Verhungern wart?«

»Ja, das war Jim. Er hatte gerade eine Anstellung in einer Handelsniederlassung an der Hudson-Bay erhalten und befand sich – er und ich und der Halbblut-Indianer – auf dem Weg dorthin. Ihr wisst, einer der Hauptgrundsätze der Hudson Bay Company lautet: Die einzigen Männer, auf die man sich bei der Anstellung dort oben verlassen kann, sind Schotten. Ein anderer braucht sich gar nicht erst zu bewerben. Dieser Grundsatz hat sich in langer Erfahrung mit anderen Nationalitäten entwickelt, und seine Richtigkeit bestätigt sich jedes Mal aufs Neue.«

»Du könntest uns jetzt einmal erzählen, wie du diese Zeit überstanden hast, Tom. Dein Brief war höchst unbefriedigend. Du schienst den Umstand, dass du gerettet wurdest, wichtiger zu nehmen als die Art und Weise, wie es dazu kam.«

»Allerdings!«, näselte Tom verächtlich. »Wenn du wochenlang, wie wir es taten, auf Schneeschuhen gestapft wärst, unterwegs durch ein Land, das aus einer einzigen Gruppe von Seen besteht; ein paar Meilen oder so durch den Schnee, dann über einen See, dann wieder weiter zu Fuß, dann ein nächster See, diesmal mit Eis überzogen, bis völlig unerwartet die Luft – für die Jahreszeit viel zu früh – warm wurde und du dann wie wir an einem See kamst und feststellen musstest, dass das Eis überall aufgebrochen war und in Schollen umhertrieb und dein Proviant fast alle war und deine Pulverflasche so gut wie leer, und Meilen und Abermeilen nichts als Matsch und Morast und das nächste Indianerdorf dreißig Meilen weit entfernt und zudem jenseits des Sees und kein Kanu zur Hand, um es zu erreichen – Gott im Himmel! Das sind Erlebnisse, die willst du auf der Stelle, wenn nicht noch schneller, vergessen. Da willst du die ganze Qual direkt danach nicht gleich noch einmal auf dem Papier durchstehen, das schwör ich dir. Aber nun ist das Ganze schon mehr als sieben Jahre her. Der Abstand glättet die Dinge beträchtlich, und so macht's mir jetzt nichts mehr aus, euch zu erzählen, wie es dazu kam, dass ich Jims Hund umbringen und verspeisen wollte. Der da ist sein lebendes Ebenbild, nur dass Twinkle natürlich ein riesengroßer Hund, ein Collie war, und Jim sich von diesem Vieh einfach nicht trennen konnte. Natürlich bin ich jetzt heilfroh, dass er ihn bis aufs Messer gegen mich verteidigt hat, aber wenn ein Mensch vor Hunger und Verzweiflung ganz elend ist, dann wird er zu einem rasenden Wolf: Die alte Bestie, der Beutejäger erwacht in ihm und Leben, Leben, Leben ist der einzige Gedanke, zu dem er noch fähig ist.«

Die versammelten Freunde zeigten reges Interesse an Toms Geschichte. »Lass sie uns hören, Tom; du musst ja ganz schön auf dem Hund gewesen sein, wenn du vorhattest, einen Collie zu verspeisen«, meinte einer von ihnen lachend.

Kate Wyn lehnte sich in den Sessel zurück, stützte ihren Ellbogen auf den Tisch und hielt schirmend die Hand über ihr Gesicht.

»Erzählen Sie uns, Mr Milne. Erzählen Sie uns alles, wie es war. Ich möchte wirklich zu gern von Ihrem Abenteuer hören«, sagte sie in einem ruhigen, bestimmten Ton, und Tom begann:

»Wie ich schon sagte, waren wir also unterwegs, wir drei, Jim Mackenzie, ich selbst und das Halbblut, und auf Schneeschuhen war das Reisen durchaus nicht unbequem, bis wir eben an diesen See kamen und feststellten, dass das Eis aufgebrochen war und unser Proviant und Pulver aufgebraucht, das Indianerreservat dreißig Meilen entfernt und kein Kanu da war, um damit über den See zu gelangen. Jim sah das treibende und vorüberziehende Eis an; er sah die schwarzen Wälder an und die weiten Flächen von Morast dazwischen – Morast, versteht ihr; reiner Morast, denn die Luft war seit einigen Tagen ganz mild gewesen und die Sonne hatte für die Jahreszeit ungewöhnlich stark durchgeschienen, und dann sah Jim mich an. Ich sagte kein Wort; ebenso wenig das Halbblut. Ein paar umgestürzte Bäume, bedeckt mit schmelzendem Schnee, lagen herum. Wir fegten sie frei und setzten uns nieder und dachten scharf nach. Versteht ihr, da man Jim als einen Angestellten der Hudson Bay Company zu einem dieser Indianerposten direkt auf der anderen Seite des Crooked Pine Lake geschickt hatte, um nach irgendwelchen Waren zu forschen, die abhanden gekommen waren, und da ich und Michel Noyes mit ihm gingen, haben wir uns gedacht, wir könnten nebenher auch ein wenig auf Fallenjagd gehen. Natürlich hatten wir nicht mal im Traum daran gedacht, dass das Eis ganze drei Wochen vor der üblichen Zeit brechen würde; nein, nicht mal im Traum, aber uns blieb nichts anderes übrig, als unseren Fußmarsch quer über das Eis fortzusetzen. Aber wie sich herausstellte, saßen wir nun selbst in der Falle und, wenn der See nicht wieder zufrieren würde, mit der ziemlich hohen Wahrscheinlichkeit vor Augen, dass wir verhungern müssten. Denn, versteht ihr, wir waren unterwegs durch eine Gegend, die buchstäblich durchsiebt war von Seen – einem endlosen Geflecht von Seen; und der Versuch, dieses Gebiet auf festem Land zu umgehen, hätte einen Fußmarsch von Hunderten von Meilen bedeutet, ohne Nahrung und ohne Munition, um irgendein Wild egal welcher Art zu erlegen – etwas völlig Unmögliches. Also hatten wir keine andere Wahl als hier bei Brule Portage zu lagern und abzuwarten, was die Vorsehung für uns in petto hatte.

Wir waren alle zu Tode erschöpft, mit den Kräften am Ende, und dieser neue Schock gab uns den Rest. Wir brachten es nicht über uns, den Mund aufzumachen. Jeder von uns wusste genau, wie viel es noch zu beißen gab, und jeder rechnete sich insgeheim aus, wie lange man mit diesen Vorräten für nur zwei Tage noch auskommen könnte. Gott weiß, wie lange wir dort noch gesessen und düster vor uns hin gebrütet hätten, wenn Jims Hund Twinkle nicht plötzlich aufgesprungen wäre, sich bettelnd auf die Hinterkeulen gesetzt und ihm direkt in die Augen geblickt hätte. Diesen Hund hatte ihm mal irgendein Freund in der alten Heimat drüben – also hier in Schottland – geschenkt, und er hatte ihm alle möglichen Tricks beigebracht. Twinkle war hungrig und bettelte nach irgendetwas Essbarem.

›Ganz richtig, Twinkle‹, sagt er und springt auf. ›Ich denke, es hilft uns nicht weiter, wenn wir hier nur herumhocken und die Zeit vertun. Komm, lass uns ein paar Karnickel fangen.‹

Twinkle kläffte und tänzelte um ihn herum und die beiden brachen auf, um Schlingen aufzustellen. Michel Noyes und ich, wir packten ebenfalls Schlingendraht aus und gingen Fallen aufstellen, und ungefähr bei Sonnenuntergang kehrten wir alle wieder zu der Portage* zurück. Jim blickte besorgt in den Sonnenuntergang – er war zu rot für seinen Geschmack. Ein klarer, scharfer Streifen in kaltem Erbsengrün wäre ihm willkommener gewesen und hätte Kälte bedeutet und womöglich die ganze Nacht hindurch Frost, und Frost hätte unsere Rettung bedeutet. So wie es stand, war die Luft aber warm und würzig und wehte uns diesen Duft, diesen frühlingshaften Duft nach Fichtennadeln herüber.

›Was meint ihr: Könnten wir heute nicht mal das Abendessen ausfallen lassen?‹, fragte Jim. ›Morgen früh haben wir sicher noch mehr Hunger und wenn wir uns jetzt in unsere

* *Portage*: Ort, an dem Schiffe und Waren zum Transport auf dem Landweg zum nächsten Ufer eines Gewässers umgeladen werden; dt. Portage oder Trageort [Anm. d. Übers.].

Kaninchenfelldecken einrollen und uns schlafen legen, werden wir es nicht zu sehr vermissen.‹

Michel zuckte die Achseln, was bedeutete, dass er unter Protest zustimmte, und obwohl ich nie mit leerem Magen schlafen kann, ließ ich mich dazu bewegen, von dem Vorschlag ebenfalls entzückt zu sein.

›Nach dem Frühstück werden wir auf Waldhuhnjagd gehen‹, meinte Jim recht hoffnungsvoll. ›Dort drüben habe ich einige Spuren im Schnee gesehen.‹

Auf dieser Hoffnung war gut schlafen, und so begannen wir uns Zweige von Rot- und Balsamtannen zu schneiden und machten uns herrliche, über einen Fuß dicke federnde Matratzen. Auf diesen legten wir uns, in unsere Karnickelfelldecken eingerollt, an dem prasselnden Feuer, das wir angezündet hatten, nieder.«

»Unter freiem Himmel? Habt ihr da nicht gefroren?«, fragte Mrs Milne.

»Gefroren? Nein, wir haben nur mächtig Hunger gehabt. In eine Kaninchenfelldecke eingewickelt, spüren Sie die Kälte nicht. Die Decken sind warm und wasserdicht. In eine von diesen Decken eingewickelt, friert kein Mensch.«

Mrs Milne zuckte mit einem schmunzelnden Frösteln die Schultern. Der Gedanke, unter freiem Himmel auf einer in den Schnee gelegten Matratze aus Rottannenzweigen zu schlafen, hatte sichtlich nichts Einladendes für sie. Kate nahm die Hand von ihrem Gesicht und blickte Tom mit unverkennbarer Sympathie an. Sein Blick begegnete dem ihren, und er fuhr fort.

»Am nächsten Morgen hatten wir in der Tat ein nur spärliches Mahl, und nachdem wir uns aus gekreuzt aufgestellten Stangen, bedeckt mit flachen Rottannenzweigen, eine Art Wigwam errichtet hatten, brachen wir auf, um nachzusehen, welches Glück uns lächeln würde. Aber nicht ein einziges Kaninchen war zu sehen; die aufgestellten Schlingen waren noch genau so, wie wir sie verlassen hatten. Jim kontrollierte Pulver und Munition und stellte fest, dass wir, bevor wir einen Schuss abfeuern, ziemlich sicher sein müssten, dass wir treffen, wenn wir irgendein Waldhuhn aufscheuchen. Wir konnten es uns nicht leisten, auch nur einen einzigen Schuss zu verschwenden. An jenem Tag erlegten wir nichts; am nächsten Tag die gleiche Geschichte und auch am übernächsten Tag. Wir sahen Spuren von Waldhühnern im Schnee, einen der Vögel selbst aber nie; sie waren durch unsere Ankunft verscheucht worden. Die Lage sah ziemlich trüb aus, kann ich euch versichern. Der Proviant war schließlich erschöpft und wir hatten einen ganzen Tag und eine ganze Nacht lang nichts zu essen. Dann, eines Morgens, weckte uns Jim mit einem Freudenschrei auf. Der See war über Nacht zugefroren. Anstatt in einzelnen Schollen umherzutreiben, war das Eis, so weit das Auge reichte, zusammengebacken. Wir rüsteten zum Aufbruch, sammelten unsere Fallen ein, banden uns unsere Schneeschuhe unter die Stiefel und machten uns, unsere Schwäche und unseren Hunger vergessend, wieder auf den Weg. Doch – oh, wir Armen! Wir waren noch nicht weit gekommen, als wir entdeckten, dass der See nur stellenweise zugefroren war. Dort wo das Eis auseinander getrieben war und breite Streifen von offenem Wasser hinterlassen hatte, hatte sich nur eine dünne Schicht von trügerischem Obereis gebildet. Es knackte und krachte unter unseren Füßen, brach und gab nach, als wir versuchten es zu überqueren.

›Es hat keinen Zweck‹, meinte Jim schließlich. ›Lasst uns wieder umkehren, bevor die Sonne vollends warm wird.‹

Wir waren drei ziemlich bedrückte Gestalten, kann ich euch sagen, als wir uns mühsam und vorsichtig über die Eisblöcke wieder zurücktasteten, die vom Ufer her so solide aussahen. Unsere Stimmung sank bis in die Stiefel hinab, der Hunger und die Geschwächtheit wurden immer schlimmer. Michel legte sich bäuchlings auf sein Tannenlager und sagte kein Wort. Jims Hund hatte gebettelt und gebettelt, bis er es schließlich als aussichtslos aufgegeben hatte, und nun hockte er sich in den Schnee, hob seine Nase in die Luft und stieß ein einziges verzweifelndes Heulen aus. Ich sah ihn mir an. Er hat verdammt wenig zu fressen bekommen, seit er hierher gekommen war. Ganz wie wir hatte er seit zwei Tagen nichts zwischen die Rippen bekommen.

›Er ist verdammt mager‹, meinte ich zu Tim.

›Ja, mein armer Kerl; komm mal her, Twink‹, rief er, streckte die Hand aus, zog das Vieh zu sich heran und wiegte es in seinen Armen, wie man einen Säugling wiegt.

›Er hat nicht mehr viel Fleisch an seinen Knochen‹, bemerkte ich noch einmal.

›Nein, nicht mehr als du an deinen, Tom‹, sagt er ganz ruhig.

›Das schon‹, sage ich, ›aber ein Mensch ist ein Mensch und ein Hund ist ein Hund.‹

Jim hat mich, versteht ihr, sofort verstanden.

›Ja, natürlich‹, entgegnet er scharf wie sonst was, ›und der Hund ist sogar etwas so viel Besseres als der Mensch, dass ich vermute, er wäre nie auch nur auf den Gedanken gekommen dich zu fressen. Und doch könnte er dir ganz leicht die Kehle durchbeißen, während du dort im Schlaf liegst.‹

Ich schämte mich – bei Gott! – nicht wenig über mich selbst, und der Hund war tatsächlich menschlicher, als ich es war, denn er war ein kräftiger, starker Gesell und hätte sich in jeder beliebigen Nacht an meinem Blut stillen können, wenn er nur gewollt hätte.

An jenem Tag fingen wir in einer der Schlingen ein Kaninchen, und so hungrig wir auch waren, bekam auch Twink seinen Teil ab. Dann kam ein Kälteeinbruch und wir hielten das Feuer bei Nacht und bei Tage am Lodern und zu unsrer Freude sahen wir, wie die Seen wieder zufroren. Wenn der kalte Wind nur ein paar Tage länger anhielt, würde das Eis sicher genug sein, um es zu überqueren, und wir könnten unser Ziel erreichen und wären gerettet. Der Frost hielt an und in der dritten Nacht beschlossen wir, es noch einmal zu versuchen.

Unser Pulver und Blei waren restlos aufgebraucht, in den letzten zwei Tagen hatten wir nichts zu uns genommen außer einer Art Tee aus gekochtem abgestorbenem Laub, und nun, als wir uns gerade entschlossen, es noch einmal zu versuchen, gab Michel, das Halbblut, vollends auf. Er erhob sich von seinem Tannenbett, geriet jedoch ins Straucheln und fiel, außerstande sich auf den Beinen zu halten, zurück. Wir beschlossen, ohne ihn aufzubrechen und ihm, sobald wir das Indianerdorf erreicht hatten, Nahrung und Hilfe zu schicken. Wir restlichen zwei fühlten uns ebenfalls ziemlich schwankend auf den Beinen. Jim so mager wie ein Wolf, und ich sah, so vermute ich, fast ebenso schlecht aus. Ich weiß zumindest, dass ich mich ziemlich schlecht fühlte. Wir brachen jedoch auf, Jim, ich und Twinkle, Twinkle immer dicht an Jims Seite. Das Eis trug etwa eine Meile weit recht gut und die Hoffnung hielt unsere Stimmung hoch, aber auf einmal blieb Jim stehen, hielt die Hand schirmend über die Augen und starrte angestrengt voraus in die Ferne. Wie ich ihn so sah – und ebenfalls Ausschau hielt –, konnte ich nur noch ausrufen: ›Gott steh uns bei!‹

Dort dehnte sich, einige Meilen weit entfernt, ein blauer, glänzender Streifen, der scharf durch das Weiß des Eises schnitt, und das bedeutete Wasser – einen viele Meilen langen Gürtel klaren Wassers.

›Wasser, Tom‹, sagt er.

›Ja‹, sage ich, und ohne ein weiteres Wort kehrten wir, erschöpft, entmutigt und kaum fähig, auch nur zu kriechen, von neuem um.

Als wir wieder die Portage erreichten, lag Michel noch so da, wie wir ihn verlassen hatten, und Jim warf sich mit dem Gesicht nach unten und einem Arm um den Nacken des Hundes auf sein Bett. Ich ging nach draußen und hielt Ausschau nach Kaninchen, aber es war keines zu sehen. Die Sonne schien heiß und kräftig, überall taute der Schnee, in ein paar Stunden begann das Eis sich wieder zu bewegen und in losgelösten Schollen dahinzutreiben. Eine leichte, warme Brise war aufgekommen, und wenn wir nicht so rasch wieder umgekehrt wären, lägen wir nun auf dem Grund des

Crooked Pine Lake. Aber ich hatte nicht den Mut, wieder ins Lager zurückzukehren – der Anblick dieser beiden mächtigen Kerle, die dort zu Tode erschöpft darniederlagen, ließ in mir die Lust aufkommen, ebenfalls aufzugeben; ich musste einfach etwas zu essen auftreiben oder – krepieren.

Und was soll ich sagen: Ich fand etwas. Ich stieß auf die Fährte eines Waldhuhns und folgte ihr bis zu einem Busch in eine Dickung in einiger Entfernung. Ich wollte dieses Waldhuhn erwischen oder bei diesem Versuch sterben. Ich hatte kein Gewehr, aber ich konnte es mit einem guten harten Schneeball erlegen, sobald ich es aufgejagt hatte, und an den Trittsiegeln im Schnee hatte ich erkannt, dass es nicht weit entfernt war. Also steckte ich mir etwas Schnee in den Mund, lutschte ihn zu mehreren eisharten Bällen und schlich mich um die Dickung herum – immer wieder, bald nach dieser, bald nach jener Seite des Gebüschs – bis ich plötzlich die Hände in die Höhe warf und mich vor lauter Freude schier der Schlag traf.«

»Sie haben das Waldhuhn entdeckt?«, rief Kate freudig erregt.

»Das Waldhuhn? Nein – etwas noch Besseres – ich fand ein Kanu. Seht ihr, die Sache war nämlich so: Wenn im Herbst der Frost einsetzt und ein Indianer oder Weißer irgendwo mit seinem Kanu landet, dann baut er sich ein *cache*, ein Versteck; das ist eine Art kleines Vordach, errichtet aus schräg an einen Baum gestützten Knüppeln, über die viele Schichten aus Rottannenzweigen und allem möglichen anderen in der Nähe herumliegendem Geäst bedeckt wird. Über das Ganze fällt dicht und tief der Schnee und gefriert, und in diesem Unterstand liegt das Kanu sicher und geschützt bis zum nächsten Frühling.

Als ich bei der Jagd nach dem Waldhuhn also auf dieses *cache* stieß, wusste ich, dass sich darin ein Kanu befand und dass wir gerettet waren. Ihr werdet kaum glauben, was ich euch erzähle, aber als ich zu der Portage zurückkam und Jim die Sache erzählte, war die Art, wie der Indianer aufsprang, der schlagende Beweis. Er stand auf, taumelte noch ein wenig, doch dann hättet ihr sehen sollen, wie wir alle drei uns im Gänsemarsch auf den Weg zu diesem Kanu machten.«

»Gottseidank wurdet ihr gerettet«, stammelte Kate, und Tom bemerkte, dass ihre Augen nass waren.

»Oh! Halt – so wartet doch! Wir waren noch keineswegs aus all unseren Sorgen heraus. Zunächst einmal waren wir sehr entkräftet, und obwohl wir nur Laub gekocht und diesen Tee getrunken hatten, konnten wir nun nichts anderes tun, als alle der Reihe nach zu paddeln. Wie ich euch sagte, war diese Brise aufgekommen, für die wir sehr dankbar waren, denn wir sahen, wie sie das Wasser frei machte, doch wir hatten so schwer damit zu schaffen, den Eisschollen auszuweichen, dass wir scheinbar kaum vorwärts kamen. Dann wurde es Nacht, und obwohl der Wind mit dem Untergang der Sonne ein wenig nachließ, war er immer noch so stark, dass das Eis nur so schlingerte und tanzte. Viele Sterne standen am Himmel, aber kein Mond, und so hockten wir in diesem zerbrechlichen Kanu, steuerten hierhin und dorthin in Richtung der freien Stellen und versuchten bei Gott nach Kräften, nicht zerquetscht und in Stücke gerissen zu werden. Wie froh waren wir, als der Tag anbrach und wir sahen, dass wir geradliniger gepaddelt hatten, als wir dachten, und dass wir in einer oder zwei Stunden bei dem Indianerreservat landen würden. Michel hatte ein weiteres Mal aufgegeben – denn ein Halbblut besitzt nicht halb so viel Ausdauer wie ein gesunder weißer Mann –, und als wir das Ufer erreichten, mussten die Indianer ihn aus dem Kanu heben und in einen Wigwam tragen, wo sie ihn zwei Wochen lang ärztlich pflegen mussten, bevor er wieder bei Kräften war. Wir selbst hatten jedoch wahrlich keinen Grund zu prahlen, denn sowohl Jim als auch ich und der Hund lagen drei Tage darnieder; und als wir wieder auf unseren Beinen stehen konnten, hätte man nicht unterscheiden können, wer von uns beiden mehr geschwächt war. Aber die ganze Zeit, während Jim dort so dalag, wich dieser treue Gefährte Twinkle nie von seiner

Seite, und die Hälfte der Zeit lag er mit der Schnauze quer über Jims Brust. Er besitzt diesen alten Hund noch immer.«

»Er besitzt ihn noch immer!«, wiederholte Kate bedächtig. »Er scheint ihn wirklich sehr zu lieben.«

»Lieben ist überhaupt kein Ausdruck dafür. Er sagt, das sei das Einzige, was er mir nie verzeihen kann – dass ich seinen Hund verspeisen wollte, als es uns damals am Crooked Pine Lake so hart erging.«

Tom fühlte sich wie im siebten Himmel, als er Miss Wyn an jenem Abend nach Hause begleiten durfte. Während er mit ihr unter einem Regenschirm dahinspazierte, hatte er das Gefühl, dass er nicht vergebens ein Held gewesen war. Sie schien nicht müde zu werden, ihn auszufragen über das Leben, das sie dort draußen in den rauen nördlichen Niederlassungen der Hudson Bay Company geführt hatten. Die Geschichte von Jim und seinem Hund interessierte sie unendlich.

»Ist Mr Mackenzie verheiratet?«, fragte sie, als er am nächsten Tag bei ihr vorsprach.

»Mackenzie verheiratet? Was für ein Gedanke! O nein! Während all der Zeit, die ich mit ihm verbracht hatte, hatte ich nie erlebt, dass er Mädchen den Hof gemacht hätte wie die anderen Kerle. Nie und nimmer! Ihm gebe man seine Pfeife und sein Buch – die Mädchen mögen sich ruhig die anderen nehmen. Das ist Jim, wie er leibt und lebt.«

»Würden Sie meinen, er könnte eines Tages Lust haben, wieder in das Land seiner Herkunft zurückzukehren, wie Sie es getan haben, Mr Milne?«

»Ja, so könnten Sie denken; aber er scheint nicht zu wollen. Ich habe ihn einmal gefragt, ob er nicht daran dächte, wieder in sein altes Schottland zurückzukehren, aber er sagte Nein; er sagte, er hätte nichts, weshalb er zurückkommen sollte, und hatte also keine Sehnsucht danach.«

Kate verfiel ein paar Minuten lang in Schweigen; doch nun nahm sie sich mit einiger Mühe vor, ihren Gast zu unterhalten. Sie zeigte sich von so angenehmer Art, dass Tom wiederkam; nicht ein Mal, sondern viele Male, wobei er immer scheuer und zurückhaltender wurde, je weiter der Frühling fortschritt und die Zeit für seine Rückkehr nach Kanada näher rückte. Die Wahrheit muss gestanden werden – Tom war verliebt; zwar nicht zum ersten Mal, das ist wahr, aber dennoch sehr aufrichtig und mit feierlichem Ernst. Er hatte eine oder zwei *affaires de cœur* mit Mädchen erlebt, mit jungen, strahlenden, lachenden Mädchen, deren Lächeln ihn vorübergehend bis zum Wahnsinn glücklich, deren Stirnrunzeln ihn aber, verbunden mit romantischen Visionen von Selbstmord und ähnlichen Dingen, in tiefste Verzweiflung gestürzt hatte. Aus all diesen Erfahrungen war er jedoch stets wieder mit der richtigen Seite nach oben und so gut wie unbeschadet aufgetaucht.

Dies war jedoch eine andere, eine ernsthaftere Affäre. Dies war kein leichthin lächelndes Mädchen, sondern eine zartfühlende und weibliche Frau, stark und voller Selbstvertrauen; und zudem mit jenem Etwas in ihr, was irgendwie auch andere zu Stärke und Selbstvertrauen anregte.

Tom stellte fest, dass er ihr seine gesamte Lebensgeschichte, seine Pläne, seine Aussichten für die Zukunft anvertraute; und diese Freundschaft war ihm etwas so Wohlvertrautes geworden, dass der Gedanke, sie würde bald ein Ende nehmen und ihn wieder dort zurücklassen, wo er sich befand, als er aus Kanada zurückkam, ganz und gar nicht angenehm war. Nachdem er sie kennen gelernt hatte, konnte er nicht mehr der Gleiche sein wie zuvor; seit er ihre Konversation und Gesellschaft genoss, hatte er sich gewandelt, war sanfter und zartfühlender geworden. In seiner tiefsten Seele erkannte er, dass er sie liebte, wie er niemals eine andere Frau lieben könnte. Aber wie stand es mit ihr? Dies war das Problem, das er nicht um alles in der Welt zu lösen vermochte. Denn sie war stets so aufrichtig freundlich, so rücksichtsvoll, so zartfühlend. Aber so war sie allen gegenüber.

In seiner Ratlosigkeit vertraute er seinen Fall seiner

Schwägerin an, und die versicherte ihm, dass die einzige Möglichkeit, um herauszufinden, ob er irgendwelche Chancen hatte, darin bestand, Kate selbst zu fragen. Oder erwartete er etwa, dass sie sich ihm von selbst anbieten würde? Oh, diese Männer!

Solcherart erkühnt, machte sich Tom eines Abends auf, sein Schicksal auf die Probe zu stellen, und dabei traf es sich, dass Miss Wyn ihm bereits in der Tür begegnete. Sie war zum Ausgehen gekleidet, kehrte mit ihm aber wieder um. Tom protestierte, aber sie erklärte, dass sie sich nur aus schierer Langeweile zum Ausgehen angekleidet hatte. Sie war so glücklich, dass er gekommen war. Sie hängte ihren Hut und Mantel im Vorbeigehen wieder in die Garderobe, erlöste ihn sofort von aller Verlegenheit und erfüllte seine Seele mit Freude.

»Wissen Sie, Mr Milne, wenn Sie bis heute Abend nicht vorbeigekommen wären, hätte ich Ihnen morgen früh eine Nachricht geschickt. Seit Sie uns diese Geschichte von dem See mit dem indianischen Namen erzählten, zögere und überlege ich, ob ich einen bestimmten Schritt tun soll oder nicht. Doch nun bin ich in dieser Sache zu einem Entschluss gekommen.«

Hierbei huschte eine sanfte Röte über ihr Gesicht, was den armen Tom nicht wenig betörte. Normalerweise neigte sie nicht zum Erröten, doch nun wurde sie in himmlischer Weise rot. Was würde sie ihm sogleich sagen? Es war ein Schaltjahr – das bringt Glück; konnte es möglich sein? Oh, wäre es doch möglich!

»Während dieser drei Monate waren wir sehr gute Freunde, Mr Milne, fast so etwas, was ihr Kanadier *chums* nennen würdet, nicht wahr?«

Dabei errötete sie aufs Neue und Tom tat es ihr gleich, als er antwortete:

»Und ob wir das waren, und ich bin sicher, ich werde sehr traurig sein, wenn ich abreise. Heute hatte ich sogar vor …«

Tom hielt inne, hatte das Gefühl, nicht richtig begonnen zu haben.

»Und ich bin sicher, Sie würden mir einen Gefallen erweisen, eine ganz besondere Gefälligkeit, wenn es in Ihrer Macht stünde«, fuhr Kate fort.

»Und ob! Machen Sie nur die Probe aufs Exempel und Sie werden schon sehen. Wie konnten Sie mir nur eine solche Frage stellen, wo Sie doch genau wissen …«

Er war drauf und dran, zu sagen, »dass ich Sie liebe«, als Kate ihn leidenschaftlich unterbrach:

»Gut, dann will ich Ihnen vertrauen. Sie sind jetzt ebenso sehr sein Freund wie der meine. Mr Milne, hätten Sie die Güte, diesen Brief von mir an Mr Mackenzie – oder Jim, wie Sie ihn nennen – zu überbringen?« Bei diesen Worten zog sie einen Brief aus ihrer Tasche, adressiert an *James Mackenzie, Esqu. Care of Hudson's Bay Company, North West Territory, Canada.*

Die Augen weiter auf den Brief senkend, erklärte sie:

»Mr Mackenzie und ich waren einmal verlobt und wollten heiraten, und ich liebte ihn so sehr, wie er mich geliebt hat, aber ich war jung und unbesonnen und war eifersüchtig – eifersüchtig, wie ich jetzt weiß, ohne Grund. Wir hatten Streit und trennten uns. Er ging nach Kanada, schrieb aber in einer Nachricht an mich, dass er, wenn ich ihm schreiben würde und ihn bäte zurückzukommen, sofort kommen würde. In diesem Brief hier bitte ich ihn zurückzukommen. Ich war im Unrecht, er war im Recht. Wenn ich gewusst hätte, wohin ich ihm schreiben soll, hätte ich ihm bereits vor Jahren geschrieben. Ich habe ihm Twinkle geschenkt, als er noch ein kleiner Welpe war. Bis ich Ihre Geschichte hörte, wusste ich nicht, dass er den Hund überhaupt mitgenommen hat. Sie mögen selbst urteilen, was ich fühlte, als Sie mir von ihm erzählten. Werden Sie ihm nun diesen Brief von mir überbringen?«

Toms Augen waren auf den Brief gebannt, den sie in ihrer Hand hielt. Er antwortete nicht sofort; er nickte zunächst nur stumm und räusperte sich. Und doch war sie mit diesem Nicken sehr zufrieden. Sie begriff, dass ihm ihre Liebesgeschichte nahe ging. Und das tat sie auch – und zwar zutiefst.

Er zückte ein Notizbuch, steckte den Brief sorgsam in ein Innenfach und erhob sich schließlich, wiederum gehemmt und erst nach mehreren Anläufen. Sie machte ein nicht wenig überraschtes Gesicht, als er seine Uhr aus der Tasche zog und ganz ruhig sagte:

»Ich muss Sie bitten, mich für diesen Abend zu entschuldigen – ich hatte völlig vergessen: Ich habe eine Verabredung. Um acht Uhr muss ich John treffen.«

Dies war natürlich eine unumwundene Ausrede, aber – ach, der arme Tom.

Kate Wyn dachte, sie hätte sich sonderbar benommen – sehr sonderbar sogar; aber wie konnte sie das wissen? Sie stand vor einem noch größeren Rätsel, als sie erfuhr, dass er am darauf folgenden Morgen ohne Ankündigung abgereist war.

Einmal ging ihr aber doch der Schimmer eines Lichts auf, als Mrs Milne sie in einem freundlich vorwurfsvollen Ton fragte, weshalb sie Tom so abrupt sein *congé* gegeben habe.

»Ich! Sie müssen wohl träumen, Mrs Milne. Tom hatte mir nie auch nur ein einziges Wort gesagt.«

»Das hat er nicht?«

»Nein, hat er nicht, das versichere ich Ihnen hoch und heilig.«

Aber Mrs Milne war nicht die Einzige, die schwer darüber rätselte, denn Kate selbst ging mit sich zurate über den Brief, den sie Tom zur Übermittlung anvertraut hatte. Aber nun hatte ihr allmählich die Wahrheit gedämmert und sie nahm im Lichte vieler kleiner Erinnerungen an Toms Worte und Gesten immer deutlichere Züge an, bis sie sie schließlich begriff.

»Wenn ich das gewusst hätte, dann hätte ich ihm diesen Brief unmöglich geben können«, sagte sie sich. »Aber wie dem auch sei, nun ist es zu spät.«

Es war in der Tat zu spät. Denn Tom befand sich längst auf hoher See, weit draußen im Atlantik und machte, so gut es ging, gute Miene zum bösen Spiel; und noch bevor der neue

Mond einen Monat alt war, hatte der Brief seine Bestimmung erreicht, und die Hudson Bay Company hatte ihrem geschätzten Angestellten den üblichen einjährigen Urlaub gewährt, um, wie sie es nannten, das Land seiner Herkunft zu besuchen. Als er am Mavis Bank Quay angekommen war, war Twinkle der Erste, der an Land sprang.

Häuptling Thunderchild

Ein Winter in grosser Not

Als ich noch jung war und mein Vater noch lebte, hatten wir einmal einen sehr strengen Winter. Mein Bruder nahm mich auf viele lange Jagdzüge mit, aber die Büffel waren in jenem Jahr rar und es gab kaum irgendetwas zu essen. Alle suchten nach alten Knochen, um Schmalz daraus zu gewinnen, aber es war ranzig.

Zu Anfang gab es noch eine Menge Füchse. Wir fingen viele in Schlagfallen und tauschten ihre Felle gegen Tabak, Munition, Tee und Zucker, wenn Händler in unsere Lager kamen; aber wenn wir versuchten, auch *pemmican** zu kaufen, wollten sie uns nie etwas verkaufen.

Wir waren weit hinaus in die Ebenen gezogen, und dort gab es keine Bäume mehr, um Fallen aufzustellen. Man erzählte uns, dass es in Fort Pitt Lebensmittel gab, und voller Hoffnung brachen wir zu diesem Stützpunkt auf. Wir hatten noch fünf Pferde und viele Hunde, aber Wölfe folgten uns, und wenn wir lagerten, jagten unsere Hunde sie. Manchmal töteten die Hunde einen Wolf, aber jeden Tag töteten die Wölfe einen von unseren Hunden. Auch wir mussten Hunde töten, denn wir hatten nichts anderes zu essen; dann mussten wir auch unsere Pferde töten, um sie zu essen.

* gepresstes Dörrfleisch [Anm. d. Übers.].

Eines Tages kam *Na-pa-ke-kum** zu unserem Lager. Er erzählte uns, dass die Leute, die wir am Hauptlager zurückgelassen hatten, ebenfalls versucht hätten, Fort Pitt zu erreichen, als sie erfuhren, dass es dort Lebensmittel gab, aber sie seien unterwegs gestorben. Er und seine Frauen waren die einzigen Überlebenden. Sie hatten fünf Pferde und sie töteten eines, um es zu essen, aber sie gaben uns nichts davon ab. Wir nahmen die Haut, kochten sie und aßen sie, aber wir waren zu geschwächt, um *Na-pa-ke-kum* nach Norden zu folgen, als er mit seinen Frauen und den restlichen Pferden weiterzog. Wir konnten nicht mehr weiterziehen.

Der Winter ging zu Ende. Unsere Frauen schienen kräftiger als die Männer zu sein. Obwohl sie nicht aßen, blieben sie weiter in Bewegung, sei es auch nur, um Feuer zu machen, damit wir nicht froren. Die drei Kinder, die wir dabeihatten, waren nur noch Haut und Knochen und ihre Mütter weinten über sie. Uns fiel selbst das Atmen schwer.

Eines Nachts träumte ich, es käme jemand zu mir und sagte: »Du kannst dich retten. Blicke nach Süden!« Und als ich nach Süden blickte, sah ich, dass das Land grün war, während nach Norden hin nur Finsternis war. Ich versuchte nach Süden zu fliehen. Der Traum war ganz lebendig, und als ich erwachte, war es fast Morgen. Ich lag da, dachte über den Traum nach und erzählte ihn dann meinem Vater. »Vielleicht war es nur der Hunger, der mir Träume eingab«, meinte ich. Aber mein Vater sagte: »Träume bedeuten etwas, mein Sohn. Versucht nach Süden zu gehen, alle zusammen; und wenn ich nicht folgen kann, dann lasst mich zurück. Ich werde mir helfen, so gut ich kann.«

Dann hatte das Tauwetter eingesetzt. Die Frauen gingen uns mit allem, was sie tragen konnten, voraus. Ich hatte ein Gewehr und versuchte auf die Jagd zu gehen, aber ich musste häufig rasten. Ziesel tauchten auf, und wir töteten einige und machten Feuer aus getrocknetem Büffelmist, um sie zu

* »Nachtkundschafter« [Anm. d. Übers.].

braten. Wir mussten vier Mal ein Lager aufschlagen, bevor wir auch nur einen Busch erreichten. Dann schrie plötzlich eines Morgens meine Tante, sie hätte einen »alten Büffelmann« gesehen. Wir glaubten, sie sei nur verrückt geworden, aber wir spähten trotzdem in die Richtung, in die sie zeigte, und da stand tatsächlich etwa zweihundert Yards entfernt ein Büffel. »*A-a-hay-a-ay*. Das wird schwierig werden. Wer kann noch gehen und ihn jagen?«

Mein Bruder nahm sein geladenes Gewehr und pirschte sich langsam das Tal hinunter; er musste häufig rasten, denn er war sehr geschwächt. Wir anderen blieben zurück und sahen ihm zu. Manchmal verschwand er aus unseren Blicken, dann konnten wir ihn wieder sehen, wie er zu der Stelle kroch, wo der Büffel gestanden hatte, aber der war weitergezogen und wir konnten ihn nicht sehen.

Nach langer Zeit hörten wir einen Schuss aus dem Gewehr meines Bruders und ich ging ihm entgegen. Er sagte mir, er hätte den Büffel getroffen und er würde sicher verenden, aber wir müssten unser Lager aufheben und seiner Fährte folgen. Es dauerte sehr lange, bis wir das Zelt zusammengepackt hatten und langsam dem Büffel folgten. Er war nicht weit entfernt, aber wir waren sehr entkräftet. Meine Tante nahm das Gewehr. »Ich werde der Fährte folgen«, erklärte sie, »und den Büffel töten, wenn er noch lebt.« Die anderen Frauen gingen mit ihr, alle außer meiner Mutter.

Die Nacht kam und der Mond schien hell, als wir hörten, wie die Frauen zurückkamen und große Lasten an Fleisch mitschleppten. Sie hatten es geschafft, den größten Teil davon dorthin zurückzubringen, wo wir lagerten. Der Büffel war alt und sein Fleisch war zäh. Die Frauen kochten es, um eine Suppe daraus zu machen, und so konnten wir es leichter essen, aber nach so langem Hungern waren meine Mutter und mein Bruder dem Sterben nahe. *A-a-hay*, wir waren arm, aber nun konnten wir uns ein wenig Fett zulegen, und wir begannen wieder Leben in unseren Knochen zu spüren.

Als ich wieder mehr Kraft hatte, strich ich in der Umgebung der Stelle, wo wir unser Zelt aufgepflanzt hatten, durch die Gebüsche und entdeckte einen alten Lagerplatz, der ringsum von Fuchs- und Wolfspuren umzogen war. Ich fand einen schmelzenden Schneehaufen, und als ich mit dem Fuß hineintrat, sah ich eine Leiche, einen verhungerten Mann. Ich kehrte zu unserem Lager zurück, und wir verlegten es hinunter an den Fluss, in der Hoffnung, wir würden dort auf Leute der Stoney, des Stammes meiner Mutter, stoßen.

Jeden Tag schafften wir es, ein Stück weiterzugehen, und der Schnee war fast ganz verschwunden, als wir den Fluss erreichten. Fern im Westen konnten wir eine Menschengruppe sehen, die sich im Gänsemarsch bewegte. Daran erkannten wir, dass sie vom Stamm der Blackfoot sein konnten, und so luden wir zur Sicherheit unsere Gewehre, aber als sie auch uns sahen, schwenkten sie in unsere Richtung, kamen aber nur sehr langsam näher, denn sie hatten keine Pferde und trugen schwere Lasten. Es waren Stoneys und sie begrüßten meine Tante herzlich als Tochter ihres Stammes.

Es waren elf Familien, und alles, was sie hatten, befand sich in den Lastbündeln auf ihren Rücken, denn ihre Pferde hatten sie getötet und gegessen. Aber sie hatten Büffelfleisch und gaben uns Schmalz und Dörrfleisch zu essen. Als wir aufgegessen hatten, wollten sie weiterziehen, obwohl mein Vater sie bat mit uns am Fluss an dem alten Sun-Dance-Platz zu lagern. Wir gaben ihnen Tabak und Tee und sie gaben uns Fleisch; aber am nächsten Tag überquerten sie den Fluss. Wir waren traurig, als wir sie weiterziehen sahen.

Wir schlugen am alten Sun-Dance-Platz unser Lager auf, denn dort gab es viel Holz. Die Frauen fanden den Kopf und den Hals eines Büffels im Schnee und machten Feuer, um ihn zu kochen. Ich kletterte die Uferböschung hinauf, und als ich mich dort oben niedergesetzt hatte, sah ich etwas, das sich mit dem Wind bewegte und immer wieder verschwand. Ich ging nachsehen, was das sein konnte, und ich fand eine mächtige Schneewehe mit einem Stock auf der Spitze, an dem ein

Stück Stoff im Wind flatterte. Es war das Zeichen für ein *cache.*★

Ich legte meinen Mantel ab und begann durch die vereiste Schneekruste zu graben. In der Schneewehe fand ich Häute, die das Fleisch von zwei Büffeln, in Stücke geschnitten, bedeckten. Ich musste mich erst einmal setzen, denn ich erinnerte mich an meinen Traum und wurde überwältigt von Rührung und Dankbarkeit gegenüber den Geistern, die uns geführt hatten.

Ich schnürte das Fleisch in eine der Büffelhäute und zerrte es, so weit ich konnte, zum Fluss hinunter, dann ließ ich es liegen und ging zu unserem Lager zurück. Ich fand die anderen gerade dabei, an dem Kopf zu nagen, den die Frau gekocht hatte, und meine Schwägerin rief mich herbei, um mit ihnen zu essen. Ich aß mit ihnen, und als ich fertig war, sagte ich zu meinem Vater: »Wir werden noch eine weitere Mahlzeit haben, und zwar eine gute«, und ich erzählte ihm, was ich gefunden hatte. »Träume bedeuten etwas, mein Sohn«, meinte er zu mir. »Die Geister haben sich unser erbarmt und uns geführt.«

Die Frauen beeilten sich, das Fleisch in unser Lager zu schaffen, und wir blieben in Sun Dance, bis sie einen Großteil gedörrt, *pemmican* daraus gemacht und die Häute gegerbt hatten. Als all dies erledigt war, zogen wir weiter. Es war Frühling, und wir suchten Stellen, an denen es Ahornbäume gab, und machten Zuckersirup. Unser Schicksal hatte sich tatsächlich gewandelt, denn nun hatten wir Zucker, und auch die Jagd fiel gut aus, denn wir erlegten jeden Tag ein Stück Wild. Das Leben in diesem Tal war herrlich, allein wegen des Gefühls, dass wir alle am Leben und gesund waren; und doch schämten wir uns, weil wir so arm waren und keine Pferde hatten. Und wir waren auch sehr einsam.

Allmählich hatte ich das Gefühl bekommen, dass ich selbst

★ in der Wildnis übliches, zum Wiederfinden gekennzeichnetes Winterversteck für Lebensmittel, Waffen, Werkzeug oder Kanus [Anm. d. Übers.].

etwas besitzen muss, und ich wurde unruhig. Ich sagte, dass ich aufbrechen wollte, um nach anderen Mitgliedern unseres Stammes zu suchen, und ich war noch nicht weit gekommen, als ich einen Reiter sah, einen Stoney namens *Cho-ka-se*. Ich erzählte ihm alles, was uns geschehen war, und er sagte: »Komm mit mir, ich werde dir Pferde und Wagen leihen.« Er kehrte mit mir zu unserem Lager zurück. Mein Vater war überrascht, dass ich schon so bald wieder zurück war, und er freute sich, dass *Cho-ka-se* uns Pferde und Wagen leihen wollte; aber das ist die normale indianische Art.

Dann nahm *Cho-ka-se* uns mit zu seinem Lager und gab uns, was wir zum Weiterziehen brauchten. Kundschafter, die vorausgeritten waren, hatten die Frauen gefunden, die bei *Na-pa-ke-kum* geblieben waren. Er selbst war an Hunger gestorben, aber sie besaßen noch die Pferde, von denen sie uns damals keine hatten abgeben wollen. Die Kundschafter stießen auch auf Big Bears Gruppe, deren Pferde halfen die anderen zu tragen. Im ganzen Land nördlich des Saskatchewan hatte es viele Tote durch Verhungern gegeben, und die Crees zogen den Fluss entlang nach Westen in der Hoffnung, sie könnten mit den Blackfoot einen Waffenstillstand schließen. Die Kundschafter sagten, die Blackfoot hätten nicht hungern müssen, denn sie hatten viele Pferde und konnten den Büffelherden folgen.

Wir zogen nach Westen, bis wir zu einem Lager der Blackfoot gelangten. Sie wussten von der Not, die wir erlitten hatten, und luden uns in ein großes Zelt ein. Zuerst konnten wir uns nur durch Zeichen verständigen, aber dann kam einer der Crees hinzu, der dolmetschen konnte. Mein Bruder schloss mit dem Blackfoot Blutsbrüderschaft; der alte Mann schenkte ihm ein edles Pferd mit Wagen. Mir schenkte er ein zweijähriges Reitpferd, aber nach all den Sorgen jenes Winters hatte ich beschlossen, dass ich nie wieder von anderen abhängig sein wollte.

Sinclair Ross

Die frisch gestrichene Tür

Direkt über die Hügel waren es fünf Meilen von Johns Farm bis zu der seines Vaters. Doch wenn im Winter die Straßen unpassierbar waren, musste ein Gespann einen weiten Umweg um die Hügel machen, wodurch sich die Entfernung von fünf auf siebzehn mehr als verdreifachte.

»Ich glaube, ich gehe zu Fuß«, sagte John seiner Frau beim Frühstück. »Die Schneeverwehungen in den Bergen werden ein Pferd nicht aushalten, aber mich werden sie schon tragen. Wenn ich früh aufbreche, kann ich ihm ein paar Stunden bei der Stallarbeit helfen und immer noch zum Abendessen zurück sein.«

Mürrisch trat sie ans Fenster, und nachdem sie mit ihrem Atem eine freie Fläche in die Eisblumen gehaucht hatte, blieb sie dort stehen und schaute über den schneebedeckten Hof auf die eng zusammenstehenden Ställe und Scheunen. »Der Mond hatte heute Nacht einen doppelten Hof«, entgegnete sie alsdann. »Du hast selbst gesagt, wir könnten mit einem Sturm rechnen. Es ist nicht recht, mich hier allein zu lassen. Ich bin doch sicher so wichtig wie dein Vater.«

Er blickte beunruhigt auf und versuchte, als er den Kaffee ausgetrunken hatte, ihr gut zuzureden. »Aber du brauchst keine Angst zu haben – selbst wenn es zu stürmen anfängt. Du brauchst nicht einmal hinaus zum Stall. Alles ist gefüttert und mit Wasser versorgt; es reicht bis zum Abend. Ich bin spätestens bis sieben oder acht zurück.«

Sie hauchte weiter die frostige Scheibe an, vergrößerte die freie Fläche, bis sie oval und symmetrisch war. Er sah ihr noch eine Weile zu, dann wiederholte er eindringlicher: »Ich sage dir, du brauchst nicht einmal zum Stall hinauszugehen. Alles ist gefüttert und mit Wasser versorgt und ich kümmere mich darum, dass reichlich Holz da ist. Das geht doch in Ordnung, oder?«

»Ja – freilich – ich habe dich schon verstanden.« Die Stimme war nun seltsam kalt, als wären die Worte durch den Kontakt mit der raureifbeschlagenen Scheibe abgekühlt worden. »Genug zu essen – genug Holz, um mich warm zu halten – was kann eine Frau mehr verlangen?«

»Er ist doch ein alter Mann und lebt dort ganz allein. Was ist nur, Ann? Du bist heute Morgen nicht du selbst.«

Sie schüttelte den Kopf, ohne sich umzudrehen. »Achte nicht auf mich. Sieben Jahre lang Bäuerin – Zeit genug, an das Alleinsein gewöhnt zu sein.«

Langsam wurde die freie Fläche auf der Scheibe größer: oval, dann rund, schließlich wieder oval. Die Sonne war nun über die Kältenebel gestiegen, warf ein so scharfes und hartes Glitzern auf den Schnee, dass die Strahlen statt Wärme eher Kälte zu verströmen schienen. Eines der zweijährigen Fohlen, das davongesprungen war, als John die Pferde zum Trinken herausgelassen hatte, stand reifbedeckt wieder an der Stalltür, den Kopf gesenkt und den Leib gekrümmt, jeder Atemstoß eine kleine Dunstfahne in der Frostluft. Sie erschauerte, drehte sich aber nicht um. Im klaren, herben Licht erschienen die langen weißen Meilen der Prärielandschaft wie eine lebensfeindliche Region. Selbst die fernen Farmhäuser, die sie sehen konnte, verstärkten nur das Gefühl der Isolation. Da sie über eine so weite und öde Wildnis verstreut waren, fiel es schwer, sie als Zeichen menschlicher Zähigkeit und Ausdauer zu empfinden. Sie erschienen eher hilflos, verloren. Sie schienen sich eher vor der Unversöhnlichkeit der schneebedeckten Erde und dem klaren, blassen Eissonnenhimmel zu ducken.

Als sie sich endlich vom Fenster umwandte, lag eine brütende Stille in ihrem Gesicht, als hätte sie diese Herrschaft von Schnee und Kälte anerkannt. Das beunruhigte John. »Wenn du wirklich Angst hast«, gab er nach, »werde ich heute nicht gehen. Es ist in letzter Zeit nur so kalt gewesen, das ist alles. Ich wollte mich nur vergewissern, ob alles bei ihm in Ordnung ist, falls doch ein Sturm kommt.«

»Ich weiß – ich habe nicht wirklich Angst.« Sie schürte gerade nach, so dass er ihr Gesicht nicht sehen konnte. »Achte nicht auf mich. Hin und zurück sind es zehn Meilen, schau lieber, dass du aufbrichst.«

»Du solltest wissen, dass ich nicht wegbleiben werde«, versuchte er sie aufzumuntern, »ganz egal, wie sehr es stürmt. Vor unserer Hochzeit bin ich nie zweimal die Woche ausgeblieben – und in jenem Winter gab es auch schlimme Blizzards.«

Er war ein bedächtiger, schlichter Mann, gab sich mit seiner Farm und dem Vieh zufrieden und war auf naive Weise stolz auf Ann. Früher hatte es ihn verblüfft, dass sie etwas für einen einfältigen Kerl wie ihn empfand. Als er endlich ihrer Zuneigung sicher war, hatte er sich dankbar darin entspannt und nicht geargwöhnt, sie könne jemals weniger beständig sein als seine eigene. Selbst jetzt, als er dem rastlosen Grübeln in ihrer Stimme lauschte, spürte er nur eine rasche, unausgesprochene Art von Stolz, dass seine Abwesenheit für einen Tag sie nach sieben Jahren noch beunruhigte.

Als sein aufrichtiges Vertrauen sie wieder beherrschte, entgegnete sie: »Ich weiß. Es ist nur, dass ich mich, wenn du weg bist, manchmal einsam fühle … Du hast einen langen Fußmarsch durch die Kälte vor dir. Lass mich dein Gesicht gut in einen Schal hüllen.«

Er nickte. »Und auf dem Weg schau ich bei Steven vorbei. Vielleicht kommt er heute Abend auf ein Kartenspiel herüber. Du hast seit zwei Wochen außer mir niemanden mehr gesehen.«

Sie blickte ruckartig auf, beschäftigte sich dann aber mit dem Abräumen des Tisches. »Das bedeutet zwei weitere Meilen, wenn du es machst. Du wirst eh schon kalt und müde werden. Wenn du weg bist, werde ich, glaube ich, die Holzverkleidung in der Küche neu anstreichen. Diesmal weiß – du erinnerst dich doch, dass wir die Farbe letzten Herbst bekommen haben. Das wird das Zimmer viel heller machen. Ich werde zu beschäftigt sein, um den Tag als lang zu empfinden.«

»Für mich wird er aber so sein«, betonte er, »und wenn ein Sturm aufkommt, wirst du dich sicherer fühlen, wenn du weißt, dass er kommt. Das ist es doch, was du brauchst, Ann – noch jemanden zum Reden außer mir.«

Sie stand kurz reglos am Herd, dann drehte sie sich beunruhigt zu ihm um. »Magst du dich nicht noch rasieren, John – bevor du aufbrichst?«

Er sah sie fragend an. Sie wich seinem Blick aus und versuchte zu erklären: »Ich meine – er könnte schon hier sein, bevor du zurückkommst – und dann hast du keine Gelegenheit mehr.«

»Aber es ist doch nur Steven – er hat mich schon so gesehen …«

»Er wird aber rasiert sein – das meine ich –, und ich hätte es gern, wenn du dich auch ein bisschen pflegst.«

Er stand auf und strich sich über die dichten Stoppeln am Kinn. »Stimmt schon, das sollte ich, aber es macht die Haut zu reizbar. Besonders, wenn ich hinaus in den Wind muss.«

Sie nickte und begann ihm beim Anziehen zu helfen, brachte dicke Socken und einen großen Wollpullover aus dem Schlafzimmer. Schließlich wickelte sie ihm einen Schal um das Gesicht und die Stirn. »Ich sage Steven, er soll früh kommen«, meinte er schon im Hinausgehen. »Rechtzeitig zum Abendessen. Wahrscheinlich gibt es einiges zu arbeiten für mich, also wartet nicht, wenn ich bis sechs noch nicht da bin.«

Vom Schlafzimmerfenster aus sah sie ihm fast eine Meile lang auf der Straße nach. Das Feuer war heruntergebrannt, als sie sich endlich abwandte, und im ganzen Haus hatte sich schon Kühle breit gemacht. Es loderte wieder auf, als die Klappen geöffnet wurden, doch als sie weiter den Tisch abräumte, waren ihren Bewegungen flüchtig und gezwungen. Die Stille bedrückte sie – die gefrorene Stille von den bitteren Feldern und dem Eissonnenhimmel, die draußen lauerten, als wären sie lebendig, erbarmungslos auf dem Sprung, meilenweit nun zwischen ihr und John. Sie lauschte plötzlich angespannt und reglos. Das Feuer prasselte und die Uhr tickte. Das war immer da. »Ich bin eine Närrin«, flüsterte sie heiser, klapperte trotzig mit dem Geschirr und ging wieder zum Herd, um nachzuschüren. »Warm und sicher – ich bin eine Närrin. Es ist eine gute Gelegenheit zum Streichen, wenn er weg ist. Der Tag wird schnell vergehen. Ich werde keine Zeit zum Grübeln haben.«

Seit November wartete die Farbe schon auf wärmeres Wetter. Der Frost in den Wänden an einem Tag wie heute würde sie beim Trocknen aufreißen und abblättern lassen, aber Ann brauchte etwas, um ihre Hände beschäftigt zu halten, etwas, um die zunehmende Kälte und Einsamkeit abzuwenden. »Zuerst«, sagte sie laut, als sie die Farbe aufmachte und mit etwas Terpentin vermischte, »muss ich das Haus wärmer machen. Den Herd auffüllen und die Ofentür öffnen, damit die ganze Hitze raus kann. Und etwas in die Fensterritzen stopfen, um die Zugluft abzuhalten. Dann werde ich mich munterer fühlen. Es ist die Kälte, die einen so bedrückt.«

Sie bewegte sich flink, führte jede Aufgabe mit sorgfältiger und unverhältnismäßiger Hingabe aus, band ihre Gedanken daran, machte sie zum Schutzschild zwischen sich und der alle Laute erstickenden Schneedecke. Doch als der Ofen aufgefüllt und die Fenster abgedichtet waren, wurde es wieder schwieriger. Über dem leisen, beständigen Streichen ihres Pinsels an der Schlafzimmertür erhob sich das Ticken der Uhr. Plötzlich wurden ihre Bewegungen peinlich genau, überlegt, ihre Haltung wurde befangen, als hätte jemand den Raum betreten und würde sie beobachten. Es war wieder die Stille, aggressiv, lauernd. Das Feuer fauchte und prasselte dagegen an. Dennoch blieb sie da. »Ich bin eine Närrin«, wiederholte sie. »Alle Bäuerinnen müssen allein bleiben. Ich darf mich nicht so gehen lassen. Ich darf nicht grübeln. Nur noch ein paar Stunden, dann werden sie da sein.«

Ihre eigene Stimme gab ihr wieder Zuversicht. Sie redete weiter: »Ich stelle ihnen ein gutes Abendessen hin – und zum

Kaffee nachts nach den Karten backe ich noch einige von den Rosinenbrötchen, die er mag … Bloß wir drei, also werde ich zuschauen und John spielen lassen. Besser ist es zu viert, aber wenigstens können wir reden. Das ist alles, was ich brauche – jemanden zum Reden. John spricht ja nie. Er ist stärker – er versteht es nicht. Aber er mag Steven – egal, was die Nachbarn sagen. Vielleicht lädt er ihn wieder ein, und auch noch ein paar andere junge Leute. Das brauchen wir, wir beide, um selbst jung zu bleiben … Und bevor es uns klar wird, sind wir schon im März. Manchmal ist es auch im März noch kalt, aber es macht einem nicht mehr so viel aus. Zumindest lenkt es die Gedanken auf den Frühling.«

Daran dachte sie nun. Gedanken, die ihre Worte überflügelten, sie wieder mit sich und der stets lauernden Stille allein ließen. Eifrig und hoffnungsvoll zuerst, dann verbissen, rebellisch, einsam. Offene Fenster, wieder Sonne und auftauender Boden, der Drang von wachsenden, lebendigen Dingen. Dann die Tage, die morgens um halb fünf begannen und bis zehn Uhr abends dauerten; die Mahlzeiten, bei denen John sein Essen hinunterschlang und kaum ein Wort sprach; die ungeschlacht-müden Augen, die er ihr zuwandte, wenn sie je einmal die Stadt oder Besuche erwähnte.

Denn der Frühling war auch wieder Plackerei. John stellte nie eine Hilfskraft ein. Er wollte eine hypothekenfreie Farm; dann ein neues Haus und hübsche Kleider für sie. Manchmal, weil die Abzahlung selbst bei besten Ernten unendlich lang dauern würde, fragte sie sich, ob sie die Hypothek nicht noch ein bisschen warten lassen sollten. Bevor sie ausgemergelt wären, bevor ihre besten Jahre vorbei wären. Sie wollte etwas vom Leben, nicht bloß ein Heim und Möbel; etwas von John, aber keine hübschen Kleider, wenn sie zu alt wäre, um sie zu tragen. John konnte das freilich nicht begreifen. Ihm schien es nur recht, dass sie die Kleider bekam – nur recht, dass er, zu nichts anderem tauglich, sich fünfzehn Stunden am Tag abrackerte, um sie ihr schenken zu können. In seiner Hingabe lag eine bestürzende, unüberwindliche

Demut, die ihm ein Bedürfnis nach Aufopferung einflößte. Und wenn seine Muskeln schmerzten, wenn er seine Füße stumpf vor Müdigkeit nachschleppte, dann schien es so, als würde er in gewisser Weise Genugtuung leisten für seinen großen schwerfälligen Körper und seinen schlichten Verstand. Dass er es durch seine Aufopferung nur schaffte, seine Persönlichkeit auszulöschen, dämmerte ihm nie. Jahr für Jahr zog sich ihr Leben im selben Trott dahin. Er war mit den Pferden auf dem Feld, sie melkte die Kühe und grub Kartoffeln aus. Kraft dieser Plackerei sparte er sich ein paar Monate Lohn, fügte jeden Herbst den Hypothekenabzahlungen ein paar Dollar mehr hinzu, doch in Wirklichkeit lief alles nur darauf hinaus, dass er sie seiner Gesellschaft beraubte, dass er ein wenig dumpfer, älter und hässlicher wurde, als er sonst gewesen wäre. Er betrachtete ihr Leben nie unvoreingenommen. Für ihn zählte nicht das durch die Aufopferung tatsächlich Erreichte, sondern die Aufopferung selbst, die Geste – etwas, das er ihr zuliebe tat.

Und sie hielt verständnisvoll den Mund. In solch einer Geste, wie flüchtig auch immer, lag eine Güte, die sich nicht leicht abtun ließ. »John«, setzte sie manchmal an, »du tust zu viel. Hol dir eine Hilfe – bloß für einen Monat …« Doch er lächelte nur auf sie herab und antwortete schlicht: »Das macht mir nichts. Schau meine Hände an. Die sind zur Arbeit geschaffen!« Dabei schwang in seiner Stimme ein standhafter Unterton mit, der ihr mitteilte, dass sie ihn mit ihrer Rücksicht nur umso entschlossener machte, ihr zu dienen, seine Hingabe und Treue zu beweisen.

Sie waren sinnlos, diese Gedanken. Das wusste sie. Es war genau seine Hingabe, die sie sinnlos machte, die ihr eine Auflehnung verboten. Doch immer wieder, manchmal vor deren Kargheit still geduckt, manchmal mit den raschen, gezielten Strichen ihres Pinsels, um mit dem Groll und dem Zorn, den sie mit sich brachten, Schritt zu halten, kam sie darauf zurück.

Jetzt im Winter war ihre müßige Jahreszeit. Sie konnte manchmal bis acht schlafen und John bis sieben. Sie konnten ein bisschen bei ihren Mahlzeiten verweilen, lesen, Karten spielen, die Nachbarn besuchen. Es war die Zeit zum Entspannen, um sich gehen zu lassen und sich zu vergnügen; doch stattdessen warteten sie bloß gereizt und ungeduldig auf den Frühling. Sie waren nun getrieben, nicht von der Arbeit, sondern vom Geist der Arbeit. Ein Geist, der sich durch ihr Leben zog und bei Müßiggang Schuldgefühle einflößte. Manchmal schliefen sie lange, manchmal spielten sie Karten, doch stets unbehaglich, stets von dem Gedanken an wichtigere Dinge verfolgt, die noch erledigt werden könnten. Wenn John um fünf aufstand, um anzuschüren, wollte er gleich aufbleiben und in den Stall gehen. Wenn er sich zu einer Mahlzeit hinsetzte, beeilte er sich damit und stieß aus Gewohnheit, aus schierem Arbeitsinstinkt den Stuhl gleich wieder zurück, auch wenn es nur war, um mehr Holz in den Ofen zu legen oder in den Keller zu gehen, um Rüben für die Kühe zu häckseln.

Und was hätte es sowieso für einen Sinn, fragte sie sich, dazusitzen und mit einem Mann zu reden zu versuchen, der nie sprach? Warum reden, wenn es nichts weiter zu reden gab als über Rinder und Rüben, das Wetter und die Nachbarn? Die Nachbarn auch – warum sie besuchen, wenn es doch das Gleiche war – Rinder und Rüben, das Wetter und andere Nachbarn? Warum zum Tanzen ins Schulhaus gehen, um bei den älteren Frauen zu sitzen, zu denen sie jetzt nach sieben Jahren Ehe gehörte, oder mit den von der Arbeit gekrümmten, müden alten Farmern zur Melodie einer kratzigen Fiedel Walzer tanzen? Einmal hatte sie mit Steven sechs- oder siebenmal am Abend getanzt und sie hatten darüber ebenso viele Male gesprochen. Es war einfacher, daheim zu bleiben. John tanzte nie oder ließ es sich gut gehen. Er fühlte sich in seinem guten Anzug und den feinen Schuhen immer unbehaglich. Wenn es kalt war, mochte er sich nicht öfter als ein- oder zweimal die Woche rasieren. Es war einfacher, daheim zu bleiben, am Fenster zu stehen und über die kargen Felder zu schauen, die Tage zu zählen und auf einen weiteren Frühling zu warten.

Doch nun, allein mit sich in der winterlichen Stille, sah sie den Frühling als das, was er wirklich war. Dieser Frühling – der nächste Frühling –, alle noch kommenden Frühlinge und Sommer. Während sie alt wurden, während ihre Körper krumm wurden, während ihre Gedanken verhutzelten wie ihr Leben. »Ich darf nicht«, sagte sie wieder laut. »Ich habe ihn geheiratet – und er ist ein guter Mann. Ich darf nicht so weitermachen. Bald wird es Mittag sein, und danach ist Zeit, ans Abendessen zu denken. Vielleicht kommt er früh – und sobald John im Stall fertig ist, können wir alle Karten spielen.«

Es wurde wieder kalt und sie unterbrach ihre Streicharbeit, um mehr Holz nachzulegen. Doch diesmal verbreitete sich die Wärme nur langsam. Sie schob eine Matte innen an die Haustür und ging wieder ans Fenster, um das Wollhemd festzuzurren, das ans Fensterbrett gestopft war. Dann schritt sie ein paar Mal durchs Zimmer, dann stocherte sie im Feuer und rüttelte an den Herdringen, dann schritt sie wieder umher. Das Feuer prasselte, die Uhr tickte. Die Stille schien nun intensiver denn je, schien einen Punkt erreicht zu haben, wo sie leise ächzte. Ann schritt nun auf Zehenspitzen, lauschte, die Schultern eingezogen, und erkannte erst nach einer Weile, dass sie den Wind hörte, der mit einem hohen, sirrenden Ton in den Dachtraufen winselte.

Da wirbelte sie ans Fenster und taute mit raschen, kurzen Atemstößen die Eisblumen auf, um wieder hinauszuschauen. Das Glitzern war verschwunden. Über die Verwehungen huschten flinke und schlangengleiche Schneezungen. Sie konnte nicht ganz verfolgen, woher sie kamen, wohin sie verschwanden. Es war so, als würde der Schnee auf dem ganzen Hof zitternd erwachen – aufgerüttelt von den Ermahnungen des Windes, sich für den bevorstehenden Sturm bereitzuhalten. Der Himmel war ein düsteres Hellgrau geworden. Er hatte sich auch verschoben und lag nun, als wäre er in erhöhter Bereitschaft, dicht über der Erde. Während sie zusah, bäumte sich eine Mähne aus Pulverschnee brusthoch vor dem dunkleren Hintergrund des Stalls auf, schüttelte sich einen Moment erbost und sank dann wieder in sich zusammen, als wäre sie wieder zu Fügsamkeit und Zurückhaltung gepeitscht worden. Doch gleich folgte eine weitere, ungestümer und ungeduldiger als die erste. Und noch eine wirbelte und warf sich gegen das Fenster, von dem aus Ann zusah. Dann gab es eine ominöse Zeitspanne lang nur die zornigen kleinen Schneeschlangen. Der Wind wurde stärker, brachte die Regenrinnen zum Knarren, die mit Draht unter die Dachkante gebunden waren. In der Ferne waren Himmel und Prärie nun fugenlos miteinander verschmolzen. Rund um sie herum schwoll es an: Im Druck und im Winseln schwang schon eine Vorahnung des schließlichen Wütens mit. Wieder sah sie eine Schneemähne aufspringen, diesmal so dicht und hoch, dass alle Scheunen und Ställe verdeckt wurden. Weitere folgten, die grimmig außer Rand und Band gerieten, und als sie endlich abzogen, erschienen die Stallungen verschwommener als vorher. Das kam vom Schnee, der nun in langen Lanzetten direkt aus Norden kam, beinahe waagerecht vom scheuchenden Wind getragen. »Er wird bald dort sein«, flüsterte sie, »und auf dem Heimweg wird er ihn im Rücken haben. Er wird gleich wieder weggehen. Er hat den doppelten Hof um den Mond gesehen – er weiß, was für ein Sturm ihm bevorsteht.«

Sie machte sich wieder ans Anstreichen. Eine Weile war es einfacher, all ihre Gedanken beschäftigten sich halbängstlich mit John, der sich im Blizzard über die Hügel mühte. Doch bald begann sie wieder verdrießlich: »Ich wusste, dass wir einen Sturm bekommen würden – ich hab's ihm gesagt –, aber was ich sage, gilt ja nicht. Der große störrische Tölpel – er geht sowieso seinen eigenen Weg. Es ist egal, was aus mir wird. In einem solchen Sturm wird er nie heimkommen. Er wird es nicht mal versuchen. Und während er seinem Vater Gesellschaft leistet, kann ich für ihn nach seinem Stall schauen, muss mich bis zu den Knien durch die Schneewehen pflügen – halb erfroren …«

Nicht dass sie ihre Worte so meinte oder glaubte. Es war nur ein Versuch, sich davon zu überzeugen, dass sie Grund zur Klage hatte, um ihre rebellischen Gedanken zu rechtfertigen, um John für ihr Unglücklichsein verantwortlich zu machen. Sie war noch jung, begierig nach Aufregung und Ablenkung; und Johns Sturheit war ein Vorwurf an ihre Eitelkeit, ließ ihre Klagen schwach und geringfügig erscheinen.

Übellaunig fuhr sie fort: »Wenn er mir manchmal zuhören und nicht so eigensinnig sein würde, würden wir nicht mehr in so einem Haus wohnen. Sieben Jahre in zwei Zimmern – sieben Jahre und nie ein einziges neues Möbelstück … Da – als ob eine weitere Farbschicht daran noch etwas ändern könnte.«

Sie säuberte ihren Pinsel, füllte den Ofen wieder auf und trat noch mal ans Fenster. Einen Augenblick lang war überall nur weiße Leere, die sie für eine Frostschicht auf der Fensterscheibe hielt, doch dann schälte sich wie ein veränderlicher Schatten das Stalldach aus dem wirbelnden Schnee. Es war unglaublich. Das unvermutete irre Wüten des Sturms fegte alle Launenhaftigkeit aus ihrem Gesicht. In ihren Blick stahl sich eine Spur von Furcht, ihre Lippen erbleichten. »Wenn er jetzt aufbricht«, flüsterte sie stumm, »aber das wird er nicht – er weiß, ich bin sicher –, er weiß, dass Steven kommt. Über die Hügel wird er sich nicht trauen.«

Sie wandte sich zum Herd, streckte ihre Hände der Wärme entgegen. Nun schien um sie herum alles zu schwanken und zu zittern, als würde die Luft unter den heftigen Erschütterungen der Mauern vibrieren. Sie stand ganz still und lauschte. Manchmal schlug der Wind mit scharfen, heftigen Stößen zu. Manchmal fegte er in einem minutenlang anhaltenden Wehen herab, stumm vor Anstrengung und Heftigkeit; dann wirbelte er mit einem entmachteten bedrohlichen Aufkreischen davon, um sich erneut zu sammeln und vorzupreschen. Beständig knarrten und schnarrten die Dachrinnen. Sie stürzte wieder aufs Fenster zu, doch als sie den morbiden Zug ihrer Gedanken wahrnahm, bereitete sie frischen Kaffee zu und zwang sich ein paar Schlucke zu trinken … »Er würde sich nicht trauen«, flüsterte sie wieder, »er würde den alten Mann in so einem Sturm sowieso nicht verlassen. Sicher - ich brauche mir gar keine Sorgen zu machen. Es ist bereits nach eins. Jetzt werde ich mit dem Backen anfangen, und dann wird es Zeit sein, das Abendessen für Steven fertig zu machen.«

Bald jedoch kamen ihr Zweifel, ob Steven kommen würde. In so einem Sturm konnte selbst eine Meile Weg einen Mann ins Zaudern bringen. Besonders Steven, der bei all seinen anziehenden Eigenschaften kaum jemand war, der es wegen der Stallarbeit anderer mit einem Blizzard aufnahm. Er hatte sich sowieso um seinen eigenen Stall zu kümmern. Es wäre für ihn nur natürlich, wenn er annahm, dass John, als sich der Sturm erhob, wieder umgekehrt war. Ein anderer Mann hätte das – hätte zuerst an seine Frau gedacht.

Doch sie verspürte nur wenig Furcht oder Unbehagen bei der Aussicht darauf, die Nacht allein zu verbringen. Es war das erste Mal, dass sie so ganz allein auf sich angewiesen war, und ihre Reaktion nun, da sie in Ruhe ihre Lage betrachten und abschätzen konnte, war die, es allmählich als Abenteuer und Verantwortung zu empfinden. Das spornte sie an. Vor Einbruch der Nacht musste sie in den Stall gehen und das Vieh füttern. Einige Kleidungsstücke von John überwerfen – ein Knäuel Schnur in die Hand nehmen, das eine Ende an die Tür gebunden, so dass sie zumindest den Rückweg ins Haus fand, egal, wie blind der Sturm sie machen würde. Sie hatte von Leuten gehört, die das hatten tun müssen. Das war für sie jetzt reizvoll, weil es dem Leben plötzlich Dramatik verlieh. Sie hatte den Sturm noch nicht gespürt, ihn nur eine Weile vom Fenster aus beobachtet.

Es dauerte fast eine Stunde, genügend Schnur zu finden und die richtigen Strümpfe und Pullover auszuwählen. Lange bevor es Zeit war, hinauszugehen, probierte sie Kleidungsstücke von John an, zog sich immer wieder um, schritt durchs Zimmer, um sicherzugehen, dass sie genügend Bewegungsfreiheit hatte, um das Heu zu gabeln und Schneewehen zu überwinden. Dann legte sie alles wieder ab und beschäftigte sich eine Zeit lang mit dem Backen der Rosinenbrötchen, die er so gern hatte.

Die Nacht kam früh. An der Türschwelle schreckte sie nur einen Augenblick unsicher zurück. Das langsame Dämmern des Lichts packte sie mit einem widersinnigen Gefühl des Ausgeliefertseins. Sie empfand es wie den klammheimlichen Abzug eines Verbündeten, der die feindseligen Meilen draußen auf einmal entfesselt und ungebändigt zurückließ. Als sie zusah, wie der stiebende Schnee mit Orkanstärke am Häuschen vorbeitobte, bezwang sie sich: »Sie überstehen die Nacht nicht, wenn ich sie nicht füttere. Es ist fast dunkel, und ich habe eine Stunde Arbeit vor mir.«

Zaghaft entrollte sie etwas von der Schnur und trat vorsichtig aus dem Schutz des Eingangs. Ein Windstoß trieb sie ein paar Meter nach vorn und schmiss sie dann im dichten weißen Gestöber mit dem Kopf voran in eine Wehe, die unsichtbar in ihrem Weg lag. Beinahe eine Minute lang lag sie zusammengekrümmt da, atemlos und benommen. Schnee drang ihr in den Mund und in die Nase, in den Schal und in die Ärmel. Als sie sich aufzurichten versuchte, schlug eine erstickende Bö ihr ins Gesicht und schnitt ihr zum zweiten Mal die Luft ab. Der Wind traf sie von allen Seiten, lärmend und zornig. Es war so, als hätte der Sturm sie entdeckt, als wären all seine Kräfte auf ihre Vernichtung gerichtet. Von plötzlicher Panik ergriffen, schlug sie kurz mit den Armen aus, stolperte rückwärts und schlug der Länge nach in die Wehe.

Doch diesmal kam sie rasch wieder auf die Beine, von dem auf sie einpeitschenden und einprügelnden Sturm zu vergeltendem Zorn hingerissen. Einem kurzfristigen Impuls folgend, wollte sie sich dem Wind entgegenstellen und Schlag für Schlag vergelten; dann – so plötzlich, wie sie gekommen war – wich ihre hitzige Kraft einer Schlaffheit und Erschöpfung. Schlagartig erkannte sie klar und erschreckend, dass dies ihr alle Gedanken an den Stall aus dem Sinn fegte, ihre unerhebliche Bedeutungslosigkeit in so einem Sturm. Diese Erkenntnis verlieh ihr neue Kraft, diesmal zu einer verzweifelten Hartnäckigkeit beschwichtigt. Nur einen Augenblick hielt der Wind sie benommen und schwankend in seinen Klauen, dann tastete sie sich langsam, weit nach vorn gebeugt, zurück zum Haus.

Drinnen lehnte sie sich an die Tür, stand eine Weile angespannt da und rührte sich nicht. Es war jetzt fast dunkel. Die Herdplatte glühte in einem tiefen, stumpfen Rot. Vom Sturm unbekümmert, in sich selbst vertieft und mit sich selbst zufrieden, tickte die Uhr weiter wie ein unbekümmerter kleiner Idiot. »Er hätte nicht gehen sollen«, flüsterte sie stumm. »Er hat den doppelten Hof gesehen – er wusste es. Er hätte mich hier nicht allein lassen sollen.«

Denn der Blizzard erschien nun so grimmig, so irrsinnig und alles beherrschend, dass sie nicht einmal mehr der Sicherheit des Hauses traute. Die einlullende Wärme um sie herum war noch nicht real, noch nicht verlässlich. Sie war immer noch dem Sturm ausgeliefert. Nur ihr fest gegen die Tür gestemmter Körper hielt ihn ab. Sie wagte sich nicht zu rühren. Sie wagte es nicht, dem Schmerz und der Anspannung nachzugeben. »Er hätte nicht gehen sollen«, wiederholte sie und dachte wegen ihrer Hilflosigkeit mit einem Selbstvorwurf wieder an den Stall. »Sie werden in ihren Boxen erfrieren – und ich kann nicht zu ihnen. Er wird sagen, ich sei schuld. Er wird nicht glauben, dass ich es versucht habe.«

Dann kam Steven. Mit einem Schlag ruhig und beherrscht, ließ sie ihn rasch eintreten und entzündete die Lampe. Er blickte sie eine Weile an, riss sich die Mütze vom Kopf, war mit wenigen Schritten bei ihr am Tisch und packte ihre Arme. »Du bist so weiß – was ist los? Schau mich an …« Das sah ihm gleich, in so unbedeutenden Augenblicken herrisch zu sein. »Du hättest es doch besser wissen müssen und an so einem Tag nicht rausgehen sollen. Eine Zeit lang habe ich selbst gedacht, ich würde es nicht bis hierher schaffen …«

»Ich hatte Angst, du würdest nicht kommen – John ist früh weg, und da war doch der Stall …«

Der Sturm aber hatte sie zermürbt, und auf einmal wich die Furcht, die sie gepackt hatte, in der Geborgenheit seiner Berührung und seiner Stimme einer hysterischen Erleichterung. Kaum dessen bewusst, was sie tat, ergriff sie seinen Arm und schluchzte sich daran aus. Er blieb einen Augenblick still und starr, dann schlang er den anderen Arm um ihre Schulter. Das war tröstend, und sie entspannte sich, von einem plötzlichen Gefühl der Ruhe und Sicherheit beschwichtigt. Ihre Schultern zitterten von der nachlassenden Anspannung, dann wurden sie schlaff und still. »Du zitterst ja …« Er zog sie sanft zum Herd. »Du brauchst jetzt keine Angst mehr zu haben. Ich erledige die Stallarbeit für dich.«

Das geschah mit einer leisen, verständnisvollen Stimme, doch mit einem Unterton von Anmaßung, sogar einer Art Spott, was sie veranlasste, sich rasch zurückzuziehen und sich mit dem Nachschüren zu beschäftigen. Mit zu einem schmalen Lächeln verzogenen Lippen beobachtete er sie, bis sie ihn wieder anblickte. Auch dieses Lächeln war anmaßend, doch gleichzeitig auch kameradschaftlich; Stevens Lächeln und daher schwer zu tadeln. Es erfüllte sein mageres, noch jungenhaftes Gesicht mit einer besonderen Arroganz: eine Miene und ein Lächeln ganz anders als bei John, als bei anderen Männern – eigensinnig und abschätzig, aber auf naive Weise –, als wäre es weniger der Unterschied selbst, der ihm bewusst war, sondern vielmehr das auf alter Gewohnheit beruhende Vorrecht, das ihm dadurch zufiel. Er stand aufrecht, groß, breitschultrig da. Sein dunkles Haar war gepflegt, seine geschwungenen jungen Lippen waren weich und voll. Wohingegen John – sie stellte den Vergleich rasch an – untersetzt, grobschlächtig und gebeugt war. Stets stand er hilflos vor ihr, eine Art Unterwürfigkeit und Verwunderung in seiner Haltung. Doch Steven lächelte ihr nun anerkennend mit der weltgewandten Sicherheit eines Mannes zu, für den eine Frau weder ein Geheimnis noch eine Illusion birgt.

»Es war sehr nett von dir, zu kommen«, erwiderte sie, wobei ihre Worte in ein unvermutetes, leeres Lachen ausglitten. »Sich so einem Sturm auszusetzen – ich schätze, ich sollte mich geschmeichelt fühlen.«

Denn seine Vermutung, sein Missverstehen dessen, was nur eine momentane Schwäche gewesen war, feuerte sie an, statt sie zu ärgern, weckte aus ihrem Schlummer all die lange brachgelegenen Instinkte und Findigkeiten ihrer Weiblichkeit. Sie fühlte sich belebt, herausgefordert. Da war etwas in Reichweite, was ihr bisher immer entgangen war, selbst in den ersten Wochen mit John, etwas Lebendiges, das viel sagend lockte. Sie begriff nicht, aber sie wusste. Dieser Augenblick hatte für sie etwas wohltuend Traumhaftes: eine als solche erfasste Unglaublichkeit, aber doch hingenommen. Sie war Johns Ehefrau – das wusste sie –, aber sie wusste auch, dass Steven hier vor ihr anders war als John. Es gab keinen Gedanken oder Beweggrund, kein Verständnis ihrer selbst, als das Wissen weiter vorherrschte. Weil sie auf der Hut war, plötzlich einen kleinen Kern blinder Erregung in sich verspürte, der sie in der Schwebe hielt, wich sie ihm aus. »Aber es ist fast dunkel – solltest du dich nicht mit der Stallarbeit beeilen? Mach nur – ich komme schon zurecht.«

Als er eine Stunde später vom Stall zurückkehrte, steckte sie in einem anderen Kleid, hatte das Haar zurechtgemacht und einen Anflug von Farbe im Gesicht. Als sie warmes Wasser aus dem Topf ins Becken goss, sagte sie gleichmütig: »Wenn du gewaschen bist, wird das Abendessen fertig sein. John hat gemeint, wir sollten nicht auf ihn warten.«

Er schaute sie einen Augenblick an. »In einem solchen Sturm erwartest du doch John nicht mehr?«

»Aber freilich.« Beim Sprechen spürte sie, wie etwas mehr Farbe in ihr Gesicht stieg. »Wir werden Karten spielen. Er hat es doch vorgeschlagen.«

Er wusch sich fertig, und als sie am Tisch Platz nahmen, griff er den Gesprächsfaden wieder auf: »John kommt also. Wann erwartest du ihn?«

»Er hat gesagt, es könnte sieben Uhr werden – oder ein bisschen später.« Zu anderen Zeiten war die Unterhaltung mit Steven immer flott und natürlich gewesen, aber sie fand sie nun auf einmal anstrengend. »Er könnte für seinen Vater einiges zu erledigen haben. Das hat er bei seinem Weggang gesagt. Warum fragst du, Steven?«

»Ich habe mich nur gewundert – es ist eine raue Nacht.«

»Er kommt immer. Einen so schlimmen Sturm kann es gar nicht geben. Es ist einfacher, die Stallarbeit bei Tageslicht zu machen, und ich wusste, er würde müde sein – deshalb wollte ich mich in den Stall aufmachen.«

Sie blickte wieder auf und er lächelte sie an. Die gleiche Anmaßung, der gleiche winzige Einschlag von Spott und Abschätzung. Das ließ sie plötzlich zusammenzucken und sich fragen, warum sie so tat, als würde sie John erwarten, warum sie unter dem Druck dieses Verteidigungsinstinkts stand. Diesmal meldete sich statt Unentschiedenheit und Erregung die Erinnerung daran, dass sie das Kleid gewechselt und ihr Haar zurechtgemacht hatte. Sie platzte in ein plötzliches Schweigen hinein, in dem Ann den pfeifenden Wind wieder hörte und das schwankende Schnarren der Dachrinnen. Keiner von beiden sprach jetzt. Dieser Steven und sein stilles, unbeugsames Lächeln waren ihr irgendwie sonderbar, aber am sonderbarsten war diese Vertrautheit: jener Steven, den sie nie gesehen oder getroffen hatte, aber doch immer gekannt, immer erhofft, immer erwartet hatte. Sie empfand gar nicht so sehr Steven selbst, sondern vielmehr seine Unausweichlichkeit. Genauso wie sie den Schnee, die Stille und den Sturm gespürt hatte. Sie hielt den Blick auf das Fenster hinter seiner Schulter, auf den Herd gesenkt, aber sein Lächeln schien nun getrennt von ihm zu existieren, mit dem Schweigen zu verschmelzen und darin zu schweben. Ob sie mit einer Tasse klapperte oder auf das Pfeifen des Sturms lauschte, es war immer da. Er fing zu reden an, aber ihr Verstand bekam den Sinn seiner Worte nicht mit. Rasch stellte sie wieder Vergleiche an; sein Gesicht so verschieden von Johns, so hübsch, jung und sauber rasiert. Rasch wurde sie hilflos, wobei sie die unmerkliche und unnachsichtige Überlegenheit spürte, die er damit über sie erlangte und die sie als eine plötzliche Bedrohung durch dieses neue, vitalere Leben empfand, während sie sich gleichzeitig zu ihr hingezogen fühlte.

Die Lampe zwischen ihnen flackerte, als ein Anprall des Sturms das ganze Zimmer erzittern ließ. Sie erhob sich, um wieder nachzuschüren, und er folgte ihr. Lange Zeit standen sie nahe am Herd, ihre Arme berührten sich fast. Einmal, als der Blizzard das Haus aufächzen ließ, wirbelte sie heftig herum in der Annahme, John sei an der Tür; doch Steven schaltete sich ruhig ein. »Heute Abend nicht – das müsste dir doch allmählich einleuchten. Bei einem solchen Sturm über die Hügel – das wäre selbstmörderisch.«

Ihre Lippen erzitterten urplötzlich im Bemühen um eine Antwort, um die Gewissheit in seiner Stimme zu parieren, doch dann blieben sie dünn und blutleer verschlossen. Sie hatte nun Angst. Angst vor seinem Gesicht, das so anders war als das von John – vor seinem Lächeln, vor ihrer eigenen Hilflosigkeit, es zurechtzuweisen. Angst vor dem Sturm, der sie hier allein mit ihm in seiner undurchdringlichen Beständigkeit isolierte. Sie versuchten es mit dem Kartenspiel, doch Ann fuhr bei jedem Knarren und Erzittern der Wände hoch. »Die Nacht ist zu rau«, wiederholte er. »Selbst für John. Entspanne dich nur ein paar Minuten – sorge dich nicht weiter und widme mir ein bisschen Aufmerksamkeit.«

Doch in seinem Ton lag ein Widerspruch zu seinen Worten. Denn der legte nahe, dass sie sich gar nicht sorgte – dass ihre einzige Sorge war, John mochte wirklich an der Tür sein.

Und dieser Unterton blieb. Er legte für sie Holz nach, mischte die Karten – gewann – mischte – der Unterton blieb. Sie versuchte auf sein Gespräch einzugehen, an das Spiel zu denken, doch stattdessen befragte sie hilflos die Karten: War er im Recht? Lächelte er deshalb? Warum schien er zu warten, zuversichtlich und selbstsicher?

Die Uhr tickte, das Feuer prasselte. Stets war der Unterton

da. Verstohlen beobachtete sie ihn einen Augenblick, als er über sein Blatt nachsann. Selbst in den Tagen vor ihrer Hochzeit hatte John nie so ausgesehen. Erst heute Morgen hatte sie ihn gebeten, sich zu rasieren. Weil Steven kommen würde – weil sie Furcht hatte, die beiden nebeneinander zu sehen – weil sie es da in ihrem tiefsten Innern schon gewusst hatte. Das gleiche Wissen, verstohlen und verboten, das nun in Stevens Lächeln prangte. »Du siehst kalt aus«, sagte er schließlich, ließ die Karten sinken und stand vom Tisch auf. »Das ist sowieso kein echtes Spiel. Komm eine Weile rüber zum Herd und wärm dich auf.«

»Doch erst, glaube ich, hängen wir ein paar Decken vor die Haustür. Das machen wir bei einem Blizzard wie diesem immer so.« Es schien, als könnte überlegte, schlichte Aktivität Erleichterung bringen, einen oder zwei Momente, in denen sie sich wieder fassen könnte. »John hat Nägel da, um sie festzumachen. Das hält die Zugluft ein wenig ab.«

Er stellte sich für sie auf einen Stuhl und hängte die Decken auf, die sie vom Schlafzimmer hertrug. Dann standen sie einen Augenblick stumm da, sahen das Schwanken und Zittern der Decken vor der Windklinge, die sich zwischen den Türpfosten durchschob. »Ich habe ganz vergessen«, sagte sie endlich, »dass ich die Schlafzimmertür frisch gestrichen habe. Schau, dort oben habe ich beim Hindurchgehen die Decken befleckt.«

Er blickte sie neugierig an und ging dann wieder zum Herd. Sie folgte ihm, während sie sich die Hügel in so einem Sturm vorzustellen versuchte und sich fragte, ob John doch noch käme. »Kein Mensch würde das überleben«, beantwortete er plötzlich ihre Gedanken, während er die Ofentür weit öffnete und ihre Stühle zu beiden Seiten näher herzog. »Er weiß, dass du in Sicherheit bist. Es ist sowieso unwahrscheinlich, dass er seinen Vater im Stich lässt.«

»Er wird den Wind im Rücken haben«, beharrte sie. »Im Winter vor unserer Hochzeit – die ganzen Blizzards, die wir in diesem Jahr hatten –, da ist er nie ausgeblieben.«

»Blizzards wie diesen? Oben in den Bergen könnte er nicht mal für hundert Meter seine Richtung einhalten. Hör doch nur mal hin und frage dich selbst.«

Seine Stimme schien nun weicher, freundlicher. Ann fing einen Augenblick sein Lächeln auf, dessen selbstsicheren abschätzenden Unterton, dann saß sie lange Zeit schweigend da und achtete darauf, seinen Blick zu meiden.

Davon schien nun alles abzuhängen. Es war wieder so wie vor wenigen Stunden, als sie die Tür gegen den Sturm absicherte. Er beobachtete sie lächelnd. Sie wagte nicht sich zu bewegen, ihre Hände auseinander zu nehmen oder den Blick zu heben. Die Flammen prasselten, die Uhr tickte. Der Sturm zerrte an den Mauern, als würde er sie zum Einsturz bringen wollen. So starr und ausweglos waren all ihre Muskeln gespannt, so widerstehend, dass das Zimmer um sie herum zu schwimmen und zu schwanken schien. So starr und angespannt, dass sie gegen ihren Willen schließlich doch den Kopf hob und seinem Blick wieder begegnete.

Sie hatte vorgehabt, es solle nur für einen winzigen Augenblick sein, bloß um wieder aufzuatmen, um die unerträglich gewordene Spannung zu lösen – doch in seinem Lächeln schien jetzt statt des unverschämten, von ihr gefürchteten Abschätzens eine Art von Wärme und Mitgefühl zu liegen. Ein Verstehen, das sie belebte und ermutigte – dass sie sich wunderte, warum sie vor einem Augenblick noch Angst gehabt hatte. Es war so, als wäre der Sturm abgeflaut, als hätte sie plötzlich Ruhe und Geborgenheit gefunden.

Oder vielleicht – dieser Gedanke beschlich sie – hatte statt seines Lächelns sie selbst sich verändert. Sie, die in dem langen, windknarrenden Schweigen dem Korsett aus Anstand und Treue entschlüpft war zu ihrem wahren, ungezwungenen Selbst. Sie, die nun plötzlich eine Wertschätzung ganz einfach als Verständnis für die unerfüllte Frau empfand, die bis zu diesem Augenblick brütend und uneingestanden in ihr geschlummert hatte und die sie durch das Beharren auf einer überkommenen Treue aus dem Bewusstsein verbannt hatte.

Denn Steven war schon immer da gewesen. Das begriff sie jetzt. Sieben Jahre – beinahe so lange wie John –, schon seit dem Abend, an dem sie das erste Mal miteinander getanzt hatten.

Die Lampe brannte allmählich aus und im verdämmernden Licht, isoliert in der Beständigkeit der Stille und des Sturms, betrachteten sie einander. Ihr Gesicht war weiß und noch in innerem Zwiespalt. Seines war hübsch, sauber rasiert, jung. Ihre Augen waren fanatisch, glaubten verzweifelt und waren so auf ihn fixiert, um alles andere auszuschließen, um Rechtfertigung zu finden. Seine waren kühl, leer, leicht trübe vor Erwartung. Das Licht wurde immer schwächer, versammelte verstummt und verschworen die Schatten um sie. Er lächelte immer noch. Ihre Hände waren wiederum weiß und fest zusammengeballt.

»Er ist aber immer gekommen«, beharrte sie. »In den schlimmsten, kältesten Nächten – selbst in einer wie heute. Es hat keinen Sturm gegeben …«

»Keinen solchen Sturm wie heute.« In seinem Lächeln steckte nun eine Stille, eine Art Schlichtheit beinahe, wie um ihr Sicherheit zu vermitteln. »Du bist selbst ein paar Minuten lang da draußen gewesen. Er hätte fünf Meilen vor sich, über die Berge … In so einer Nacht würde ich es mir zweimal überlegen, bevor ich auch nur eine Meile in Angriff nähme.«

Lange nachdem er eingeschlafen war, lag sie noch auf den Sturm lauschend da. Um den Durchzug im Kamin zu erhalten, hatten sie einen der Herdringe etwas gelüpft, und durch die offene Schlafzimmertür konnte sie das Flackern von Flammen und Schatten an der Küchenwand sehen. Sie sprangen und sanken gespenstisch. Je länger sie zusah, desto lebendiger schienen sie. Es gab einen großen Schatten, der bedrohlich massiv und schwarz und das ganze Zimmer einnehmend auf sie zu rückte. Wieder und wieder rückte er vor, zum Sprung bereit, doch jedes Mal scheuchte ihn eine kleine Peitsche aus Licht wieder an seinen Platz unter den anderen an der Wand. Doch obwohl er sie nie erreichte, duckte sie sich dennoch zusammen in dem Gefühl, dass darin all die gefrorene Wildnis, deren schrecklicher und unbesiegbarer Kern versammelt war.

Dann döste sie für eine Weile ein und der Schatten war John. Unendlich bedächtig kam er näher. Die Lichtpeitschen zuckten und schlängelten noch immer, doch nun waren es auf einmal die flinken kleinen Schlangen, die sie an diesem Nachmittag über den Schnee huschen und wirbeln sah. Und auch sie rückten vor. Sie wanden sich und verschwanden und kamen dennoch immer wieder. Sie lag still da, wie gelähmt. Nun war er über ihr, so nah, dass sie ihn hätte berühren können. Es schien bereits, als wäre eine tödlich zupackende Hand an ihrer Kehle. Sie versuchte zu schreien, doch ihre Lippen waren versiegelt. Steven neben ihr schlief unbekümmert weiter.

Bis plötzlich, als sie so dalag und zu ihm aufblickte, ein Lichtflackern sein Gesicht erleuchtete. Und darin war keine Spur von Bedrohung oder Wut – nur Ruhe und steinerne Aussichtslosigkeit.

Das sah John ähnlich. Er war schon dabei, sich zurückzuziehen, da versuchte sie verzweifelt ihn zurückzurufen. »Es ist nicht wahr – nicht wirklich wahr – hör zu, John …« Doch die Wörter blieben gefroren an ihren Lippen haften. Schon gab es nur noch das Kreischen des Windes, die schnarrenden Dachrinnen, die Sprünge und Drehungen der Schatten an der Wand.

Sie schreckte hoch, nun aufgerüttelt und wach. Er war auch so real erschienen, wie er nahe bei ihr stand, so lebendig das plötzliche Alter und der Kummer in seinem Gesicht, dass sie sich zuerst gar nicht klarmachen konnte, dass sie nur geträumt hatte. Sie musste gegen die Überzeugung von seiner Anwesenheit im Zimmer immer wieder darauf beharren, dass er noch bei seinem Vater auf der anderen Seite der Hügel sein musste. Beim Betrachten der Schatten war sie eingeschlafen. Es waren nur ihre Gedanken, ihre Fantasie, von der unlogischen und uneingestandenen Furcht vor seiner Rückkehr zu einem Alptraum entstellt. Aber er würde nicht kommen. Steven hatte Recht. Sie waren sicher, allein. Niemand würde je etwas erfahren. Es war nur Angst, krankhaft und irrational; nur das Schuldgefühl, das selbst ihre neu gefundene und herausgeforderte Weiblichkeit nicht ganz ersticken konnte.

Jetzt wusste sie. Sie hatte es bisher nicht als Schuld eingestanden oder anerkannt, doch allmählich bezwang sein Gesicht sie in der vom Wind zerrissenen Nachtstille. Das Gesicht, das sie aus der Dunkelheit mit seinem steinernen Kummer betrachtet hatte – das Gesicht, das wirklich John war – noch viel mehr John, als seine Züge aus bloßem Fleisch und Knochen es je sein konnten.

Sie weinte still. Die irrlichternde Glut sank in sich zusammen. An Decke und Wand war schließlich nur noch ein schwaches, trüb flackerndes Glühen. Das Häuschen erschauerte und erzitterte und wieder kroch eisige Kälte herein. Ohne Steven aufzuwecken, schlüpfte sie aus dem Bett, um nachzuschüren. Das Feuer war nun bis auf ein wenig Aschenglut herabgebrannt und das nachgelegte Holz schien lange zu brauchen, um in Brand zu geraten. Der Wind wirbelte durch die Decken, die sie vor die Tür gehängt hatte, und attackierte ihre Haut mit Sprühregen geschmolzenen Eises. Dann röhrte er mit hohlem Ächzen wieder den Kamin hinauf, als wäre er gegen seinen Willen zurückgeholt worden, um noch länger beim Vorstoß des Sturms Dienst zu tun.

Lange Zeit stand sie gebückt über dem Herd und lauschte. Früh am letzten Abend, als die Lampe brannte und das Feuer prasselte, erschien das Haus wie eine Bastion gegen die Wildnis, gegen ihre eiskalte, vom Blizzard angefachte Unversöhnlichkeit, ein Zufluchtsort aus schwachen Wänden, in dem die Elemente menschlichen Wollens und Überlebens ausharrten. Jetzt, in der kalten, knarrenden Dunkelheit, war es sonderbar erloschen, vom Sturm geplündert und wieder verlassen. Sie hob den Herdring und fachte die Glut an, bis endlich ein Flammenzünglein um das Holz leckte. Dann deckte sie den

Ring wieder darauf, streckte die Hände aus und blieb so stehen, als wäre sie in dieser Haltung eingefroren.

Nun dauerte es nicht mehr lange. Nach wenigen Minuten schloss sie den Schieber, und als die Flammen aufwirbelten, gegen die Herdringe schlugen und wieder flackerndes Licht verbreiteten, wallte eine Wärme auf, die ihre steifen Glieder lockerte. Doch fröstelnd und klamm war es einfacher gewesen. Das körperliche Wohlbehagen, das die Wärme vermittelte, ließ einem immer beständigeren geistigen Leiden wieder freies Spiel. Sie erinnerte sich wieder an den Schatten, der John gewesen war. Sie sah, wie er sich über sie beugte, dann entschwand, seine Gesichtszüge bleich und von klaglosem Kummer überzogen. Sie durchlebte noch einmal ihre sieben gemeinsamen Jahre und fand sie im Rückblick wertvoll und ehrwürdig. Bis sie schließlich von all dem niedergeschmettert, von einem plötzlichen Drang nach Leiden und Buße gepackt, an die Stelle ging, wo es bitter zog, und dort lange unerschütterlich auf dem eisigen Boden stehen blieb.

Der Sturm umgab sie hier. Trotz der Decken konnte sie ein feines Schneerieseln auf dem Gesicht spüren. Die Dachrinnen schnarrten, die Wände knarrten. Über all dem heulte der Wind wie ein Wolf auf der Flucht, verlassen und verzweifelt.

Und doch, fragte sie sich mit einem Schlag, hatte es nicht andere Stürme, andere Blizzards gegeben? Und hatte er selbst durch die schlimmsten nicht immer zu ihr gefunden?

Von diesem Gedanken gepackt, blieb sie eine Minute wie angewurzelt stehen. Es war schwer zu verstehen, wie sie sich so hatte täuschen können – wie ein Augenblick der Leidenschaft in ihr nicht nur das Gewissen, sondern auch Vernunft und Besonnenheit hatte zum Schweigen bringen können. John kam doch immer. Es konnte gar keinen Sturm geben, der ihn aufhielt. Er war stark, abgehärtet gegen die Kälte. Er hatte seit seiner Kindheit die Hügel überquert, kannte jedes Bachbett und Rinnsal. Es war Tollheit, so weiterzumachen – so zu warten. Solange noch Zeit blieb, musste sie Steven wecken und ihn rasch fortschicken.

Doch als sie im Schlafzimmer wieder vor Steven stand, zauderte sie. In seiner völligen Losgelöstheit von allem, seinem leisen, gleichmäßigen Atmen lag eine solche Gesundheit, eine solche Wirklichkeitsnähe. Für ihn war nichts vorgefallen, das könnte es auch gar nicht. Wenn sie ihn weckte, würde er nur lachen und ihr raten, sich den Sturm anzuhören. Es war schon lange nach Mitternacht; entweder hatte John sich verirrt oder war gar nicht aufgebrochen. Und sie wusste, dass in seiner Hingabe nichts Draufgängerisches war. Er würde sich nie einem Sturm aussetzen, der über seine Kräfte ging, sich nie auf ein Opfer einlassen, das möglicherweise ihr Los oder ihre Zukunft gefährdete. Sie waren beide sicher. Niemand würde je etwas erfahren. Sie musste sich beherrschen – bei klarem Verstand bleiben wie Steven.

Um sich zu trösten, ließ sie ihre Hand kurz auf Stevens Schulter ruhen. Es wäre leichter, wäre er nun wach zusammen mit ihr und nähme teil an ihrer Schuld; doch allmählich, als sie sein hübsches Gesicht im glimmenden Licht betrachtete, begriff sie, dass für ihn gar keine Schuld existierte. Genauso wie es keine Leidenschaft gegeben hatte, keinen Konflikt. Nichts als die gesunde Einschätzung ihrer Situation, nichts als das erwartungsvolle kleine Lächeln und die anmaßenden Gesichtszüge, die anders als die Johns waren. Es gab ihr einen scharfen Stich bei der Erinnerung, wie sie ihren Blick auf diese Züge geheftet hatte, wie sie zu glauben versucht hatte, dass sie – so hübsch und jung, so anders als die Johns – in sich selbst ihre Rechtfertigung tragen müssten.

Im flackernden Licht boten sie sich immer noch jung, immer noch hübsch dar. Ihre Rechtfertigung waren sie nicht mehr – das wusste sie jetzt – denn ihr Mann war John –, doch immer noch mit einem eigenen Willen begabt, so dass sie sich gehörig wunderte über deren Macht und Tyrannei und sie wieder flüchtig mit den Fingerspitzen berührte.

Sie konnte ihm keine Schuld geben. Es hatte keine Leidenschaft, keine Schuld gegeben; deshalb konnte es auch keine Verantwortung geben. Als sie plötzlich auf den Schlafenden herabsah, wie er immer noch halb lächelte, die Lippen entspannt im gewissenlosen Behagen seiner Erfüllung, da begriff sie, dass er sich so in seiner Ganzheit enthüllte – alles, was er je war oder je sein könnte. Ihr Mann war John. Bei ihm lag alle Zukunft. Für die heutige Nacht würde sie langsam und zerknirscht während der kommenden Tage und Jahre versuchen Buße zu leisten.

Dann schlich sie wieder in die Küche, und gedankenlos, nur erneut von einem überwältigenden Drang getrieben, kehrte sie zur Tür zurück, wo es immer noch bitter zog. Bis zum Morgen flaute der Blizzard allmählich ab. Sein schreckliches Blasen wurde zu einem schwächlichen, ausgemergelten Ächzen. Das Zucken von Licht und Schatten erstarb und Kälte kroch wieder herein. Beständig knarrten die Dachrinnen, gequält von wortlosen Prophezeiungen. Ungerührt von alledem tickte die Uhr in idiotischer Zufriedenheit weiter.

Sie fanden ihn am nächsten Tag, weniger als eine Meile vom Haus. Vom Sturm getrieben, war er gegen seinen eigenen Weidezaun geprallt und dort erschöpft festgefroren, noch aufrecht, beide Hände fest um den Draht geschlungen.

»Er befand sich südlich von hier«, sagten sie verwundert, als sie ihnen erzählte, er sei über die Hügel gekommen. »Genau im Süden – seltsam, dass er die Gebäude verfehlt hat. Es war der Wind letzte Nacht, der von allen Seiten gleichzeitig kam. Er hätte es nicht versuchen sollen. Der Mond hatte einen doppelten Hof.«

Sie blickte kurz an ihnen vorbei und sagte dann einfach, eher zu sich selbst: »Wenn ihr ihn kennen würdet – John würde es immer versuchen.«

Erst später, als sie sie eine Weile mit ihm allein gelassen hatten, kniete sie sich hin und berührte seine Hand. Ihr Blick verschwamm; es war immer noch eine so starke und geduldige Hand. Dann, in plötzlichem Entsetzen, wurden ihre Augen groß und klar. In seiner Handfläche, weiß sogar gegen ihr erfrorenes Weiß, leuchtete ein kleiner Fleck aus Farbe.

Honoré Beaugrand

La chasse-galerie – Das fliegende Kanu

I

»Also, wenn ihr es anscheinend so sehr wünscht, dann werde ich euch eine herzhafte Geschichte erzählen, die euch allen eine Lehre sein dürfte. Sollte unter den Zuhörern ein Abtrünniger sein, der vorhat, *la chasse-galerie* oder den Werwolf zu reiten, dann soll er sich besser davonmachen und nach draußen gehen, um zu schauen, ob die Eulen im Sturm schreien, in Zwiesprache mit dem Leibhaftigen persönlich, denn ich habe vor, meine Geschichte mit einem großen Kreuzeszeichen zu beginnen. Das wird *le diable* ordentlich abschrecken, denn um diese Zeit versucht er immer, sich die Seele eines armen Holzfällers zu schnappen, indem er ihm alle Arten von Unsinn verspricht. Ich habe in meinen jungen Tagen genug davon erlebt, um seine Schliche zu verstehen.«

Kein Mann rührte sich. Ganz im Gegenteil, alle scharten sich noch näher um den offenen Kamin, wohin der Koch die Provianttruhe gezogen hatte, auf die er einen Klappstuhl gestellt und darauf Platz genommen hatte, bevor er anhub, von seinen Erfahrungen mit den Launen des *mauvais esprit* zu erzählen.

Es war der Silvesterabend 1858 tief in den Wäldern im Holzfällerlager Ross am Oberlauf des Gatineau River. Der Winter hatte ernsthaft eingesetzt und der Schnee draußen war bereits bis zum Dach der Hütte aufgetürmt. Nach altem Brauch hatte der Boss angeordnet, den Inhalt eines Fässchens Jamaika-Rum unter die Leute zu verteilen, und der Koch hatte früh seine Vorbereitungen zu einem saftigen Ragout aus Schweinsfüßen und einer großen Dose voll *glissantes* für das Silvestermahl beendet. Ein großer Kessel, halb voll mit Melasse, simmerte bereits am Feuer, da die abendlichen Vergnügungen mit einem Karamellgießen beendet werden sollten.

Jeder Mann hatte seine Pfeife mit gutem starkem kanadischen Tabak gestopft, und eine dicke Rauchwolke verdüsterte das Innere der Hütte. Einige Fichtenäste, die in Abständen ins Feuer geworfen wurden, erzeugten einen rötlichen Glanz, der die groben Gesichter der Männer mit sonderbaren Hell-Dunkel-Schattierungen erleuchtete.

Joe, der Koch, war ein unansehnlicher kleiner Mann, der über seine eigenen körperlichen Mängel lachte und nicht beleidigt war, wenn seine Kameraden ihn deswegen neckten und ihn »den Buckligen« nannten. Er hatte in den letzten vierzig Jahren in den Holzfällerhütten gearbeitet, und seiner Erfahrung kam nur sein Erzähltalent gleich, mit dem er seine Abenteuer darbot, wenn er ein Glas *bonne vieille Jamaique* gekippt hatte.

»Ich habe euch gesagt«, meinte Joe, »dass ich in meiner Jugend ein Galgenstrick war, aber ich habe mich schon vor langer Zeit gebessert und scherze jetzt nicht mehr über religiöse Dinge. Ich gehe jedes Jahr regelmäßig zur Beichte, und was ich euch erzählen werde, fand vor vielen, vielen Jahren statt, als ich *ni Dieu, ni diable* fürchtete. Es war in einer Nacht wie heute, einer Silvesternacht vor vierunddreißig oder fünfunddreißig Jahren. Wir haben mit allen Kameraden rund um das Kaminfeuer gefeiert; und wenn es stimmt, was das französische Sprichwort sagt, dass nämlich ›kleine Rinnsale große Flüsse ergeben‹, dann stimmt es genauso, dass kleine Gläser gewaltige Fässer leeren. Und damals haben die Leute mehr getrunken als heute, und Abende wie dieser endeten gewöhnlich mit einem Boxkampf draußen im Schnee. Der Rum war nicht besser als heute Abend, aber er war *bougrement bon,* also unbändig gut, das kann ich euch versichern. Ich will ganz offen mit euch sein und euch bekennen, dass mir gegen elf Uhr schon der Kopf schwirrte und ich mich auf meine Büffelhaut legte, um mir die Wartezeit bis zum Silvestersprung vom alten ins neue Jahr, den wir immer über ein

Fass Pökelfleisch machen, mit einem Nickerchen zu vertreiben. Heute Nacht werden wir den Sprung auch machen, bevor wir die benachbarten Lager aufsuchen, um denen dort ein gutes neues Jahr zu wünschen.«

II

»Ich hatte schon eine Weile geschlafen, als ich von einem Vorarbeiter, Baptiste Durand, grob geweckt wurde, der zu mir sagte: ›Joe, es ist Mitternacht vorbei, du hast den Silvestersprung verpasst. Die Kameraden sind schon zu den anderen Lagern gegangen und ich werde nach Lavaltrie aufbrechen, um meine Liebste zu besuchen. Magst du mitkommen?‹

›Nach Lavaltrie‹, erwiderte ich, ›bist du verrückt? Wir sind fünfhundert Kilometer von dort entfernt, und die Strecke durch die Wälder lässt sich nicht mal in zwei Monaten zurücklegen, wenn keine Straßen durch den Schnee gebahnt sind. Und was ist mit unserer Arbeit übermorgen?‹

›Schwachkopf! Verstehst du mich nicht? Wir werden in unserem Rindenkanu reisen und morgen früh um sechs Uhr alle vor dem Frühstück wieder hier sein.‹

Da begriff ich. Baptiste Durand schlug mir vor, ich sollte mich ihm anschließen und *la chasse-galerie* fahren, mein Seelenheil für den Spaß riskieren, meiner *blonde* in Lavaltrie einen Neujahrskuss zu geben. Das war mir ein bisschen zu viel. Es stimmte, dass ich ein schlechter Kerl war, dass ich meine Religion nicht ausübte und hin und wieder einen über den Durst kippte; doch zwischen dem und der Tatsache, meine Seele *le diable* zu verkaufen, war noch ein Riesenunterschied, und so sagte ich: ›*Non, Sire!* Kommt nicht in Frage!‹

›Ach, du bist ja ein richtiges altes Waschweib‹, antwortete Baptiste höhnisch. ›Es besteht überhaupt keine Gefahr. Wir können es in sechs Stunden bis nach Lavaltrie und zurück schaffen. Weißt du nicht, dass wir mit *la chasse-galerie* hundertfünfzig Meilen in der Stunde reisen können, wenn jemand die Paddel so gut handhaben kann wie wir alle? Wichtig ist nur, dass wir während der Reise nicht *le nom du bon Dieu* erwähnen dürfen und darauf achten müssen, nicht die Kreuze auf den Kirchtürmen zu berühren. Das ist doch einfach, und damit alles glatt geht, muss ein Mann nur darauf schauen, wohin er tritt, daran denken, was er sagt, und unterwegs keinen Tropfen Alkohol anrühren. Ich habe die Reise fünfmal gemacht und *le diable* hat mich noch nicht erwischt. Komm schon, *mon vieux,* nimm deinen Mut zusammen, dann sind wir in zwei Stunden in Lavaltrie. Denk an Liza Guimbette und das Vergnügen, das du haben wirst, wenn du ihr den Neujahrskuss gibst. Wir sind bereits zu siebt, doch wir müssen zwei, vier, sechs oder acht sein, um die Mannschaft für das Kanu zusammenzubringen.‹

›Ja, das ist alles schön und gut, aber wir müssen einen Pakt mit *le diable* schließen, und der gehört nicht zu der Sorte von Leuten, mit denen ich einen Handel abschließen möchte.‹

›Eine simple Formalität, wenn wir Acht geben, wohin wir gehen, und nicht trinken. Wir sind doch keine Kinder mehr, *pardieu!* Komm schon! Die Kameraden warten draußen und das Kanu steht schon auf der Lichtung. Komm, komm!‹

Schon wurde ich aus der Hütte geführt und sah die sechs Männer mit dem Paddel in der Hand warten. Das große Kanu lag auf einer Schneewehe, und bevor ich Zeit hatte, es mir noch einmal zu überlegen, saß ich im Bug und wartete auf das Startsignal. Ich muss zugeben, dass mein Verstand etwas getrübt war, aber Baptiste Durand, der ein hartgesottener Kerl war – denn es hieß, dass er seit sieben Jahren nicht mehr zur Beichte gegangen war –, ließ mir keine Zeit zum Nachdenken. Er stand im Heck und rief mit dröhnender Stimme:

›Seid ihr bereit?‹

›Bereit.‹

›Sprecht mir nach.‹

Und wir wiederholten gemeinsam:

›Satan! König der infernalischen Regionen, wir versprechen, dir unsere Seelen zu verkaufen, wenn wir während der folgenden sechs Stunden *le nom du bon Dieu,* deines und unseres Meisters, erwähnen oder auf der Reise ein Kreuz berühren. Unter dieser Bedingung wirst du uns durch die Luft befördern, wo immer wir hin wollen, und uns heil und wohlbehalten zur Hütte zurückbringen. *Acabris, Acabras, Acabram!* Führ uns sicher über die Berge!‹«

III

»Die letzten Worte waren kaum verklungen, da spürten wir schon, wie das Kanu sich bis auf eine Höhe von zweihundert Metern in die Luft erhob. Ich fühlte mich leicht wie eine Feder. Und auf Baptistes Kommando begannen wir wie die Hexenmeister, die wir waren, zu paddeln. Beim ersten Paddelschlag schoss das Kanu wie ein Pfeil nach vorn und wir flogen unter den schützenden Fittichen von *le diable* persönlich davon. Es raubte mir fast den Atem, und ich konnte den Bug des Kanus durch die frische Nachtluft zischen hören.

Wir waren schneller als der Wind, und während der ersten Viertelstunde segelten wir über den Wald, ohne etwas anderes als die dunklen Wipfel der großen Fichten zu erkennen. Es war eine herrliche Nacht und ein Vollmond erleuchtete den Himmel so hell wie die Mittagssonne. Es war allerdings fürchterlich kalt und unsere Schnauzbärte waren vereist, während unsere Körper schweißgebadet waren. Wir paddelten wie Dämonen, die in der Unterwelt schuften müssen. Bald erkannten wir ein helles, glitzerndes Band aus reinem Eis, das wie ein Spiegel leuchtete. Das war der Gatineau, und dann die Lichter in den Farmen, die am Silvesterabend fast alle noch an waren. Wir glitten an den blechverkleideten Kirchtürmen so schnell vorbei wie in einem Eisenbahnzug an Telegrafenmasten, und die Spitzen glänzten in der Luft wie die Bajonette der Soldaten, die auf dem Marsfeld in Montreal exerzierten. Wir rauschten weiter wie alle *diables,* passierten Wälder, Flüsse, Städte und Dörfer und ließen eine Funkenspur hinter uns. Es war Baptiste Durand, der Besessene, der das Kanu steuerte, weil er den Weg kannte, und bald kamen wir an den Ottawa River, dem wir bis zum Lac des Deux Montagnes folgten!

›Schaut mal dort‹, sagte Baptiste, ›wir werden knapp über Montreal fliegen und einige der Kerle erschrecken, die um diese Nachtstunde noch draußen sind. Joe, mein Junge, schmier deine Gurgel und mach dich bereit, dein bestes Kanulied zu singen: 'Canot d'écorce'.‹

Die abenteuerliche Reise hatte mich tollkühn gemacht und ich war zu allem bereit. Wir konnten bereits die Lichter der Großstadt sehen und mit einem geschickten Paddelschlag brachte Baptiste uns auf eine Ebene mit den Turmspitzen von Notre-Dame herunter. Ich räusperte mich und begann, gefolgt von meinen Kameraden, das alte Lied vom 'Canot d'écorce', dem Rindenkanu, zu singen: *›Mon père n'avait fille que moi …‹«*

IV

»Obwohl es schon gut auf zwei Uhr zuging, sahen wir einige Menschengruppen, die mitten auf der Straße stehen blieben, um uns vorbeifliegen zu sehen, aber wir waren so schnell, dass wir im Nu an Montreal und seinen Vororten vorbei waren. Wir näherten uns dem Ende der Reise und begannen die Kirchtürme zu zählen: Longue-Pointe, Pointe-aux-Trembles, Repentigny, St. Sulpice, und schließlich sahen wir die zwei glänzenden Spitzen von Lavaltrie, die aus den dunkelgrünen Fichten des Kirchengeländes leuchteten.

›Schaut einmal dorthin‹, schrie Baptiste, ›wir werden am Waldrand landen, im Feld meines Paten Jean-Jean-Gabriel. Von dort werden wir uns zu Fuß aufmachen und unsere Bekannten bei einem Schmaus oder Tanz in der Nachbarschaft überraschen.‹

Wir folgten seinen Anweisungen und fünf Minuten später lag unser Kanu auf einer Schneebank am Rand des Waldes von Jean-Jean-Gabriel. Wir formierten uns im Gänsemarsch, um ins Dorf zu gehen. Das war keine leichte Sache, weil der Schnee uns bis an die Hüften reichte und nicht die geringste Spur einer Straße da war. Baptiste, der Wagemutigste in der Gruppe, klopfte an die Haustür seines Paten, wo wir Licht sehen konnten, aber es war bloß ein Bediensteter da, der uns sagte, dass die älteren Leute zu einem *snaque* zum Haus des alten Robillard gegangen seien und dass die jungen Leute aus dem Ort – Jungs und Mädels – auf der anderen Seite des Sankt Lorenz bei Batissette Augé in der ›Petite Misère‹ unterhalb Contrecœur waren, wo es einen Neujahrsschwof gab.

›Gehen wir zum Tanz bei Batissette Augé‹, sagte Baptiste, ›dort finden wir sicher unsere Liebsten.‹

›Gehen wir zu Batissette Augé.‹

Und wir kehrten zu unserem Kanu zurück, während wir einander noch einmal vor der großen Gefahr warnten, die uns drohte, wenn wir bestimmte Wörter aussprachen, irgendetwas in Form eines Kreuzes berührten und vor allem irgendeine Art von Alkohol tranken. Wir hatten nur noch vier Stunden vor uns und mussten vor sechs Uhr morgens zur Hütte zurückkehren, wenn wir den Klauen des Leibhaftigen entkommen wollten, mit dem wir so einen verzweifelten Pakt geschlossen hatten. Und wir alle wussten, dass er nicht zu den Zeitgenossen gehörte, die uns ungeschoren davonkommen ließen, falls wir uns verspäteten.

›*Acabris, Acabras, Acabram!* Führ uns sicher über die Berge!‹, brüllte Baptiste wiederum.

Und wieder brausten wir los, paddelten durch die Luft wie die Gottlosen, die wir alle ohne Ausnahme waren. Wir überquerten den Strom in weniger Zeit, als es braucht, davon zu berichten, und landeten auf einer Schneebank nah bei Batissette Augés Haus, wo wir schon das Lachen der Tanzenden hören und ihre Schatten durch die hell erleuchteten Fenster sehen konnten.

Wir zogen unser Kanu zum Ufer, um es unter den von der Eisdrift gebildeten Überhängen zu verstecken.

›Nun‹, sagte Baptiste als letzte Warnung, ›keinen Unsinn! Habt ihr gehört? Tanzt so viel ihr wollt, aber kein einziges Glas Rum oder Whisky. Und beim ersten Zeichen folgt ihr mir hinaus, ohne großes Aufsehen zu erregen. Wir können nicht vorsichtig genug sein!‹

Und dann zogen wir los und klopften an die Tür.«

V

»Der alte Batissette kam persönlich an die Tür und wir wurden von den Gästen, die uns alle kannten, mit offenen Armen empfangen.

›Wo kommt ihr denn her?‹

›Ich dachte, ihr wärt in den Lagern oben am Gatineau?‹

›Warum kommt ihr so spät?‹

›Nur hinein ins Vergnügen.‹

Baptiste kam uns zu Hilfe, indem er sagte: ›Lasst uns zualererst unsere Mäntel ausziehen und gebt uns Gelegenheit zu einem Tanz. Deshalb sind wir hier, und wenn ihr am Morgen immer noch neugierig seid, werde ich alle eure Fragen beantworten.‹

Ich für meinen Teil hatte bereits Liza Guimbette erspäht, die mit dem kleinen Boisjoli aus Lanoraie schwatzte. Ich machte meine Reverenz, wie es sich gehört, und bat sie gleich um die Gunst des nächsten Tanzes, der ein Reel für vier Hände war. Sie nahm mit einem Lächeln an, worauf ich sofort vergaß, mein Seelenheil für das Vergnügen aufs Spiel gesetzt zu haben, ihre weiche weiße Hand in meiner zu drücken und als ihr Partner die Figuren zu setzen. Zwei Stunden lang wurde unaufhörlich getanzt, und das eine muss ich sagen, wir Holzfäller glänzten bei dem Tanz, der die Bauerntölpel vor dem Morgen schon ermüdete. Ich war so mit meiner Partnerin beschäftigt, dass mir zuerst gar nicht auffiel, wie

Baptiste mit einigen anderen Jungs ziemlich oft das Buffet aufsuchte, doch einmal erspähte ich ihn dabei, wie er den Ellbogen auf eine ganz schön verdächtige Art hob. Doch ich hatte keine Ahnung, dass der Kerl sich betrinken würde, nach all den Ermahnungen, die er uns unterwegs gegeben hatte. Als es vier Uhr schlug, stahlen sich alle Mitglieder unserer Mannschaft allmählich aus dem Haus, ohne groß aufzufallen, doch Baptiste musste ich zerren, bevor er zustimmte mitzugehen. Schließlich waren wir alle draußen, hatten nur zwei Stunden vor uns, um das Lager zu erreichen, aber fünfhundert Kilometer in unserem Kanu unter dem Schutz von Beelzebub zurückzulegen. Wir hatten den Tanz wie die wilden Indianer verlassen, ohne uns von jemandem zu verabschieden, nicht einmal von Liza Guimbette, die ich zum nächsten Kotillon aufgefordert hatte. Es will mir nicht aus dem Kopf gehen, dass sie mir deswegen grollte, denn als ich im nächsten Sommer heimkam, war sie Madame Boisjoli.

Wir fanden unser Kanu gleich wieder unter den Überhängen, aber ich muss euch kaum erzählen, wie verstimmt wir waren, als wir herausfanden, dass Baptiste Durand getrunken hatte. Er sollte das Boot steuern und wir hatten keine Zeit, die Hirngespinste eines Betrunkenen über uns ergehen zu lassen. Der Mond war nicht ganz so hell wie bei unserem Aufbruch vom Lager, und so nahm ich nicht ohne böse Ahnungen meinen Platz im Bug des Kanus ein, war aber fest entschlossen, meine Augen für mögliche Unfälle gut offen zu halten. Bevor wir aufbrachen, sagte ich zu Baptiste:

›Pass auf, Baptiste, alter Lump! Steuer direkt auf den Berg von Montreal zu, sobald du etwas von ihm erspähst.‹

›Ich weiß, was ich zu tun habe‹, antwortete Baptiste scharf, ›und kümmer du dich um deine Angelegenheiten.‹

Was sollte ich tun? Und bevor ich Zeit zu weiteren Überlegungen hatte: ›*Acabris, Acabras, Acabram!* Führ uns sicher über die Berge!«

VI

»Und auf ging's wieder wie der Blitz, während wir nach Südwesten steuerten, wenn wir die ungestüme Art, in der Baptiste unser Gefährt handhabte, überhaupt Steuern nennen konnten. Wir kamen dem Turm der Kirche von Contrecœur gefährlich nahe, doch statt nach Westen zu drehen, ließ uns Baptiste einen Bogen auf den Richelieu River zu machen. Ein paar Minuten später glitten wir knapp über den Belœil Mountain und kamen bis auf ein paar Meter dem großen Kreuz nahe, das der Bischof von Quebec vor einigen Jahren dort während eines Enthaltsamkeitspicknicks aufgepflanzt hatte, das die Geistlichen seiner Diözese abgehalten hatten.

›Nach rechts, Baptiste! Steuer nach rechts, sonst wirst du uns alle zu *le diable* schicken, wenn du so weitermachst!‹

Baptiste drehte instinktiv nach rechts und wir steuerten direkt auf den Berg von Montreal zu, den wir in der Ferne anhand der trüben Lichter der Stadt erkennen konnten. Ich muss sagen, dass ich es allmählich mit der Angst zu tun bekam, denn wenn Baptiste weiter so wie bisher steuerte, würden wir den Gatineau niemals lebend erreichen, und *le diable,* nahm ich an, schmatzte womöglich schon mit den Lippen bei der bloßen Vorstellung, ein Neujahrsunglück bei uns anzurichten. Und ich kann euch berichten, dass die Katastrophe nicht lange auf sich warten ließ. Während wir die Stadt überflogen, stieß Baptiste einen Schrei aus, schwenkte sein Paddel über den Kopf und ließ uns mit dieser unverhofften Drehung in eine Schneewehe auf einer Lichtung am Berghang purzeln. Zum Glück war der Schnee weich und keiner von uns wurde verletzt, und auch das Kanu wurde nicht beschädigt. Doch Baptiste stieg aus und verkündete im Brustton tiefster Überzeugung, er würde auf ein Gläschen in die Stadt hinuntergehen. Wir versuchten, ihm ins Gewissen zu reden, aber unsere Bemühungen erwiesen sich als fruchtlos, wie es bei Betrunkenen allgemein der Fall ist. Er wollte hinuntergehen, selbst wenn *le diable* ihn persönlich auf dem Weg schnappen sollte. Ich hielt eine kurze Besprechung mit meinen Kameraden ab, und bevor Baptiste merkte, was wir vorhatten, hatten wir ihn in den Schnee gedrückt, wo wir ihm Hände und Füße fesselten, damit er unsere Manöver nicht mehr beeinträchtigen konnte. Wir legten ihn auf den Boden des Kanus und steckten ihm einen Knebel in den Mund, um ihn daran zu hindern, irgendwelche Wörter auszusprechen, die uns dem Verderben preisgeben würden.

Und ›*Acabris, Acabras, Acabram!*‹ stiegen wir wieder auf und steuerten diesmal direkt auf den Gatineau zu. Ich hatte Baptistes Platz im Heck eingenommen. Wir hatten bloß noch etwas über eine Stunde, um das Lager zu erreichen, und paddelten daher ums liebe Leben und die ewige Errettung. Wir folgten dem Ottawa River bis Pointe-Gatineau und steuerten dann anhand des Polarsterns direkt nach Norden auf unsere Hütte zu. Wir schossen regelrecht durch die Luft und alles lief gut, bis dieser Lump Baptiste es schaffte, sich von den Stricken zu befreien, mit denen wir ihn gefesselt hatten, und den Knebel herauszuziehen. Wir waren so sehr mit dem Paddeln beschäftigt, dass wir das erst mitbekamen, als er mit dem Paddel in der Hand im Kanu stand und wie ein Heide fluchte. Mir war so, als stünde unser Ende bevor, wenn er ein bestimmtes heiliges Wort ausspräche, und es stand außer Frage, ihn in seinem Wüten zu beschwichtigen. Wir hatten nur noch wenige Meilen bis zu unserem Lager und schwebten über dem Fichtenwald. Die Lage war wirklich furchtbar. Baptiste gebrauchte sein Paddel wie einen Knüttel und drehte es wie einen Mühlenflügel, so dass er jederzeit jemandem den Schädel einschlagen konnte. Ich war so aufgebracht, dass ich durch eine falsche Paddelbewegung das Kanu auf gleiche Höhe mit den Fichten brachte, so dass es an den Wipfel eines großen Baums stieß und umgeworfen wurde. Wir fielen alle heraus und purzelten von Ast zu Ast wie von den Tamarack-Lärchen geschossene Rebhühner. Ich weiß nicht mehr, wie lang mein Sturz dauerte, weil ich ohnmächtig wurde, bevor wir den Schnee darunter erreichten, doch meine letzte Erinnerung glich dem Traum eines Menschen, der spürt, wie er in einen Brunnen fällt, ohne je den Boden zu erreichen.«

VII

»Gegen acht Uhr früh wachte ich in meiner Koje in der Kabine auf, wohin uns einige unserer Kameraden gebracht hatten, nachdem sie uns am Fuß einer gigantischen Fichte bis zum Hals in einer nahe liegenden Schneewehe steckend entdeckt hatten. Zum Glück war niemand schwer verletzt, obwohl wir alle mehr oder weniger Prellungen und Kratzer hatten; einige hatten sich sogar blaue Augen auf dem Weg von der Baumspitze herab zugezogen. Wir waren alle dankbar, dass uns nichts Schlimmeres zugestoßen war, und als die Kameraden sagten, sie hätten uns gefunden, wie wir die Nachwirkungen der Vergnügungen der letzten Nacht im Schnee ausschliefen, fiel es keinem von uns ein, etwas Gegenteiliges zu behaupten. Wir waren alle zufrieden, dass unsere Eskapade mit dem Leibhaftigen im Lager unbekannt blieb, und zogen es vor, unsere Kumpel in dem Glauben zu lassen, wir hätten ein Gläschen zu viel gehabt, als ihnen von dem Pakt zu erzählen, den wir geschlossen hatten, um eine vorübergehende Laune zu befriedigen. Was Baptiste nun anbelangt, so besteht kein Zweifel, dass er den letzten Teil der Reise vergessen hatte, doch er spielte nie drauf an und wir folgten seinem Beispiel. Erst viele Jahre später erzählte ich die Geschichte unserer *aventures* so, wie sie in jener denkwürdigen Neujahrsnacht vorgefallen war.

Ich kann nur sagen, Freunde, dass es nicht so erfreulich ist, wie manche Menschen meinen, im tiefsten Winter unter der Führung von Beelzebub, der *la chasse-galerie* antreibt, durch die Luft zu reisen, insbesondere wenn ihr einen Betrunkenen als Steuermann eures Rindenkanus dabeihabt. Beherzigt meinen Rat und hört auf niemanden, der euch für eine solche Reise einzufangen versucht. Wartet bis zum Sommer, bevor ihr eure Liebchen besuchen geht, denn es ist immer noch besser, alle Stromschnellen des Ottawa und des Sankt Lorenz auf einem Floß hinunterzufahren, als in Komplizenschaft mit *le diable* persönlich zu reisen.« Dann kippte Joe, der Koch, eine Kelle kochender Melasse aus dem großen Kessel ins Feuer und verkündete, dass nun alles fürs Karamellengießen bereit sei.

Viertes Kapitel

DAS GLÜCK DER TÜCHTIGEN: ZWEI AMERIKANISCHE ERFOLGSGESCHICHTEN

Truman Capote

Der silberne Krug

Nach der Schule arbeitete ich immer im Walhalla-Drugstore. Er gehörte meinem Onkel, Mr Ed. Marshall. Ich nenne ihn Mr Marshall, weil alle, einschließlich seiner Frau, ihn Mr Marshall nannten. Trotzdem war er ein netter Mensch.

Sein Drugstore war vielleicht ein bisschen altmodisch, aber er war groß und dunkel und kühl: Während der Sommermonate gab es keinen angenehmeren Ort in der ganzen Stadt. Wenn man hineinkam, stand zur Linken der Ladentisch für Tabakwaren und Zeitschriften, hinter dem Mr Marshall gewöhnlich saß: ein untersetzter Mann mit einem viereckigen, geröteten Gesicht und einem gezwirbelten, männlichen weißen Schnurrbart. Dem Ladentisch gegenüber stand die prächtige Sodabar. Sie war sehr alt und aus feinem gelblichem Marmor hergestellt, der sich ganz glatt anfühlte, aber nicht mit billiger Glasur überzogen war. Mr Marshall hatte sie 1910 auf einer Auktion in New Orleans erstanden und war sehr stolz darauf. Wenn man auf einem der hohen, schlanken Hocker saß und über die Bar blickte, konnte man sich verschwommen, wie bei Kerzenlicht, in einer Reihe alter Mahagonispiegel betrachten. Auch die einfache Ware war in Vitrinen untergebracht, hinter Glastüren, die mit Messingschlüsseln verschlossen waren. Diese Vitrinen sahen aus, als enthielten sie kostbare Raritäten. Es lag immer ein Geruch von Sirup, Muskatnuss und anderen köstlichen Dingen in der Luft.

Im Walhalla traf sich die ganze Wachata County, bis ein gewisser McPherson in die Stadt kam und einen zweiten Drugstore eröffnete, auch auf dem Rathausplatz, direkt gegenüber. Dieser Rufus McPherson war ein ganz gemeiner Kerl; er nahm meinem Onkel nämlich die Kundschaft fort. Er richtete sich sehr modern ein, hatte zum Beispiel elektrische Ventilatoren und farbige Glühbirnen; er trug den Vorüberfahrenden die Waren ans Auto und machte gegrillte Käse-Sandwiches auf Bestellung. Wenn auch manche Mr Marshall treu blieben, die meisten konnten Rufus McPherson doch nicht widerstehen.

Eine geraume Zeit versuchte Mr Marshall ihn zu übersehen: Wenn man McPhersons Namen erwähnte, ließ er so etwas wie ein Schnauben vernehmen, zwirbelte seinen Schnurrbart und blickte fort. Aber man sah, dass er wütend war. Und er wurde immer wütender. Eines Tages dann, es war so Mitte Oktober, kam ich ins Walhalla und sah ihn an der Bar sitzen, Domino spielen und mit Hamurabi Wein trinken.

Hamurabi war ein Ägypter und so etwas Ähnliches wie ein Dentist, wenn er auch nicht viel zu tun hatte, denn die Leute haben hier in der Gegend ungewöhnlich gesunde Zähne, die sie einem besonderen Stoff, den das Wasser enthält, zu verdanken haben. Die meiste Zeit lungerte er im Walhalla herum und er war der beste Freund meines Onkels. Er war ein hübsches Mannsbild, dieser Hamurabi, dunkelhäutig und fast zwei Meter groß. Die Mütter unserer Stadt steckten ihre Töchter hinter Schloss und Riegel und machten ihm selber schöne Augen. Er hatte überhaupt keinen fremden Akzent und ich war immer der Überzeugung, dass er so wenig ein Ägypter war wie der Mann im Mond.

Jedenfalls tranken sie da nun in großen Zügen roten italienischen Wein aus einem Vierliterkrug. Es war ein betrüblicher Anblick, denn Mr Marshall war weit und breit als Antialkoholiker bekannt. So war natürlich mein erster Gedanke: O Himmel, Rufus McPherson hat es also doch geschafft. Das war aber gar nicht der Fall.

»Komm her, mein Sohn«, sagte Mr Marshall, »und trink ein Glas Wein mit uns.«

»Ja«, sagte Hamurabi, »du musst uns helfen ihn leer zu machen. Er ist aus dem Laden, wir können ihn nicht verkommen lassen.«

Viel später, als der Krug geleert war, nahm Mr Marshall

ihn auf und sagte: »Na, wir werden ja sehn!« Und damit verschwand er in den Nachmittag.

»Wo will er denn hin?«, fragte ich.

»Tja«, war alles, was Hamurabi antwortete. Es machte ihm Spaß, mich zu foppen.

Eine halbe Stunde verstrich, ehe mein Onkel wiederkam. Er ging ganz krumm und stöhnte unter der Last, die er trug. Er stellte den Krug auf die Bar, trat zurück und rieb sich lächelnd die Hände. »Nun, was haltet ihr davon?«

»Hm«, schnurrte Hamurabi.

»Oje …«, sagte ich.

Es war derselbe Weinkrug, bei Gott, aber er hatte sich inzwischen wunderbar verändert; denn er war jetzt bis zum Rand mit Fünf- und Zehncentstücken voll gepfropft, die matt durch das dicke Glas schimmerten.

»Hübsch, was?«, sagte mein Onkel. »In der First National habe ich das machen lassen. Größere Stücke als Fünfer gingen nicht rein. Aber es ist trotzdem 'ne Menge Geld drin, das kann ich euch sagen.«

»Aber was soll das, Mr Marshall?«, sagte ich. »Ich meine, was hat das für einen Sinn?«

Mr Marshalls Lächeln ging in ein Grinsen über. »Das hier ist ein Krug voll Silber, man könnte sagen …«

»Das Schüsselchen am Ende des Regenbogens«, unterbrach Hamurabi.

»… und der Sinn, wie du es nennst, ist der, dass die Leute raten sollen, wie viel Geld da drin ist. Sagen wir zum Beispiel, du kaufst etwas für fünfundzwanzig Cents – gut, damit erwirbst du dir die Chance zu raten. Je mehr du kaufst, desto öfter darfst du raten. Und ich werde bis zum Heiligen Abend alle Zahlen in mein Hauptbuch eintragen. An diesem Tag aber bekommt derjenige, der der richtigen Summe am nächsten gekommen ist, den ganzen Ramsch.«

Hamurabi nickte feierlich. »Er spielt den Weihnachtsmann – einen ganz schön gerissenen Weihnachtsmann«, sagte er. »Ich geh jetzt nach Haus und schreib ein Buch: Der raffinierte Mord an Rufus McPherson.« Um die Wahrheit zu sagen, er schrieb wirklich manchmal Geschichten und schickte sie an verschiedene Magazine. Aber sie kamen immer wieder zurück.

Es war überraschend und kam einem Wunder gleich, wie die Wachata County den Krug aufnahm. Seit den Tagen des Bahnvorstehers Tully, der armen Seele, hatte das Walhalla kein solches Geschäft mehr gemacht. Tully war damals plötzlich verrückt geworden und hatte überall verbreitet, er habe hinter dem Bahnhof Öl entdeckt, was zur Folge hatte, dass die Stadt von wilden Ölsuchern überschwemmt wurde. Sogar die größten Trunkenbolde, die nie einen Cent für etwas anderes ausgaben als für Whisky oder Weiber, hielten jetzt ihr Geld zusammen und legten es in Milchmischgetränken an. Ein paar ältliche Damen missbilligten zwar öffentlich Mr Marshalls Unternehmen als eine Art von Glücksspiel, aber sie machten uns weiter keine Scherereien, und einige kamen uns sogar gelegentlich besuchen und wagten mitzuraten. Die Schulkinder waren ganz besessen von der Sache, und ich wurde bei ihnen sehr beliebt, weil sie dachten, ich wüsste die richtige Antwort.

»Ich will dir sagen, warum das alles so ist«, sagte Hamurabi und zündete sich eine der ägyptischen Zigaretten an, die er sich von einer New Yorker Firma mit der Post schicken ließ. »Es ist nämlich nicht das, was man zunächst annehmen könnte; mit anderen Worten, es ist nicht Habgier. Nein, es ist das Geheimnis, das einen solchen Zauber verbreitet. Man braucht sich ja bloß mal diese Fünf- und Zehncentstücke anzuschaun. Was denkt man dabei: Ah, *so* viel! Nein, nein. Man denkt: Ah, *wie* viel? Und das ist in der Tat eine tiefgründige Frage. Für jeden bekommt sie eine andere Bedeutung. Verstehst du?«

Und Rufus McPherson war vielleicht empört! Wenn man ein Geschäft hat, rechnet man um die Weihnachtszeit mit einem großen Teil seines jährlichen Verdienstes, und gerade jetzt tat er sich schwer einen Kunden zu finden. So versuchte er das mit dem Krug nachzumachen; aber weil er ein solcher Geizhals war, tat er nur Eincentstücke hinein. Er schrieb auch einen Brief an die Redaktion des ›Banners‹, unserer Wochenzeitung, in dem er sagte, dass man Mr Marshall »teeren und federn und aufhängen sollte, weil er kleine unschuldige Kinder in gewiefte Spieler verwandelt und sie auf den Weg zur Hölle führt«! Es lässt sich denken, wie lächerlich er sich machte. Niemand hatte für McPherson etwas anderes übrig als Spott. Und so stand er ab Mitte November etwa nur noch vor seinem Laden auf der Straße und starrte bitterböse auf das fröhliche Treiben jenseits des Platzes.

Um diese Zeit etwa tauchten Appleseed und seine Schwester zum ersten Mal auf. Er war in unserer Stadt nicht bekannt. Wenigstens konnte sich niemand erinnern, ihn je zuvor gesehen zu haben. Er erzählte, dass er eineinhalb Kilometer hinter Indian-Branches auf einer Farm wohne; berichtete, dass seine Mutter nur vierundsiebzig Pfund wiege und dass er noch einen älteren Bruder habe, der auf Hochzeiten für fünfzig Cents Geige spielte. Er behauptete, dass Appleseed der einzige Name sei, den er habe, und dass er zwölf Jahre alt sei. Aber Middy, seine Schwester, sagte er, sei erst acht. Sein Haar war glatt und dunkelblond. Er hatte ein schmales, wettergebräuntes Gesicht mit unruhigen grünen Augen, die einen sehr weisen und erfahrenen Ausdruck hatten. Er war klein und schmächtig und nervös; und er hatte immer dieselben Sachen an: einen roten Pullover, blaue Drillichhosen und ein Paar Stiefel von Männergröße, die bei jedem Schritt schlappten.

Es regnete, als er zum ersten Mal ins Walhalla kam; das Haar klebte an seinem Kopf, als hätte er eine Kappe auf, und seine Stiefel waren vom braunen Lehm der Feldwege dick überkrustet. Middy zottelte hinter ihm her, während er großspurig wie ein Cowboy an die Bar trat, wo ich gerade Gläser wusch.

»Ich hab gehört, ihr habt da Geld in 'ne Flasche gesteckt und wollt die jetzt wegschenken«, sagte er und sah mich dabei ruhig an. »Wo ihr's doch sowieso hergebt, da wär'n wir sehr dankbar, wenn ihr's uns denn geben tätet. Ich heiße Appleseed, das hier is' meine Schwester Middy.«

Middy war ein ganz armselig aussehendes Kind. Sie war ein gutes Stück größer als ihr Bruder und sah auch älter aus: eine richtige Bohnenstange. Sie hatte kurzes, flachsblondes Haar, das aussah wie abgehackt, und ein blasses, erbarmungswürdiges kleines Gesicht. Sie trug ein verschlossenes Baumwollkleidchen, das ihr knapp bis zu den spitzen Knien reichte. Irgendetwas mit ihren Zähnen stimmte nicht und sie suchte es zu verbergen, indem sie den Mund immer fest zusammenpresste wie eine alte Dame.

»Tut mir leid«, sagte ich, »aber da musst du mit Mr Marshall reden.«

Und das tat er natürlich. Ich hörte, wie mein Onkel ihm erklärte, was er tun müsse, um den Krug zu gewinnen. Appleseed hörte aufmerksam zu, nickte dann und wann. Plötzlich kam er zurück, stellte sich vor den Krug, streichelte ihn ganz vorsichtig und sagte: »Is' sich nich' 'n hübsches Ding, Middy?«

Middy sagte: »Kriegen wir sie?«

»Nee. Was man da erst machen muss, du, man muss raten, wie viel Geld drin is'. Und man muss für fünfundzwanzig Cents was kaufen, um erst ma' raten zu können.«

»Ooch, wir haben doch aber gar nich' fünfundzwanzig Cents. Was meinst, wie wir fünfundzwanzig Cents kriegen sollen?«

Appleseed runzelte die Stirn und rieb sich das Kinn. »Das wird noch das Einfachste sein, überlass das man mir. Viel schwieriger ist: Wenn ich 'ne Chance hab, kann ich nich' nur raten … ich muss *wissen*.«

Nun gut, ein paar Tage später sah man sie wieder. Appleseed ließ sich auf einem Barhocker nieder und verlangte ganz ungeniert zwei Glas Wasser, eins für sich und eins für Middy. Das war die Gelegenheit, bei der er uns die Informationen über seine Familie gab: »… dann is' noch Pappa Daddy da, das is' der Pappa von meiner Mamma, das is' 'n Indianer, weil er nämlich nich' gut Englisch sprechen kann. Mein Bruder,

der wo Geige spielt, der is' schon dreimal im Kittchen gewesen … wegen ihm mussten wir weg von Louisiana. Bei 'ner Messerstecherei hat er einen schlimm zugerichtet, wegen 'ner Frau, die war zehn Jahr' älter wie er. Sie hatte blonde Haare.« Middy, die sich im Hintergrund herumdrückte, sagte nervös: »Du musst nich' die ganzen privaten Sachen von unsrer Familie erzähln, Appleseed.«

»Halt 'n Mund, Middy«, sagte er, und sie war still. »Sie is' 'n liebes Ding«, fügte er hinzu, drehte sich um und tätschelte ihren Kopf, »aber sie darf sich nich' alles erlauben. Geh jetzt und schau dir die Bilder in den Zeitschriften an, Liebes, und hör auf, mit den Zähnen so zu machen. Appleseed muss jetzt 'n bisschen überlegen.« Das Überlegen bestand darin, dass er unentwegt den Krug anstarrte, als wolle er ihn mit den Augen verschlingen. Das Kinn in die Hand gestützt, sah er ihn lange Zeit an, ohne ein einziges Mal seine Augenlider zu bewegen. »Eine Dame in Louisiana hat gesagt, dass ich sehn kann, was andre Leute nich' sehn können, weil ich mit 'ner Glückshaube auf die Welt gekommen bin.«

»Ist doch klar, dass du nicht sehn kannst, wie viel da drin ist«, sagte ich zu ihm. »Warum lässt du dir nicht einfach eine Zahl einfallen, vielleicht ist das die richtige.«

»Hoch«, sagte er, »das is' verdammt riskant. Ich … so kann ich das nich' machen. Ich hab mir überlegt, ganz sicher is' die Sache nur, wenn man jeden Fünfer und jeden Zehner zählt.«

»Zählen!«

»Was zählen?«, fragte Hamurabi, der gerade hereingekommen war und sich an die Bar setzte.

»Der Junge da sagt, er will zählen, wie viel in dem Krug drin ist«, erklärte ich.

Hamurabi sah Appleseed interessiert an. »Wie willst du das bewerkstelligen, mein Sohn?«

»Oh, eben zählen«, sagte Appleseed sachlich.

Hamurabi lachte. »Dann musst du schon Röntgenaugen haben, mein Sohn, mehr kann ich dazu nicht sagen.«

»Oh, nein. Die Hauptsache is' nur, dass man mit 'ner

Glückshaube auf die Welt gekommen is'. Eine Dame in Louisiana hat das zu mir gesagt. Das war 'ne Hexe; sie hatte mich gern, und als meine Mamma mich nich' zu ihr geben wollte, hat sie sie verhext, und darum wiegt meine Mamma nur noch vierundsiebzig Pfund.«

»Seh-r in-te-res-sant«, bemerkte Hamurabi nur und sah Appleseed ganz merkwürdig an.

Middy brummelte so durch die Gegend und griff nach einer Ausgabe der ›Filmgeheimnisse‹. Sie zeigte Appleseed ein Foto und sagte: »Is' diese Dame nich' hübsch? Sieh doch nur, Appleseed, siehst du, was die für schöne Zähne hat? Die sind nich' so durcheinander.«

»Mach dir man darum keine Sorgen mehr«, sagte er.

Als sie gegangen waren, bestellte Hamurabi sich eine Flasche Orangeade und trank sie langsam aus, während er eine Zigarette rauchte. »Glaubst du, bei dem Kleinen stimmt da oben alles?«, fragte er plötzlich mit nachdenklicher Stimme.

In den kleinen Städten lässt sich Weihnachten am allerbesten feiern, glaube ich. Die Stimmung breitet sich in ihnen schneller aus, sie verwandeln sich und kommen unter diesem Zauber zu einem völlig neuen Leben. Schon in der ersten Dezemberwoche wurden die Haustüren mit Kränzen geschmückt und in den Schaufenstern sah man schimmernd rote Papierglocken und glitzernden Schnee. Die Kinder wanderten in die Wälder hinaus und kamen mit duftenden Weihnachtsbäumen schwer beladen zurück. Die Frauen fingen an ihre Stollen zu backen, sie machten die Einmachgläser mit dem Mincemeat auf und die Flaschen mit dem Brombeer- und Scuppernong-Wein. Auf dem Rathausplatz wurde ein riesengroßer Baum mit Lametta und elektrischen Kerzen geschmückt, die nach Sonnenuntergang angezündet wurden. Spät am Nachmittag konnte man den Chor der Presbyterianerkirche Weihnachtslieder für das alljährlich stattfindende Krippenspiel üben hören. In der ganzen Stadt standen die Kamelien in voller Blüte.

Der einzige Mensch, der nicht im Geringsten von dieser zu Herzen gehenden Atmosphäre berührt zu sein schien, war Appleseed. Er ging seiner Beschäftigung nach, das Kruggeld zu zählen, und er tat das mit großer und beharrlicher Sorgfalt. Jeden Tag kam er nun ins Walhalla und konzentrierte sich auf den Krug, wobei er finster vor sich hin blickte und murmelte. Anfangs waren wir alle fasziniert, aber allmählich wurde es langweilig, und niemand kümmerte sich mehr um ihn. Er kaufte nie etwas, offensichtlich war es ihm nicht gelungen, die fünfundzwanzig Cents aufzutreiben. Manchmal sprach er mit Hamurabi, der ein zärtliches Interesse an ihm nahm und ihm gelegentlich Bonbons oder für einen Cent Lakritze schenkte.

»Glauben Sie immer noch, dass er 'n bisschen spinnt?«, fragte ich.

»Ich bin mir nicht ganz sicher«, sagte Hamurabi. »Aber du wirst es schon noch erfahren. Er isst nicht genug. Ich werd ihn mal ins Café Regenbogen mitnehmen und ihm einen Teller Gulasch bestellen.«

»Fünfundzwanzig Cents wären ihm wahrscheinlich lieber.«

»Nein. Er braucht eine ordentliche Portion Gulasch. Außerdem wäre es für ihn besser, wenn er nie zum Raten käme. Ein so nervöses, so ungewöhnliches Kind, ich möchte nicht dafür verantwortlich sein, wenn er verliert. Sag doch selbst, es wär' schrecklich.«

Ich will zugeben, dass Appleseed mir zu der Zeit nicht ganz richtig vorkam. Mr Marshall hatte Mitleid mit ihm. Die Kinder versuchten ihn zu necken, gaben es aber bald auf, weil er sich einfach nicht um sie kümmerte. Den ganzen Tag sah man ihn nur an der Bar sitzen, mit gerunzelter Stirn, die Augen unentwegt auf den Krug gerichtet. Und er war so abwesend, dass man manchmal das schrecklich unheimliche Gefühl hatte, er existiere vielleicht gar nicht. Und wenn man schon beinah wirklich davon überzeugt war, wachte er auf und sagte so etwas Ähnliches wie: »Weißt, hoffentlich is' 'n

Buffalo-Fünfer drin, von 1913. So 'n Junge hat mir gesagt, wo man für 'nen Buffalo-Fünfer von 1913 fünfzig Dollars kriegt.« Oder: »Middy soll 'ne berühmte Dame beim Film werden. Die verdienen 'ne Menge Geld, die Damen, die beim Film mitmachen. Dann essen wir aber keinen Grünkohl mehr, solang wir leben. Nur Middy sagt, sie kann nich' zum Film, wenn sie keine schönen Zähne hat.«

Middy kam nicht immer mit ihrem Bruder mit. An den Tagen, an denen sie nicht dabei war, schien er nicht er selbst zu sein; er war dann scheu und ging bald wieder.

Hamurabi hielt sein Versprechen und lud ihn zu einem Gulasch ins Café ein. »Mr Hamurabi is' nett, doch, doch«, sagte Appleseed hinterher, »aber er hat so komische Ansichten: Er is' der Meinung, dass er König wär' oder so was Ähnliches, wenn er an einem Ort leben würde, der Ägypten heißt.«

Und Hamurabi sagte: »Dieses Kind hat ein rührendes Vertrauen. Es ist schön, wenn man das so sieht. Aber ich fange an die ganze Sache zu verabscheuen.« Und er zeigte zum Krug hinüber. »Eine derartige Hoffnung in einem Menschen zu erwecken ist grausam und es tut mir verdammt leid, dass ich anfangs mitgemacht habe.«

Im Walhalla vertrieb man sich am liebsten die Zeit damit, zu überlegen, was man kaufen würde, wenn man den Krug bekäme. Unter denen, die dabei mitmachten, waren: Salomon Katz, Phoebe Johnes, Carl Kuhnhardt, Pully Simmons, Eddie Foxcroft, Marvin Finkle, Trudy Edwards und ein Neger namens Erskine Washington. Ein paar ihrer Wünsche waren: eine Reise nach Birmingham, um sich dort Dauerwellen machen zu lassen, ein gebrauchtes Klavier, ein Shetland-Pony, ein goldenes Armband, eine vollständige Ausgabe von Rover-Boys-Büchern und eine Lebensversicherung.

Einmal fragte Mr Marshall, was Appleseed sich denn wünsche. »Das is' 'n Geheimnis«, war die Antwort, und kein noch so dringendes Bitten konnte ihn dazu bringen, es zu verraten. Aber wir waren davon überzeugt, dass es ein ganz brennender Wunsch sein musste, was es auch immer sein mochte.

Richtig Winter wird es bei uns in der Regel erst Ende Januar, und dann ist er auch noch ziemlich mild und dauert nicht lange.

Aber in dem Jahr, von dem ich schreibe, waren wir schon in der Woche vor Weihnachten mit einem ungewöhnlichen Kälteeinbruch gesegnet. Mancher redet heute noch davon, denn es war ganz schrecklich: Die Wasserleitungen froren ein; viele Leute mussten, in ihre Decken gehüllt, den ganzen Tag im Bett bleiben, weil sie es versäumt hatten, genug Holz für den Kamin zu besorgen; der Himmel verwandelte sich in jenes seltsam trübe Grau, das er kurz vor einem Gewitter zeigt, und die Sonne war so blass wie der abnehmende Mond. Ein scharfer Wind blies. Er fegte die alten, vertrockneten Blätter des vergangenen Herbstes auf den vereisten Boden und der Tannenbaum auf dem Rathausplatz wurde zweimal seines ganzen Weihnachtsschmuckes beraubt. Wenn man atmete, entstanden Rauchschwaden. Unten bei der Seidenspinnerei, wo die Ärmsten der Armen wohnten, drängten sich die Familien abends in der Dunkelheit zusammen und erzählten sich Geschichten, um sich von der Kälte abzulenken. Draußen auf dem Land bedeckten die Farmer ihre empfindlichen Pflanzen mit Hanfsäcken und beteten; manche nutzten das Wetter aus, schlachteten ihre Schweine und brachten frische Wurst in die Stadt. Mr R. C. Judkins, der Trunkenbold der Stadt, staffierte sich mit einem roten Rupfengewand aus und spielte den Weihnachtsmann in dem Geschäft, in dem es nur Sachen für fünf und zehn Cents zu kaufen gibt. Mr R. C. Judkins war Vater einer großen Familie, und alle waren glücklich, ihn einmal so nüchtern zu erleben, dass er in der Lage war einen Dollar zu verdienen. Auf einer der Feiern, die die Kirche jetzt veranstaltete, standen sich Mr Marshall und Rufus McPherson plötzlich von Angesicht zu Angesicht gegenüber: Bittere Worte wurden gewechselt, aber es kam zu keiner Schlägerei.

Wie schon erwähnt, lebte Appleseed auf einer Farm, eineinhalb Kilometer hinter Indian-Branches, also annähernd fünf Kilometer von unserer Stadt entfernt; ein riesig langer und einsamer Weg. Aber trotz der Kälte kam er jeden Tag ins Walhalla und blieb bis Ladenschluss, das bedeutete, da die Tage nun kürzer waren, bis nach Einbruch der Dunkelheit. Gelegentlich konnte er den halben Weg mit dem Vorarbeiter von der Seidenspinnerei mitfahren, aber das kam nicht oft vor. Er sah müde aus und bekam tiefe Falten um den Mund. Er fror dauernd und bibberte furchtbar vor Kälte. Ich glaube nicht, dass er irgendetwas Warmes unter seinem roten Pullover und seinen blauen Drillichhosen anhatte.

Es war drei Tage vor Weihnachten, als er plötzlich aus heiterem Himmel verkündete: »Nun, ich bin fertig. Ich meine, ich weiß jetzt, wie viel in der Flasche drin is'.« Er brachte das mit einer solch ernsthaften, feierlichen Sicherheit heraus, dass es schwer fiel, daran zu zweifeln.

»Jetzt hör aber mal auf, mein Sohn«, sagte Hamurabi, der auch gerade da war. »Das kannst du gar nicht wissen. Es ist falsch, sich das einzubilden; du bist drauf und dran, dir nur weh zu tun.«

»Sie brauchen mir keine Predigt zu halten, Mr Hamurabi. Ich weiß schon, was ich tu. 'ne Dame in Louisiana hat zu mir gesagt …«

»Ja, ja, ja – aber du solltest das vergessen. Wenn ich du wäre, würde ich jetzt schön nach Hause gehn und dort auch bleiben und diesen gottverdammten Krug vergessen.«

»Mein Bruder geht heute Abend rüber nach Cherokee City, auf 'ne Hochzeit, er soll dort wieder spielen und er wird mir dann die fünfundzwanzig Cents geben«, sagte Appleseed halsstarrig. »Morgen werd ich mein Glück versuchen.«

Am nächsten Tag war ich daher einigermaßen aufgeregt, als Appleseed und Middy ankamen. Er hatte wirklich seine fünfundzwanzig Cents: Zur Sicherheit waren sie in den Zipfel eines roten Taschentuches eingebunden.

Die beiden wanderten Hand in Hand an den Auslagen entlang und beratschlagten flüsternd, was sie sich kaufen sollten. Schließlich entschieden sie sich für ein fingerhutgroßes Fläschchen Gardenia-Cologne, das Middy sofort aufmachte und sich zur Hälfte aufs Haar goss. »Es riecht wie … oh, liebe Mutter Gottes, ich hab noch nie so was Süßes gerochen. Komm, Appleseed, Liebling, lass mich auch was auf dein Haar spritzen.« Aber er ließ es nicht zu.

Mr Marshall suchte sein Hauptbuch heraus, das alle Zahlen enthielt, während Appleseed zur Bar schlenderte; er legte beide Hände um den Krug und streichelte ihn sanft. Seine Augen leuchteten und seine Wangen glühten vor Erregung. Ein paar Leute, die im Augenblick gerade im Drugstore waren, drängten sich näher heran. Middy stand im Hintergrund, kratzte sich seelenruhig am Bein und roch an dem Cologne. Hamurabi war nicht da.

Mr Marshall leckte an seiner Bleistiftspitze und lächelte.

»O. k., mein Sohn, was soll ich nun schreiben?«

Appleseed holte tief Luft. »Siebenundsiebzig Dollar und fünfunddreißig Cents«, platzte er heraus.

Mit dem Nennen einer so ungeraden Zahl bewies er Originalität, weil im Großen und Ganzen nur runde Ziffern geraten worden waren. Mr Marshall wiederholte feierlich den Betrag, während er ihn niederschrieb.

»Wann erfahr ich, ob ich gewonnen hab?«

»Am Heiligen Abend«, sagte irgendjemand.

»Das is' morgen, wie?«

»Ja, so ist es«, sagte Mr Marshall ohne jegliche Überraschung. »Komm um vier Uhr.«

Während der Nacht sank das Thermometer noch tiefer und gegen Morgen gab es einen jener heftigen sommergleichen Regengüsse, so dass der nächste Tag heiter und frostig war. In der Stadt sah es aus wie auf einer Ansichtskarte aus dem Norden, mit weißen glitzernden Eiszapfen an den Bäumen und Eisblumen auf allen Fensterscheiben. Mr R. C. Judkins stand in aller Frühe auf, stampfte ohne ersichtlichen Grund durch die Straßen und läutete mit einer Tischglocke; ab und zu blieb er stehen, um einen Schluck Whisky aus einer kleinen Flasche zu nehmen, die er in seiner hinteren Tasche verborgen hielt. Da der Tag windstill war, stieg aus vielen Schornsteinen der Rauch gemächlich und geradewegs zum klaren, frostigen Himmel auf. Ein bisschen später war der Presbyterianische Chor schon in vollem Schwung; und die Kinder (sie trugen Schrecken erregende Masken wie am Abend vor Allerheiligen) jagten einander rund um den Platz und machten einen ohrenbetäubenden Lärm.

Hamurabi kam gegen Mittag, um uns beim Ausschmücken von Walhalla behilflich zu sei. Er brachte eine große Tüte mit Mandarinen mit, die wir zusammen alle aufaßen; die Schalen warfen wir in den neuen dickbauchigen Ofen (ein Geschenk Mr Marshalls an sich selbst), der in der Mitte des Ladens stand. Dann nahm mein Onkel den Krug von der Bar, polierte ihn blank und stellte ihn auf einen Tisch, von dem aus man ihn gut sehen konnte. Danach war er für uns überhaupt keine Hilfe mehr, denn er hockte auf einem Stuhl und verbrachte die ganze Zeit damit, eine zerknitterte grüne Schleife um den Krug zu binden und sie wieder abzunehmen. So mussten Hamurabi und ich das Übrige allein machen: Wir fegten den Boden, rieben die Spiegel blank, staubten die Vitrinen ab und zogen rote und grüne Bänder aus Krepppapier von einer Wand zur andern. Als wir fertig waren, sah alles sehr hübsch und elegant aus.

Aber Hamurabi sah trübselig auf unser Werk und sagte: »Nun, ich denke, ich mach jetzt, dass ich fortkomme.«

»Du willst nicht bleiben?«, fragte Mr Marshall betroffen.

»Oh, nein, nein«, sagte Hamurabi und schüttelte langsam seinen Kopf. »Ich will nicht das Gesicht dieses Kindes sehen. Heut ist Weihnachten, und ich hab die Absicht mich zu amüsieren. Und das kann ich nicht, nicht, wenn ich mir das aufs Gewissen lade. Teufel, ich könnt nicht mal schlafen.«

»Mach, was du willst«, sagte Mr Marshall. Und er zuckte

die Achseln, aber man konnte sehen, dass er sich verletzt fühlte. »So ist das Leben eben – und außerdem, wer weiß denn, ob er nicht gewinnt?«

Hamurabi seufzte schwermütig. »Was hat er geraten?«

»Siebenundsiebzig Dollar und fünfunddreißig Cents«, sagte ich.

»Gebt doch zu, das ist doch hirngespinstig«, sagte Hamurabi. Er ließ sich neben Mr Marshall auf einen Stuhl fallen, schlug die Beine übereinander und zündete sich eine Zigarette an. »Wenn du Baby Ruth da hast, möcht ich gern eins, ich hab 'nen ganz bitteren Geschmack im Mund.«

Der Nachmittag schlich dahin und wir saßen alle drei um den Tisch herum und fühlten uns schrecklich elend. Es wurde kaum ein Wort gesprochen, und als die Kinder nun den Platz verlassen hatten, hörte man nur noch die Uhr vom Rathausturm die Stunden schlagen. Das Walhalla war geschlossen, aber ständig gingen Leute vorbei und schauten verstohlen ins Fenster. Um drei Uhr sagte Mr Marshall mir, ich solle die Tür aufschließen.

Innerhalb von zwanzig Minuten war der Raum proppenvoll; alle hatten sie ihre Sonntagskleider an und in der Luft lag ein süßlicher Geruch, denn die meisten der kleinen Mädchen von der Seidenspinnerei hatten sich mit Vanille einparfümiert. Sie drängten sich an den Wänden entlang, setzten sich auf die Bar, quetschten sich hinein, wo immer sie konnten; bald zog sich die Menge bis auf die Straße hinaus. Der Platz war mit Pferdegespannen und Ford-T-Modellen umsäumt, die die Farmer mit ihren Familien in die Stadt gebracht hatten. Es gab viel Gelächter und Schreien und Spaß – ein paar empörte Damen beklagten sich über das Fluchen und rücksichtslose Schieben und Drängen der jungen Burschen, aber niemand ging fort. Am Seiteneingang hatte sich eine ganze Menge Neger zusammengefunden, und sie amüsierten sich am meisten. Jeder versuchte das Beste aus einer guten Sache zu machen. Denn in unserer Gegend ist es für gewöhnlich sehr ruhig: Es geschieht nicht viel. Man kann mit Sicherheit sagen, dass nahezu die ganze Wachata County anwesend war, mit Ausnahme der Kranken natürlich und – Rufus McPhersons. Ich sah mich nach Appleseed um, konnte ihn aber nirgends entdecken. Mr Marshall räusperte sich und klatschte in die Hände, um sich Ruhe zu verschaffen. Als sich der Lärm gelegt hatte und die Atmosphäre genügend gespannt war, erhob er seine Stimme wie ein Auktionator und rief: »Nun hört alle mal her, in diesem Umschlag, den ihr hier in meiner Hand seht« – und er hob ein gelbes Kuvert hoch über seinen Kopf – »hier also steht die Lösung drin, die bis zu diesem Augenblick niemand kennt, außer dem lieben Gott und der First National Bank, ha, ha. Und in dieses Buch« – er hob nun das Hauptbuch mit der anderen Hand hoch – »hab ich alles aufgeschrieben, was ihr geraten habt. Hat noch jemand eine Frage?« Alles war still. »Schön. Wenn wir jetzt noch jemand haben könnten, der freiwillig ...«

Nicht eine lebende Seele rührte sich von der Stelle: Es war, als ob eine entsetzliche Scheu die Menge überfallen hätte, und auch diejenigen, die sonst die größten Angeber waren, scharrten nur verlegen mit den Füßen. Da rief jemand, es war Appleseeds Stimme: »Durchlassen ... Ma'am, gehn Se bitte aus'm Weg.« Als er sich nun nach vorn drängte, trotteten Middy und ein magerer, verschlafen aussehender Bursche hinter ihm her, es war offensichtlich der geigende Bruder. Appleseed hatte dasselbe an wie immer, aber sein Gesicht war sauber geschrubbt und rosig, die Stiefel waren geputzt, und das Haar hatte er mit Pomade glatt zurückgekämmt. »Kommen wir noch zur Zeit?«, keuchte er.

Aber Mr Marshall sagte: »Du willst also unser Freiwilliger sein?«

Appleseed sah ihn verwirrt an, nickte dann aber heftig.

»Hat irgendjemand etwas gegen diesen jungen Mann einzuwenden?«

Immer noch herrschte Totenstille. Mr Marshall übergab Appleseed den Umschlag, der ihn ruhig entgegennahm. Er nagte an seiner Unterlippe und sah ihn erst noch einen Moment an, bevor er ihn aufriss.

In der ganzen Versammlung gab es keinen Laut, außer einem gelegentlichen Husten und dem gedämpften Klingeln von Mr R. C. Judkins' Tischglocke. Hamurabi lehnte an der Bar und starrte zur Decke; Middy stierte mit leerem Blick über die Schulter des Bruders, und als er daranging, den Umschlag aufzureißen, stieß sie einen leisen, ängstlichen Seufzer aus.

Appleseed zog einen rosa Zettel heraus, und während er ihn so vorsichtig hielt, als ob er zerbrechen könnte, murmelte er das, was darauf geschrieben stand, leise vor sich hin. Plötzlich wurde sein Gesicht ganz blass und Tränen glänzten in seinen Augen.

»He, nu red schon, Junge«, brüllte irgendwer.

Hamurabi trat vor und riss ihm beinahe den Zettel aus der Hand. Er räusperte sich und fing an zu lesen, während sich sein Gesicht ganz komisch veränderte. »Heilige Mutter Gottes …«, sagte er.

»Lauter, lauter«, forderte man ärgerlich im Chor.

»Betrügerbande!«, brüllte Mr R. C. Judkins, der um diese Zeit schon wieder einen in der Krone hatte. »Ich rieche eine Ratte und sie stinkt schon zum Himmel!« Worauf ein Wirbelsturm von Schreien und Pfiffen die Luft erfüllte.

Appleseeds Bruder fuhr herum und schüttelte seine Fäuste.

»Maul halten, Maul halten, sonst hau ich euch eure verdammten Köpfe zusammen, dass ihr Beulen kriegt, wie 'n Kürbis so groß, versteht ihr?«

»Bürger«, schrie Bürgermeister Mawes, »Bürger – hört doch, heut ist Weihnachten … so hört doch …«

Und Mr Marshall sprang auf einen Stuhl, klatschte in die Hände und stampfte mit den Füßen, bis wieder einigermaßen Ruhe herrschte. Es soll hier schon gleich erwähnt werden, dass Rufus McPherson Mr R. C. Judkins Geld dafür gegeben hatte, damit er jenen Wirbel verursache, wie wir später erfuhren. Jedenfalls, als der Tumult vorüber war, hatte natürlich niemand anderes den Zettel in Händen als ich … Aber man frage mich nicht, wie es dazu gekommen ist.

Ohne zu überlegen, schrie ich: »Siebenundsiebzig Dollar und fünfunddreißig Cents.« Natürlich verstand ich in der Aufregung zuerst nicht, was das bedeutete; es war nur eine Zahl. Aber dann brach Appleseeds Bruder in sein Freudengeheul aus, und nun begriff ich; der Name des Gewinners wurde schnell bekannt und das ehrfurchtsvolle Geflüster hörte sich an wie ein Gewitterregen. Aber Appleseed selbst bot einen jammervollen Anblick. Er weinte, als ob er tödlich verwundet wäre, doch als Hamurabi ihn dann auf seine Schultern hob, damit die Menge ihn bewundern konnte, trocknete er sich die Augen mit dem Ärmel seines Pullovers und fing an zu grinsen. Mr R. C. Judkins brüllte: »Zigeuner! Lausiger Zigeuner!« Aber seine Stimme ging in einem ohrenbetäubenden Applaus unter.

Middy packte meinen Arm. »Meine Zähne«, quietschte sie. »Jetzt krieg ich meine Zähne!«

»Zähne?«, fragte ich noch ganz betäubt.

»Falsche«, sagte sie. »Das ist es doch, was wir uns für das Geld kaufen wollen – ein schönes weißes Gebiss.«

Aber im Augenblick interessierte mich einzig und allein, wie Appleseed auf diese Zahl gekommen war. »Komm, erzähl mir«, sagte ich verzweifelt, »erzähl mir, wie, in Gottes Namen, konnte Appleseed wissen, dass es gerade siebenundsiebzig Dollar und fünfunddreißig Cents waren?«

Middy sah mich verständnislos an. »Warum, ich denke, er hat es dir gesagt«, antwortete sie ganz ernst. »Er hat gezählt.«

»Ja, aber wie – wie?«

»Geh, weißt du nicht mal, wie man zählt?«

»Aber ist das alles?«

»Nun ja«, sagte sie, und es folgte eine nachdenkliche Pause. »'n bisschen gebetet hat er auch noch.« Sie machte Anstalten davonzustürzen, drehte sich aber noch einmal um und rief: »Er ist mit 'ner Glückshaube auf die Welt gekommen.«

Und mehr hat nie jemand über dieses Geheimnis erfahren.

Wenn man Appleseed später fragte: »Wie hast du das gemacht?«, lächelte er nur seltsam und wechselte das Thema.

Viele Jahre später zog er mit seiner Familie irgendwohin nach Florida und man hörte nie wieder von ihm.

In unserer Stadt aber ist diese Legende immer noch lebendig; und bis zu seinem Tod im April des vergangenen Jahres wurde Mr Marshall am Heiligen Abend immer in die Bibelstunde der Baptisten eingeladen, um die Geschichte von Appleseed zu erzählen. Hamurabi schrieb auch einmal einen Bericht darüber und schickte ihn an verschiedene Magazine. Er wurde aber nie gedruckt. Ein Redakteur schrieb zurück: »Wenn aus dem kleinen Mädchen wirklich ein Filmstar geworden ist, lässt sich vielleicht etwas mit Ihrer Geschichte anfangen.« Aber das ist nie geschehen und warum soll man lügen?

(Anonym)

Der Weg zum Erfolg

Es war eine frostige Nacht im November; ich wartete auf die Trambahn. »Sind dir schon einmal diese Wünschejungen aufgefallen?«, fragte mein Freund. »Dort steht gerade einer.«

Ich wandte mich um und erblickte einen etwa zehn- bis zwölfjährigen Jungen. Er beugte sich über eine Art Kochkessel aus Blech mit einer Laterne darunter.

Sofort war meine Neugier erweckt. Mein Freund und ich traten an ihn heran, und noch bevor er mich bemerkt hatte, stand ich dicht neben dem Jungen.

Er zog seine zerbeulte, aber noch flott aussehende Schirmmütze, sagte zusehends errötend »Wünschen Sie …?« und verstummte.

Während ich mit rätselnder Verwunderung zuerst in sein sichtlich verwirrtes Gesicht und dann in den Kochkessel vor ihm blickte, sagte mein Freund: »Er fragt sich, ob du ein möglicher Kunde sein könntest. Und doch sieht er, dass du nicht der Klasse angehörst, die gewöhnlich seine Kundschaft bildet.«

»Was hast du denn zu verkaufen?«, fragte ich.

»Wünsche, Ma'am.«

Der Junge hatte ein strahlendes und hübsches Gesicht und sein Aufzug war arm, doch sauber und gepflegt.

»Und wie sehen deine ›Wünsche‹ aus?«

»Zeig ihr deine Ausrüstung, Jack«, sagte mein Freund.

Der Junge warf die Deckel des Kessels hoch und man konnte zwei Abteilungen darin sehen. Die eine war mit kochendem Wasser, die andere mit kleinen Würstchen gefüllt. Dann öffnete er einen Korb neben sich. Er enthielt Scheiben von weißem, appetitlich aussehendem Brot.

»Ein ›Wunsch‹, Ma'am«, sagte er höflich, »ist eine Scheibe Brot mit Senf und einem Würstchen. Sehen Sie, das mache ich so!«

Er nahm zwei halbe Brotscheiben heraus, bestrich jede mit etwas Senf und ließ währenddessen ein Würstchen in das heiße Wasser fallen. Nachdem er eine Weile gewartet hatte, fischte er es wieder heraus und legte es zwischen die Brotscheiben.

»Das, Ma'am, ist ein ›Wunsch‹ «, erklärte er.

Im nächsten Moment hatte er das Brot mit dem Würstchen einem zerlumpten, verloren und elend aussehenden kleinen Mädchen in die Hand gedrückt, das neben mir, ohne dass ich es bemerkt hatte, stehen geblieben war. Das Mädchen nahm den »Wunsch« mit dankbarem Erstaunen an, murmelte ein Dankeswort und ging weiter.

»Kennst du sie?«, fragte ich, denn ich bemerkte, dass der Junge die entschwindende Gestalt des Mädchens mit seinen Blicken verfolgte.

»Eigentlich kaum. Ich weiß nur, dass sie unten am Fluss

wohnt und dass ihr Vater ein Säufer ist. Sie bekommt nicht viel zu essen.«

Just in diesem Augenblick kam unsere Straßenbahn und wir wünschten dem kleinen »Wünsche«-Jungen noch einen guten Abend.

Eine Woche später wartete ich an der gleichen Ecke wieder auf die Trambahn. Jack war gerade dabei, seine Ausrüstung auf dem Straßenpflaster aufzubauen, und ein anderer Junge, ein, zwei Jahre älter als er und mit einer ähnlichen Ausrüstung, stritt mit ihm.

»Kommt überhaupt nicht in die Tüte, dass du den besten Platz an der Ecke hast«, sagte der stämmige Junge und zog seine Brauen zu einer finsteren Miene zusammen.

»Diese Ecke hatte niemand, bevor ich sie mir als Erster genommen habe. Und seitdem ist sie die meine.« Jacks Stimme war nicht grob, aber bestimmt.

»Dann wird's Zeit, dass du dich verziehst. Los, hau ab! Heut Nacht verkauf ich hier, klar!«

»Dann werden wir beide eben an derselben Ecke verkaufen«, sagte Jack ruhig. »Ich geh jedenfalls nicht weg, denn das ist mein Standplatz.«

Während er das sagte, machte er sich weiter an seiner Laterne zu schaffen.

Der ältere Junge stellte sich in Positur wie ein Boxer.

»Ich sage, hau ab!«, befahl er.

Ein Polizist, der in diesem Moment um die Ecke gebogen kam, legte dem streitsüchtigen Jungen eine schwere Hand auf die Schulter und sagte: »Wie wär's, wenn du selbst abhaust? Jack und ich sind Partner, und das ist sein Standplatz.«

Jack warf dem Mann einen dankbaren Blick zu.

Der andere Junge packte seine Sachen und schaffte sie auf die andere Straßenseite hinüber. Unter seinen Habseligkeiten befand sich auch ein Korb mit herrlich roten Äpfeln.

Während er weiter mit seiner Laterne hantierte und gerade alles zu seiner Zufriedenheit aufgestellt zu haben schien, hörte ich Jack zu ihm hinüberrufen: »He, schau, deine Äpfel!«

Ich konnte nicht sehen, wer sie genommen hatte, denn gerade waren mehrere Männer und junge Burschen vorübergekommen. Der Junge stürmte die Straße hinunter, um den Dieb zu fassen. Einen Augenblick später hielten zwei Männer in Arbeiterkitteln vor dem unbewachten Stand inne.

Ich sah, wie Jack zögerte. Dann warf er einen kurzen Blick auf seine eigene Habe, einen weiteren in beide Straßenrichtungen und lief rasch auf die andere Seite hinüber.

»Er wird die Abwesenheit des anderen Jungen ausnützen«, war mein erster Gedanke.

Aber ich hatte mich getäuscht. Er öffnete den kleinen Lebensmittelladen seines Feindes und richtete flink zwei Sandwiches her. Ich sah, dass die Männer ihm, als sie sich wieder zum Gehen wandten, ein paar Geldstücke in die aufgehaltene Hand fallen ließen. Jack blickte die Straße hinunter. Der Junge kam mit seinem Korb geretteter Äpfel unter dem Arm zurück. Jack lief ihm entgegen, steckte ihm das Geld in die Hand und sagte etwas in einem freudigen Ton, was ich aber nicht hören konnte. Leise murmelte ich vor mich hin: »Wenn dein Feind hungert, so speise ihn.« Jack hatte den Geist dieser Worte wahrhaftig begriffen.

Nach diesem Abend vermisste ich Jack. Immer hielt ich Ausschau nach ihm. Nur der stämmige Junge mit den finster zusammengezogenen Brauen war noch zu sehen. Ich machte mir Sorgen und sprach mit meinem Freund über die plötzliche Abwesenheit des Jungen. Er schmunzelte: »Ich wusste gar nicht, dass du dich noch an Jack erinnerst. Dem geht's bestens. Er wurde befördert.«

»Wirklich? Wie ist das geschehen?«

»Einer meiner Freunde, der eines der größten Geschäftsunternehmen in der Stadt besitzt, hatte ein Auge auf Jack gehabt und ihn auf die Probe gestellt. Einmal kaufte er zwei Sandwiches, gab ihm einen Silberdollar und sagte: ›Schnell! Wechsel mir rasch diese fünfzig Cents. Da kommt meine

Tram!‹ Jack wechselte ihm das Geld und in seiner Hast bemerkte er erst, als mein Freund bereits die Trambahn bestiegen hatte, dass der Mann ihm einen Dollar gegeben hatte. Sofort rannte er los, schob Mr Thompson, der noch auf der Plattform stand, das Geld zurück in die Hand und sagte: ›Sie haben sich geirrt, Sir. Das ist ein ganzer Dollar. Sie können's ja irgendwann beim nächsten Mal begleichen.‹«

»Natürlich, Jack ist ein ehrlicher Junge«, sagte ich. »Jeder konnte das bereits an der offenen und männlichen Art erkennen, wie er einem ins Gesicht schaut.«

»Ungefähr zwei Wochen später stellte Mr Thompson ihn erneut auf die Probe. Diesmal kaufte er ein paar Äpfel und alles, was Jack an Ware besaß. Der Korb und die Äpfel machten zusammen genau einen Dollar. Er steckte dem Jungen aber einen Fünfdollarschein in die Hand, obwohl er sagte, es sei ein Dollar, und sprang sofort darauf in eine Trambahn, die gerade angefahren kam. Am nächsten Tag meldete sich Jack mit dem Geldschein in der Hand in seinem Geschäft.

›Dies ist bereits das zweite Mal, dass Sie sich geirrt haben, Mr Thompson‹, sagte Jack. ›Was würden Sie sagen, wenn ich für Sie arbeiten und mir solche Fehler leisten würde?‹

›Komm, tritt bei mir ein und finde es selbst heraus, Jack; ich brauche genau so einen Jungen wie dich, der auf mich aufpasst‹, antwortete Mr Thompson lachend.

Also arbeitet Jack nun in seinem Geschäft, und Mr Thompson sagte mir gestern, er zweifle nicht daran, dass Jack noch einmal sein leitender Angestellter wird, wenn er sich bewährt, wie er begonnen hat. Er ist schnell, aufmerksam, höflich, sorgfältig und ehrlich. Thompson schwärmt geradezu für ihn.«

Ein paar Tage später betrat ich während eines Einkaufsbummels Mr Thompsons Geschäft. Es ist eines der schönsten und beliebtesten in der Stadt. An seinem Schmunzeln erkannte ich, dass Jack mich sofort wiedererkannt hatte. Ich war überrascht, was für ein gut aussehender Junge und wie *gentlemanlike* er im Grunde war. Mit seinen sauber geschnittenen und gekämmten Haaren und in seinem neuen Anzug sah er tatsächlich von Kopf bis Fuß wie ein Gentleman aus.

Seinem flinken Auge schien nichts zu entgehen. Versehentlich fiel mir mein Taschentuch zu Boden … Jack befand sich gerade in der entgegengesetzten Ecke des Raums. Noch bevor ich es vermisste, war er zur Stelle und reichte es mir. Noch bevor ich mich bedanken konnte, war er wieder zurück an seinem Platz.

»Was ist nur das Geheimnis von Jacks Leben?«

Unwillkürlich stellte ich mir diese Frage, während ich mir sein Gesicht betrachtete. Ich fand heraus, wo seine Großmutter wohnte und besuchte sie. Sie war ein alte Dame mit freundlichem Gesicht und ihre Zimmer blitzten vor Sauberkeit. Ich erzählte ihr von meinem Interesse an Jack und sie sagte mit strahlenden Augen: »Er ist ein guter Junge und aus ihm wird ein guter Mann. Er hat gleich den richtigen Weg genommen. Seit er in dem Geschäft arbeitet, geht er auf die Abendschule, und er lernt schnell.«

Das war vor acht Jahren. Gestern befand ich mich wieder einmal in dieser Stadt im Süden und besuchte auch Mr Thompsons Geschäft.

»Bald wird er der Mitinhaber sein«, sagte mein Freund.

Fünftes Kapitel

DER GEISTERZUG: EISENBAHNGESCHICHTEN

(Anonym)

Der Geisterzug von Marshall Pass

Schon bald nachdem die Bahngleise auch durch Marshall Pass, Colorado, gelegt worden waren, wo sie bis über eine Höhe von zwölftausend Fuß über dem Meer führen, wurde ein alter Lokomotivführer namens Nelson Edwards einem Zug auf dieser Strecke zugeteilt. Mehrere Monate lang war er mit Passagieren hinter sich diesen Schienenweg gefahren und hatte keinerlei Unfall erlebt, aber eines Nachts, als er in Richtung der Passhöhe losdampfte, da war ihm, als sei die Stille tiefer, der Cañon finsterer und die Luft eisiger als gewöhnlich. Am gleichen Morgen waren ein schadhaftes Gleis und eine unsichere Brücke gemeldet worden, und so trat er den langen Aufstieg mit einigen bösen Vorahnungen an. Als er die erste Reihe von Schneewehen hinter sich hatte, hörte er irgendwo zwischen dem Eis und den Felsen einen Pfiff widerhallen, im selben Moment schellte der Gong in seinem Führerhaus und er zog die Bremsen.

Der Zugschaffner kam angerannt und fragte: »Warum haben Sie angehalten, Mann?«

»Warum haben Sie das Signal zum Anhalten gegeben?«

»Ich habe überhaupt kein Signal gegeben. Geben Sie vielmehr Feuer und Volldampf, denn wir müssen an den Weichen die Nr. 19 passieren, und hinter uns kommt ein wild gewordener Zug heraufgedampft.«

Edwards öffnete den Hahn, sandete kräftig die Schienen, und die schwere Lokomotive setzte sich wieder in Bewegung; aber das Pfeifen hinter ihm kam immer näher und klang ganz nach Alarmsignalen, und als sie in eine Kurve einfuhren, blickte er aus dem Fenster und sah einen Zug, der in einer Geschwindigkeit hinter ihm hergerast kam, mit der er auf seinen eigenen Zug auffahren musste, wenn nicht sofort etwas unternommen wurde. Er brach in Schweiß aus, als er die Drosselklappe bis auf Vollgas aufriss und auf eine nächste Schneewand losstürmte. Die Waggons gerieten ins Schlingern, aber der Schnee wurde mit voller Wucht zur Seite geschleudert und der Zug fuhr röhrend durch eine nächste Wehe. Hier war die Stelle, an der die defekte Schiene kommen musste, die man gemeldet hatte. Aber egal: Hinter ihnen jagte eine viel größere Gefahr heran. Der Heizer legte Schaufel um Schaufel Kohlen nach, bis sein Gewand vor Schweiß durchnässt war und Feuer aus dem Schornstein spuckte. Auch die Fahrgäste, die man gewarnt hatte, in welcher Gefahr sie sich befanden, waren aufgesprungen und blickten ängstlich zu den Fenstern hinaus, denn unter ihnen ging das Gerücht um, der Zug hinter ihnen würde von einem Lokführer gesteuert, der den Verstand verloren hatte.

Als Edwards den Gipfel erreicht hatte, drosselte er den Dampf und überließ seinen Zug der Schwerkraft. Als er zurückblickte, konnte er im schwachen Leuchten des Neuschnees erkennen, dass die Treibräder der hinteren Lok größer als seine eigenen waren und dass auf dem Dach der Waggons eine riesenhafte Gestalt stand und wild gestikulierte. In einer scharfen Biegung sah er, dass der andere Zug nur noch zweihundert Yards weit entfernt war, und als er durch die Kurve fegte, lehnte sich der Lokführer, der ihn verfolgte, aus seinem Fenster und lachte. Sein Gesicht war bleich wie roher Teig. Es hatte zu schneien begonnen und der Schnee wurde immer höher zwischen die Schienen geweht, aber die Züge flogen weiter dahin; Brücken erzitterten, als sie über sie hinwegdonnerten; der Wind heulte den Fahrgästen um die Ohren; Edwards hatte die verdächtige Brücke erreicht; das Herz sackte ihm in die Knie, seine Kehle schnürte sich zu, aber ihm war, als setzte er in einem einzigen Sprung über den Abgrund. Nun kam die Weiche in Sicht, aber die Nr. 19 war nicht zu sehen, und als die Bremsen wieder gelöst wurden, schoss der Zug wie ein Blitz vorüber. Plötzlich tauchte direkt voraus ein rotes Licht auf, das auf dem Gleis hin und her geschwenkt wurde. Nun kam alles zusammen: Von hinten gerammt und zugleich vorne in ein Hindernis gerast. Hinter sich hörte er die Dampfpfeife der ihn verfolgenden Lok aufheulen, und doch riss er den Hebel herum, legte die Bremsen ein und durchlebte ein paar Sekunden lang eine wahre Hölle der Angst.

Er vernahm keinen einzigen Laut, blickte sich um und sah, wie der entfesselte Zug beinahe schon auf den seinen aufsprang – aber genau in dem Moment, als er ihn berühren musste, schienen die Geleise sich zu spreizen, die Lokomotive taumelte vom Bahndamm, der gesamte Zug rollte in den Cañon hinab und verschwand. Edwards erschauerte und lauschte. Kein Schrei von Verletzten, kein Zischen von Dampf drang herauf – nichts als das Heulen des Winds, der durch die schwarze Tiefe rollte. Auch die Laterne vor ihm war verschwunden. Nun drohte aber eine andere Gefahr und es blieb keine Zeit, um müßig herumzustehen, denn die Nr. 19 konnte vor ihm herangerast kommen, wenn er die zweite Weiche nicht erreichte, bevor sie aus ihr herausfuhr. Die wilde Jagd ging weiter und die zweite Weiche wurde rechtzeitig erreicht. Als Edwards seine Höllenfahrt nach Green River beendet hatte, wo er am Morgen noch früher als fahrplanmäßig eintraf, da fand er, mit dem Finger in das Eis auf dem Fenster seines Führerstands geritzt, die folgenden absonderlich geschriebenen Worte: »Wie du gesehn hast is ein Gütazug vaunglükt. Jezt wo dus gesehn hast wirst du nie mer so höllisch rasen. Die Lok is außa Kontrolle geratn un vier Schtrecknwärta sin umgekommen. Wenn du nochma diese Streke fehrst, vaunglükst auch du.« Edwards kündigte noch am gleichen Morgen seinen Dienst auf dieser Strecke, kehrte nach Denver zurück und fand dort eine Anstellung bei der Union Pacific. Am nächsten Tag wurde in dem Cañon an der Stelle, wo er die Katastrophe gesehen hatte, nicht die geringste Spur von einem verunglückten Zug entdeckt, und seit jener Nacht wurde auch nie wieder irgendein Lokomotivführer, der den Pass überquerte, von dem Geisterzug verfolgt.

Homer M. Price

Was stoppte den Expresszug Nr. 4?

»Was meinen Sie, können Sie mit der Nr. 4 heute Nacht fünfzig Minuten aufholen?«, fragte der rotköpfige Dan Rogers, Fahrdienstleiter des Mittelabschnitts, und blickte zu dem hühnenhaften schwedischen Lokführer auf, der in sein Büro getreten war, um die Fahranweisung zu unterschreiben.

»Is' sie denn verspätet?«, fragte dieser mit einem durchdringenden Blick voller Enttäuschung zurück.

»Ja, etwas mehr als eine Stunde; aber die Bahngesellschaft bekommt wegen des Postvertrags keine Säumnisstrafe aufgebrummt, wenn Sie nicht mit mehr als dreißig Minuten Verspätung in Fort Worth sind. Der Direktor ist ziemlich in Sorge wegen dieser Sache, denn noch ein paar Pannen mehr könnten uns den Direktzustellungsvertrag kosten. Glauben Sie, Sie können es schaffen?«

»Ich wer' mein Bestes tun, aber das Gleis is' ziemlich nass und rutschick«, meinte der große, stämmige Schwede mit seinem harten skandinavischen Akzent; dann trat er zu dem Ofen herüber, an dem ich saß, und zog seine mächtigen knochigen Hände aus den Taschen, um sie zu wärmen.

Das war an einem Weihnachtsabend, vor langer Zeit, in den achtziger Jahren. Ich arbeitete damals im Bahnpostdienst und sollte den Postwagen bei der Ankunft des verspäteten Zuges übernehmen. Ich kannte den Lokomotivführer bereits seit mehreren Jahren und hatte ihn wie jeder andere lieben und schätzen gelernt. Heute lebt er auf seiner Farm in »Mansota« [Minnesota], aber damals war er einer der zuverlässigsten Männer auf der Strecke. Er war von allen, die mir je begegneten, der Einzige, dessen tiefe Frömmigkeit jedem »Postler« Respekt abverlangte. Niemand erlaubte sich in Johns Gegenwart eine rohe oder unanständige Ausdrucksweise.

Als er an diesem Heiligen Abend an den Ofen trat und zu mir meinte, er habe Angst, es könnte unterwegs Probleme geben, wurde ich nervös. Er sagte: »Die Schienen sin' in Ordnung, aber fürs Schnellfahren is' es ziemlich nass und rutschick; doch ich denk, es wird schon gehn. Wir werden's pünktlich schaffen – wenn nichts passiert.«

Dann erzählte er mir von seiner kleinen Tochter zu Hause, die sich am nächsten Morgen so, wie es nur eine Achtjährige kann, über ihren Weihnachtsstrumpf freuen würde. John hatte sich große Hoffnungen gemacht, dass er dabei sein würde, wenn sie zum ersten Mal die Augen aufschlug und die Geschenke sah, die das Christkind ihr bringen würde. Wenn wir pünktlich in Fort Worth ankämen, würde er in aller Morgenfrühe sofort nach Hause eilen und noch rechtzeitig da sein, es sei denn, der kleine Fratz stand früher auf als gewöhnlich. Als ich den sanften Blick in seinen Augen sah, wurde mir klar, dass sein Wunsch, die Nr. 4 möge pünktlich eintreffen, einen mächtigeren Grund hatte als Direktzustellungsanschlüsse und Direktorenwünsche.

Mit fünfundsechzig Minuten Verspätung dampften wir los – in einem strömenden Regen, der jegliche Sicht raubte.

Seit einem Monat hatte es jeden Tag geregnet. Jeden Tag wurden die Fluten des Brazos höher und reißender. Die Strecke führte viele Meilen weit an seinen Ufern direkt am Ostrand des Cañonlandes entlang, und über eine langes Stück wand sie sich am Fuße der Palo Pinto Mountains entlang. Auf der Seite zogen sich die mächtigen Felsklippen hin, auf der anderen Seite die wirbelnden Wasser des Brazos. Hier war die Schienenspur in bestem Zustand. Egal wie schlecht sie an anderen Stellen sein mochte, hier jedenfalls war sie glatt und eben wie ein Hausflur, und dies war eine Strecke, auf der John gewöhnlich Zeit aufholte. Ich habe ihn diese Kurven zuweilen mit so hoher Fahrt nehmen sehen, dass man fast den Eindruck hatte, das Ende des Zuges schlüge wie ein Peitschenende durch die Luft.

Nun hatte es aber, wie ich schon sagte, seit Tagen geregnet und geregnet; und als wir in jener Nacht die Endstation, den Westbahnhof, verließen, herrschte eine wahrhaft düstere Stimmung. Die Schienenspur war frisch überholt worden und in gutem Zustand. Der Bahndammschotter lag dicht und fest und der Regen hatte ihn nicht im Mindesten beschädigt. Also ließen wir »die Zügel schießen« und fuhren mit Höchstgeschwindigkeit durch die Cañons, und als wir die Brazosgegend erreichten, waren wir sicher, dass wir, sofern sich kein Unfall ereignete, pünktlich in Fort Worth sein würden.

Als wir sanft in die Flussniederung einfuhren, blickte ich durch die Schiebetür des Postwagens hinaus. Der Lichtkegel des hohen Frontscheinwerfers schoss über die schlammigen Fluten hinweg, und ich konnte sehen, wie sie sich keine zehn Fuß unter dem Niveau der Schienen dahinwälzten. Dann machten die Gleise eine Kurve und der Lichtschein war verschwunden. Der Regen fegte mir in Sturzbächen entgegen, als ich die Tür wieder zuschob, und es wurde sehr einsam in dem Wagen. Meine Sortierarbeit war erledigt, und ich konnte nichts anderes tun als dasitzen, an den mächtigen, dahinströmenden Fluss an unserer Seite denken und mich fragen, was passieren würde, wenn wir plötzlich entgleisten.

Es war eine wunderliche Situation, dieses nächtliche Dahinjagen eines riesigen Zugs über Cañons, durch tiefe Bergspalten und Schluchten und um Gebirge herum. Es bräuchte auch nur die geringste Panne zu geben, einen brechenden Bolzen oder eine nicht ganz geschlossene Weiche, und alles wäre aus und vorbei. Wenn du völlig allein in einem quietschenden, knirschenden Frachtwaggon sitzt, über dir der Regen auf das Blechdach hagelt und wenige Fuß weit neben dir die reißenden Fluten des Flusses dumpf gegen das Ufer schlagen, dann wirst du nachdenklich; und irgendwie denkst du dann an Bryant* und seinen Wasservogel:

Er, der von einer Sphär' zur andern
durch den Himmel leitet deinen sichren Flug,
wird auf dem langen Weg, den ich allein muss wandern,
richtig führen meiner Schritte Zug

– und das gibt dir Trost und Bestärkung.

Aber John war in jener Nacht nicht allein in einem Waggon und er machte sich keine Gedanken dieser Art. Er wusste, dass die Gleisspur sicher war und dass die Gesellschaft von ihm erwartete, dass er die Nr. 4 pünktlich nach Fort Worth brachte; und angesichts der Geschwindigkeit, die er einhielt, zweifelte ich nicht daran, dass er es schaffen würde. Als wir den Streckenabschnitt erreichten, der sich um die finster drohenden Klippen des Red Bluff wand, jagte er gleichmäßig und sicher »mit vollem Zeug« dahin. Die Wagen gerieten in ein leichtes Beben, als er hart auf die Gegenkurve zuraste, aber er raste wie einer, der sich seiner Sache sicher war. Hie und da schoss der Frontscheinwerfer weit über das Wasser,

* William Cullen Bryant (1794–1878), bedeutender amerikanischer Naturdichter, Übersetzer sowie sozial engagierter Journalist; in seinem Gedicht ›To a waterfowl‹, einem der berühmtesten Beispiele amerikanischer Naturlyrik, aus dem hier zitiert wird, spricht das lyrische Ich in seinen Meditationen den »Wasservogel« direkt an; daher heißt es hier »Er [=Gott] … leitet *deinen* Flug« [Anm. d. Übers.].

und er konnte keine fünfzig Fuß weit voraus um die Kurve sehen; aber was machte das schon? Die Gesellschaft hatte an dieser Stelle einen Streckenwärter postiert und er hatte ihn soeben an der gefährlichsten Kurve passiert. Der Streckenwärter zeigte dem Lokomotivführer durch den Regen und den Nebel das weiße Licht und es wunderte mich nicht, dass John darauf noch etwas mehr Dampf machte und seine Lok noch mehr »von der Leine ließ«. Ich blickte auf meine Uhr. Es war zwei Minuten vor drei Uhr. Wir lagen gut in der Zeit.

Als ich wieder an die Tür treten wollte, wurde ich plötzlich mit einem Ruck zu Boden geworfen. Die Maschine machte volle Fahrt zurück, die Bremsen quietschten und der alte Zug erzitterte bis zur hintersten Schlussleuchte. Als ich mich wieder auf die Beine gerappelt hatte, waren wir restlos zum Stehen gekommen. Als ich die Waggontür aufschob, kam der alte Captain Taylor zur Lok vorgehumpelt. Ich folgte ihm bis zum Führerhaus. Wir befanden uns an der schlimmsten Kurve der Strecke und der Frontscheinwerfer warf weit über den Fluss einen flammenden Lichtkegel. Zur Linken ragte fast senkrecht der Berg auf. Ich kletterte in die Führerkanzel, denn ich suchte Gesellschaft; und als ich den Lokomotivführer berührte – er saß da und starrte auf das Gleis, das nur wenige Fuß weit vor ihm sichtbar war –, da fühlte sich seine Hand kalt und klamm wie tot an und in seinen Augen lag der Blick eines Wahnsinnigen. Später sagte er, dass ihn meine Berührung wieder zur Besinnung gebracht hatte. Er sah höchst sonderbar aus. Seine Kappe war ihm vom Kopf geflogen, seine Haare waren klatschnass und wehten im feuchten Wind. »Warum haben Sie gestoppt?«, fuhr ihn der alte Zugschaffner an.

Und John sagte ziemlich verlegen: »Weiß ich auch nich' genau. Irgendwas hat ›Halt!‹ gesagt, und da hab ich gehalten. Das is' alles.«

Der alte Captain lachte auf, doch sein Lachen klang ziemlich hohl. »Nun, dann sagt jetzt irgendwer ›Fahr weiter!‹, und zwar schnell«, sagte er und schwang seine Laterne mit dem Signal »Freie Fahrt« durch die Luft.

John bat mich nicht darum, aber ich setzte mich hinter ihn auf den Maschinistensitz, um bis zum nächsten Halt bei ihm mitzufahren. Irgendwie war es mir hinten im Postwagen unheimlich. Er löste die Luftdruckbremsen, setzte den Zug in Bewegung und fuhr, die Augen immer noch starr auf das Gleis gebannt, weiter in die Kurve ein. Die Räder rutschten ein wenig; er gab ihnen eine Ladung Sand und wir begannen gerade zügig Fahrt aufzunehmen, als er wieder den Schubumkehrhebel zog und wir mit einem dumpfen, jähen Ruck zum Stehen kamen.

»Da, schau!«, schrie er.

Und da sah ich über seine Schulter hinweg drei Fuß weit vor dem Bug des Schienenräumers einen riesigen Felsbrocken auf dem Gleis liegen, der von der Steilwand des Red Rock herabstürzt war.

Captain Taylor war erneut durch den blind machenden Regen bis nach vorn zur Lokomotive gehumpelt; aber als John aus der Kanzel herabgesprungen war, fragte er ihn nicht mehr, warum er gestoppt hatte. Er drückte John nur fest die Hand und in dem schwachen Licht dort unten vor der Lok sah ich höchst sonderbare Blicke in zwei von Wind und Wetter gegerbten Gesichtern.

Als wir an jenem Abend mit zwölf Stunden Verspätung Fort Worth erreichten und alle Anschlusszüge der Expresspost längst abgefahren waren, da wartete Johns kleines Mädchen bereits im Bahnhof; und als er aus der Lok herabkletterte, drückte das Kind einen Kuss auf seine schmutzigen Lippen und sagte: »Papa, gestern Nacht, kurz bevor es drei Uhr schlug, bin ich plötzlich aufgewacht und habe an die finstere Nacht gedacht, durch die du fahren musst, und an die hohen Brücken und tiefen Flüsse, und da habe ich Angst gehabt.

Mama hatte mir von dem kleinen Christkind erzählt und ich habe es gebeten, dass es dir beistehen und dich heil nach Hause bringen soll.«

Dann sagte ihr Vater – der riesige mit Öl und Ruß verschmierte Lokomotivführer in seinem Overall: »Und das Christkind hat dich erhört, mein Liebling, jawohl, das hat es.«

Vor vielen hundert Jahren behaupteten die Hirten, sie hätten früh an einem Weihnachtsmorgen hie und da zwischen den Hügeln von Judäa ein sonderbares Licht gesehen. Seit diesem Erlebnis konnte ich in meiner Erinnerung diese beiden Ereignisse nie mehr auseinander halten. Es mag sein, dass die dunkle, regennasse Nacht den alten Lokomotivführer vorsichtig gemacht und er einen Bergrutsch befürchtet hatte und deshalb noch rechtzeitig gestoppt hatte, aber ich weiß nicht, warum das Kind sich hundert Meilen weit entfernt auf die Knie warf und das Christkind bat, es möge seinen Vater beschützen. Manche werden glauben, das sei reiner Zufall gewesen, aber ich ziehe es vor, mit John zu glauben: »Es hat dich erhört; jawohl, das hat es.«

Sechstes Kapitel

EIN KLEINES WEIHNACHTSWUNDER: GESCHICHTEN DER EINKEHR UND UMKEHR

Thomas Nelson Page

Polly: Eine Weihnachtserinnerung

Es war am Heiligen Abend. Ich habe es noch in Erinnerung, als wäre es gestern gewesen. Der Colonel hatte so getan, als würde er es nicht bemerken, doch als Drinkwater Torm die beiden großen Kerzenständer umstieß und in seinem Versuch, sie aufzuheben, über sich selbst stolperte und der Länge nach auf den Boden knallte, da schrie er ihn an. Torm rappelte sich auf und setzte zu einer Erklärung an, die darin gipfeln sollte, dass er »seit Gott weiß wie lang nie keinen Tropfen ang'rührt« hätte, doch der Colonel unterbrach ihn.

»Pack dich aus dem Zimmer, du betrunkener Landstreicher!«, brüllte er.

Torm war schwer beleidigt. Er machte eine tiefe, ausladende Verbeugung und marschierte mit so viel Würde, wie sein schwankender Zustand es zuließ, äußerst imponierend aus dem Raum; und als er beim Durchqueren des Esszimmers noch einmal innegehalten hatte, um nur noch einen Schluck aus der langen, schweren Kristallkaraffe auf dem Sideboard zu stibitzen, mäanderte er zu seinem Haus hinten auf dem Hof, wo er dazu überging, seiner Frau Charity Religion zu predigen, wie er es immer tat, wenn er besonders betrunken war. Er war noch dabei, die Vision des goldenen Kerzenleuchters, der Schüssel, der sieben Lampen und der zwei Olivenbäume zu erläutern, als er einschlief.

Der Brüller, wie gesagt, war der Colonel; der Mäanderer war Drinkwater Torm. Der Colonel verpasste ihm den Namen, »weil Torm«, wie er sagte, »sterben würde, wenn er nur einmal Wasser trinken würde«.

Als Drinkwater die Tür schloss, fuhr der Colonel wütend fort:

»Verdammt, Polly, ich mache es! Ich werde ihn morgen früh verkaufen; und wenn ich ihn nicht verkaufen kann, werde ich ihn verschenken.«

Polly, mit bekümmerten großen dunklen Augen, redete heftig auf ihn ein.

»Nein, ich sag dir, ich werde ihn verkaufen. Von wegen ›Rückenleiden‹! Der Nichtsnutz! Er ist ein trunksüchtiger, leichtfertiger Nigger, der nichts taugt! Und ich habe tausend, ja zehntausend Mal geschworen, ihn zu verkaufen; und jetzt muss ich es tun, um mein Wort zu halten.«

Das war nicht gelogen. Der Colonel schwor es täglich ein Dutzend Mal – jedes Mal, wenn Torm sich betrank –, und da dies viele Jahre vor Pollys Geburt schon sehr häufig vorgekommen war, lag er nicht zu sehr daneben. Polly dagegen war die Einzige, der diese Drohung je Sorgen machte. Der Colonel wusste, dass er ohne Torm genauso wenig hätte auskommen können wie seine offene Taschenuhr, die in jeder Hinsicht einem Ebenbild seiner selbst glich, ohne die Hauptfeder hätte laufen können. Ob es um das Binden der Schuhe, das Heranschaffen des Wassers zum Rasieren, das Zubereiten seiner Juleps* oder das Anzünden seiner Kerzen ging – was schon alles war, das er zu erledigen hatte –, Drinkwater Torm war unerlässlich für ihn. (Ich glaube, er sprach die Drohung immer nur aus, um sich selbst zu beweisen, dass Torm ihn nicht in der Hand hatte; wenn ja, verfehlte er seinen Zweck – Torm hatte ihn tatsächlich in der Hand.) Torm wusste es so gut wie er, oder besser; und auch wenn Charity aus privaten und ehelichen Gründen ihm gelegentlich diese Drohung vorhielt, sobald seine Auslegungen sogar über ihre Geduld gingen, wusste sie es ebenfalls.

Somit war Polly die Einzige, die diese Drohung irreführte oder erschreckte. Das war bei ihr stets der Fall, und sie gab nie Ruhe, bis sie »für bloß noch ein Mal« eine Gnadenfrist für Torm erwirkt hatte. Bei dieser Gelegenheit hatte sie dem Colonel, bevor sie von seinen Knien rutschte, als Gegenleistung »bloß noch ein Drücken« gewährt und dafür »bloß bis zum nächsten Mal« Torms bedingte Begnadigung erhalten.

Alle im County kannten den Colonel und alle kannten Drinkwater Torm, und alle, die in den vergangenen Jahren beim Colonel gewesen waren (und das waren fast alle im County, denn der Colonel hatte ein offenes Haus), kannten auch Polly. Sie war beim Galadiner zu ihrem ersten Geburtstag nach ihrer Ankunft in ihrem Stühlchen neben den Colonel und danach auf den Tisch gesetzt worden, wo sie über und sogar durch die Gerichte krabbeln durfte, um die Gesellschaft zu unterhalten, was sie zur Begeisterung von allen und

* Julep: alkoholhaltiges Erfrischungsgetränk, meist mit Whisky, das auch mit frischer Pfefferminze (Minz-Julep) angereichert werden kann – ein ganz typisches Getränk für die amerikanischen Südstaaten [Anm. d. Übers.].

ihrer selbst am meisten getan hatte; und von da an hatte sie in ihrem Reich die Funktionen sowohl von Vasthi* wie auch von Esther ausgeübt, und was Polly auch immer befahl, wurde getan. Wenn das alte Klavier mit Intarsien im Salon seiner Klangsaiten beraubt wurde, ging das in Ordnung, denn Polly hatte sie sich geholt. Bob hatte sie für sie herausgeschnitten, ohne dass jemand außer Charity ein Wort des Einspruchs eingelegt hatte. Der Colonel hätte ihr sogar die Saiten seines Herzens überlassen, wenn Polly es verlangt hätte.

Sie verfügte über Leib und Leben des Colonels von der Sekunde an, in der er sie das erste Mal erblickt hatte, und das war in dem Augenblick, als er das Zimmer betrat und sie ihre Patschhändchen nach ihm ausstreckte und sich, als er sie ergriffen hatte, nach einigen Tätscheleien zusammenrollte und mit ihrem Finger im Mund in seinen Armen wie ein kleines weißes Kätzchen einschlief.

Bob rätselte, wie es Buben eben tun, woher das Kind seine Schönheit hatte, denn der Colonel wog zweihundertfünfzig Pfund und war so hässlich, wie ein roter Kopf und dreißig oder vierzig Jahre von Torms Juleps auf eine irgendwie unbekümmerte Collegelaufbahn gehäuft ihn nur machen konnten; doch eines Tages, als der Colonel nicht zu Hause war, zeigte Charity ihm die Daguerreotypie von einer Dame, die sie aus der obersten Schublade im großen Sekretär des Colonels mit den Messinglöwen darauf geholt hatte, und die sah genau wie Polly aus. Darauf waren die gleichen großen dunklen Augen und der gleiche weiche weiße Teint zu sehen, obwohl Polly stämmiger war; denn sie war ein echter Wildfang und tollte überall mit Bob herum (sie kletterte auf Kirschbäume, angelte im Bach und sah dabei blühend wie eine Rose aus mit den wirr um ihren hübschen Kopf hängenden Haaren), bis sie ziemlich groß wurde und der Colo-

* Vasthi: (biblisch) die Gemahlin von König Ahasver im Buch Esther, die dieser wegen Unbotmäßigkeit verstieß, um daraufhin die schöne Jüdin Esther zu seiner Lieblingsfrau zu küren [Anm. d. Übers.].

nel ihr einen Hauslehrer besorgte. Er dachte daran, sie in ein Internat zu schicken, doch an dem Abend, als er das Thema anschnitt, entfachte er einen solchen Sturm und Polly zerfloss dermaßen in Tränen, dass er die Angelegenheit sofort aufgab. Da tat er auch gut daran, denn Polly und Charity weinten die ganze Nacht und Torm war so überwältigt, dass er dem Colonel am nächsten Morgen sein Wasser zum Rasieren nicht bringen konnte und dieser sich zum ersten Mal seit zwanzig Jahren mit kaltem Wasser rasieren musste. Deshalb stellte er einen Hauslehrer ein. Die meisten Leute sagten, das Kind sollte eine Gouvernante haben, und ein oder zwei allein stehende Damen undefinierbaren Alters aus der Gegend deuteten zart an, sie würden sie mit Freuden unterrichten; doch der Colonel tobte, er wolle keine Weibsbilder um sich haben und wäre verdammt in alle Ewigkeit, sollte auch nur eines sich mit Polly abgeben; und so engagierte er Mr Cranmer und lud auch Bob ein, herüberzukommen und bei ihm in die Schule zu gehen, was dieser tat; seine Mutter, die ihn bis dahin selbst unterrichtet hatte, war nämlich sehr arm und konnte ihn nicht auf die Schule schicken, da ihr Mann, ein Cousin vierten Grades des Colonels, schwer verschuldet gestorben war und sein ganzer Besitz bis auf eine kleine, dem Colonel benachbarte Farm und ein paar Neger ans Kassationsgericht gegangen war.

Bob war schon immer der besondere Liebling des Colonels gewesen, und schon als kleiner Junge war er immer herübergekommen und hatte sich bei ihm aufgehalten.

Er konnte einen jungen Hahn so gut abrichten wie Drinkwater Torm, was in den Augen des Colonels eine tolle Leistung war, denn er hatte die besten Kampfhähne im County und setzte sie auch ein, ließ sie gegen die von einigen Nachbarn antreten, welche die gleiche Neigung hatten, allerdings nur, bis Polly größer wurde und dem ein Ende setzte. Er konnte ein Fohlen schneller zähmen als sonst jemand auf der Plantage. Noch dazu konnte er mehr Rebhühner an einem Tag erlegen als der Colonel und ihn auch im Pistolenschießen schlagen, obgleich der Colonel Ersteres seiner Beleibtheit und Letzteres seiner Brille zuschrieb. Sie übten immer mit den alten Pistolen des Colonels, die in ihren Halftern über dem Baldachin seines Betts hingen und von denen Drinkwater so viele Lügen zu erzählen pflegte; denn obwohl sie stets geladen waren und ihre aus den ledernen Hüllen ragenden messingbeschlagenen Griffe Furcht einflößend genug aussahen, um Torms Geschichte, wie »er und der Colonel Judge Cabell voll durchs Herz geschossen hatten«, Glaubwürdigkeit zu verleihen, behauptete der Colonel stets, Cabell habe sich anständig aufgeführt und die Angelegenheit sei auf einem Feld ohne einen Schuss bereinigt worden. Das war noch in der Zeit, als einige Leute meinten, Bobs Mutter hätte es auf den Colonel abgesehen, und wenn der Colonel sich nicht vorsehe, würde sie noch die Herrin der großen Plantage werden. Und alle stimmten darin überein, dass der Junge beim Tod des Colonels hübsch was erhalten würde, denn Bob war sein Cousin und nähester männlicher Verwandter, falls Polly wirklich seine Nichte war, und ihr würde er kaum seinen ganzen Besitz hinterlassen, besonders da sie ihrer Mutter so sehr glich, in die, wie alle wussten, der Colonel bis über beide Ohren verliebt gewesen war, nur habe sie ihm übel mitgespielt und sei ungeachtet seiner großen Plantage und der vielen Neger mit seinem jüngeren Bruder durchgebrannt; die beiden seien im Süden am Gelbfieber gestorben und von all ihren Kindern sei nur die kleine Polly übrig geblieben; und der Colonel sei in seiner Kutsche zusammen mit Drinkwater und Charity den ganzen Weg nach Mississippi gereist, um Polly zu holen und zurückzubringen.

Es war am Heiligen Abend, als sie heimkamen, und der Colonel hatte Drinkwater einen Tag früher vorausgeschickt, um überall anzuschüren und das Haus für das Baby zu lüften; und als die Kutsche an jenem Abend vorfuhr, glaubten alle, da würde eine Königin eintreffen, aber wirklich.

Das ganze Personal der Plantage war im großen Haus und wartete auf sie, und in jedem Zimmer im Haus war Feuer angemacht worden. (Torm hatte dem Aufseher so viele Lügen aufgetischt, dass dieser die Männer den ganzen Tag lang hatte Holz spalten lassen, obwohl der übliche Vorrat schon längst bereitlag.) Und als Charity mit dem in ihren Armen ganz warm eingepackten Baby aus der Kutsche stieg, ein großes Trara darum machte, es eingemummt zu halten, und so langsam mit ihm die Stufen hochstieg, als wäre es aus Gold, da hättest du eine Nadel zu Boden fallen hören können; sogar der Colonel hielt sich im Zaum und sprach nur noch flüsternd. Das große Zimmer wurde dem Baby überlassen, denn der Colonel zog ins Zimmer im Seitentrakt, wo er danach auch immer blieb. Er sprach davon, die ganze Nacht aufzubleiben, um auf das Kind aufzupassen, doch Charity versicherte ihm, dass sie während der Nacht kein Auge von dem Mädchen lassen würde, und mit dem Versprechen, jede Stunde herzukommen und nach ihnen zu sehen, ging der Colonel auf sein Zimmer, wo er bis neun Uhr am nächsten Morgen durchschnarchte.

Doch ich war gerade dabei, von dem zu erzählen, was die Leute von Bobs Mutter sagten.

Als dem Colonel die Neuigkeit von den Absichten der Witwe zu Ohren kam, setzte er Polly auf seine Knie und weihte sie in alles ein, und dann lachten beide, bis dem Colonel die Tränen übers Gesicht liefen, auf seine breite geblümte Weste und auf Pollys blaues Kleidchen fielen; dann schickte er der Witwe am nächsten Tag eine hübsche Färse mit kurzen Hörnern, um seine Verachtung den Gerüchten gegenüber kundzutun.

Nun war Bob der bessere Schütze von den beiden; und sie brachten auch Polly das Schießen bei sowie das Laden und Entladen der Pistolen, worauf der Colonel so stolz war, wie er es auf einen seiner jungen Hähne gewesen wäre, wenn der einen alten erprobten Gockel niedergekämpft hätte.

Allerdings konnten sie Polly nicht dazu verleiten, auf etwas anderes als eine Zielscheibe zu schießen. Die kleine Dame besaß das empfindsamste Herz der ganzen Welt.

Wenn es nach ihrem Geschmack gegangen wäre, hätte sie eine Armbrust ausgewählt, denn die machte nicht so viel Lärm und Polly konnte damit schießen, ohne die Augen zuzukneifen; außerdem konnte sie im Haus schießen, was sie wirklich auch tat, bis sie beinahe all den Herren mit Perücken und all den feingliedrigen Damen mit den tiefen Ausschnitten an den Wänden die Augen ausgeschossen hatte. Einmal hätte sie auch Torm beinahe ein Auge ausgeschossen; doch das war ein Unfall, obwohl Drinkwater erklärte, das sei es nicht gewesen, und es so hinzustellen versuchte, als hätte Bob sie dazu angestiftet. »Das is' der boshafteste Junge, den Gott je geschaffen hat«, sagte er, sich bei Charity beklagend. Zum Glück heilte sein Auge wieder, aber es gab ihm einen Vorwand, beinahe eine Woche lang angesäuselt zu bleiben; und danach hat er immer, wenn er Polly sah, wie ein Hund, der einmal auf einem Hinterlauf gelahmt hat, dieses Auge zugekniffen und versucht Mitleid erregend auszusehen, weil er es nicht vergaß. Polly war damals schon ein ziemlich hoch aufgeschossenes Mädchen und verfügte über die Schlüssel (außer wenn sie sie verlor), obwohl sie noch nicht älter als zwölf Jahre gewesen sein kann; denn kurz darauf kam der Geburtstag, an dem der Colonel ihr das erste echte Seidenkleid schenkte. Es war aus blauer Seide und kam aus Richmond, und es war schwer zu sagen, wer am stolzesten war, Polly, Charity, Drinkwater oder der Colonel. Torm war schon vor Beendigung des Abendessens besoffen, »vom Zuprosten der jungen Herrin in den himmelblauen Gewändern, die vor dem Thron steht, weißt du«, erklärte er Charity, nachdem der Colonel ihn aus dem Esszimmer verwiesen hatte mit der Zusicherung, ihn am nächsten Morgen auf der Stelle zu verkaufen.

Bob war auch da, und das war das letzte Mal, dass Polly am Daumen lutschte. Sie hatte sich das sowieso schon fast abgewöhnt, und nur in einem Augenblick des Vergessens hat sie Bob das sehen lassen. Er hat sie immer ganz schön geneckt, und als sie kleiner war, hat er sie damit immer aufgezogen, bis sie auf ihn losging und versuchte ihn mit ihren weißen Zähnchen zu beißen. Bei dieser Gelegenheit jedoch ließ sie alles über sich ergehen, bis er das von dem Mädchen sagte, das ein blaues Seidenkleid trug und am Daumen lutschte; da versetzte sie ihm einen Kinnhaken. Seine Augen blitzten auf, doch ihre funkelten noch mehr. Er verharrte einen Augenblick, dann schlang er die Arme um sie und küsste sie heftig. Danach hat sie nie wieder am Daumen gelutscht.

Das spielte sich vor dem Haus ihrer Amme ab, in dem Torm eine gewaltige Brandrede über die Enthaltsamkeit hielt, und seltsamerweise schlug sich Charity auf Bobs Seite, während Torm die von Polly ergriff und danach sagte, sie hätte »einen Stecken nehmen und Master Bob voll den Kopf abschlagen sollen«. Das tat Polly zum Glück nicht (und als Bob danach auf die Universität ging, hieß es, er sei der hellste Kopf in seinem Kurs). Sie drehte sich bloß um und rannte mit hochrotem Gesicht ins Haus. Doch daraufhin schlug sie Bob nie wieder. Nicht lange danach ging er ins College, denn Mr Cranmer, der Hauslehrer, sagte, er wisse bereits mehr als die meisten Collegeabgänger und es sei eine Schande, wenn er keine Universitätsausbildung bekäme. Als die Frage der Mittel und Wege dazu angeschnitten wurde, gelobte der Colonel, der immer bereit war, Geld zu verleihen, wenn er was hatte, und es zu borgen, wenn nicht, er würde ihm alles Geld geben, das er brauchte; doch zu seiner Verwunderung weigerte sich Bob, es anzunehmen, und obwohl der Colonel ihn deswegen abkanzelte und Polly fragte, ob sie nicht glaube, er sei ein Narr (was Polly auch tat, denn sie war stets bereit, all das Geld auszugeben, das er oder sonst jemand ihr gab); mochte er ihn dennoch deswegen nicht weniger und überredete Bob endlich doch, es als Darlehen anzunehmen, und Bob gab ihm seine Bürgschaft.

Am Tag vor seiner Abreise war er drüben beim Colonel, wo ein großes Abendessen für ihn gegeben wurde; und Polly hielt Hof in ihrem neuesten Seidenkleid (mittlerweile hatte sie drei); und als Bob sich verabschiedete, drückte sie ihm etwas in die Hand und rannte weg in ihr Zimmer, und als er es ansah, war es ihr Zehndollargoldstück, und das behielt er auch.

Er war nicht ganz drei Jahre im College, denn seine Mutter erkrankte und er musste zurückkommen, um sie zu pflegen; doch er war in den meisten Fächern Erster und in keinem schlechter als Dritter gewesen, und dazu hatte er den Tischler am Vinegar Hill vermöbelt, der im Ort das Großmaul war. Obwohl er keinen Abschluss machte, hatte er sich eine Grundlage geschaffen, die es ihm ermöglichte, sein Studium während der Zeit zu absolvieren, in der er sich um seine Mutter kümmerte, was er bis zu ihrem Tod tat, so dass er gleich, nachdem er zum Anwalt berufen worden war, Eindruck hinterließ. Seine hervorragende Verteidigung des Mannes, der am Wahltag im Gerichtshof den stellvertretenden Sheriff erschoss, machte ihn zum Kandidaten der Demokraten für die Verfassunggebende Versammlung, wo er sich einen derartigen Ruhm als Redner erwarb, dass der ›Enquirer‹ ihn zum Aufsteiger unseres Bundesstaates erklärte und sogar die ›Whig‹ einräumte, dass die Locofoco-Partei* einen Anführer gefunden habe, der sie retten könne. Polly war gerade fünfzehn, als sie sich für Politik zu interessieren begann; und obwohl sie die Zeitungen gründlich las, insbesondere den ›Enquirer‹, den ihr Onkel nie herunterzumachen versäumte, konnte sie sich nie zu ihrer Zufriedenheit überzeugen, welche Seite Recht hatte, denn der Colonel war ein unerschütterlicher Whig**, während die meisten anderen Leute Demokraten gewesen sein müssen, da Bob mit großer Mehrheit gewählt wurde. Polly wollte auf der Seite des Colonels stehen und ließ sich von ihm alles erklären, was er zu seiner vollständigen Genugtuung wie auch zu ihrer tat,

* Locofoco: Bezeichnung für eine besonders radikale Fraktion der fortschrittlichen demokratischen Partei der USA, die auch herabwürdigend für alle Demokraten benutzt wurde [Anm. d. Übers.].

** Whig: Die konservative Whig-Partei war der Vorläufer der heutigen republikanischen Partei in den USA [Anm. d. Übers.].

wie sie zu glauben versuchte; doch wenn Bob zum Tee vorbeikam, was er sehr häufig tat, und den Colonel in eine Auseinandersetzung verwickelte, schien ihr Onkel stets die schlechteren Argumente für sich zu haben; auf jeden Fall ereiferte er sich generell sehr stark. Das kann auch daran gelegen haben, dass Bob so gelassen blieb, während der Colonel geradezu ein Hitzkopf war.

Bob war unterdessen zu einem schmucken Mann herangewachsen. Sein Mund war fest und entschieden, und wie erst seine Augen funkelten! Er maß gut über einen Meter achtzig, und seine Schultern waren so breit wie die des Colonels. Polly sah ihn nun nicht mehr so oft wie zu der Zeit, als er noch ein Junge war, doch das kam daher, dass seine Kanzlei ihn so auf Trab hielt. (Er bekam mittlerweile Fälle aus drei oder vier Countys, und noch dazu große.) Sie wusste jedoch, dass sie noch so gut wie eh und je mit ihm befreundet war; tatsächlich gab sie sich alle Mühe, davon überzeugt zu sein. Ein Kompliment von ihm machte sie äußerst glücklich und zauberte dunkelrote Rosen auf ihre Wangen. Er war bei allen äußerst beliebt. Torm glaubte, auf der ganzen Welt gäbe es niemand so wie ihn. Er hatte ihm seine vielen Streiche schon längst verziehen und sagte, er sei der größte feine Herr im County außer ihm und dem Colonel und verhalte sich immer »ganz seinem Rang entsprechend«, womit Torm indirekt auf die regelmäßigen Zuwendungen anspielte, die er von dem genannten »feinen Herrn« erhielt, und ganz speziell auf eine besonders große, eben erst erwiesene. Das ergab sich beim Colonel nach dem Abendessen, als etliche Gäste, darunter Bob, sich über die Vortrefflichkeit zahlreicher Damen ausließen, die in diesem Sommer in der Nachbarschaft zu Besuch waren. Die Lobeshymnen wurden nach Torms Verständnis etwas zu freigebig verteilt, und er hatte sich durch einige Abstecher in die Speisekammer zu trösten versucht; doch als die gesamte Liste abgehakt wurde und Pollys Name nicht erwähnt worden war, platzte ihm der Kragen und er schaltete sich plötzlich mit seinem Urteil ein, dass »keine von allen anderen seiner jungen Herrin, die von allen die Rosigste und die Blüte sei, das Wasser reichen kann.«

Der Colonel, insgeheim ungeheuer erfreut, wies ihn aus dem Zimmer mit der Zusicherung seines sofortigen Verkaufs am nächsten Morgen. Doch an jenem Abend drückte Bob, bevor er sich auf sein Pferd schwang, Torm ein Fünfdollar-Goldstück in die Hand, und Polly sagte er, wenn der Colonel wirklich vorhaben sollte, Torm zu verkaufen, so solle er ihn bloß zu seinem Haus herüberschicken; er wolle aus Torms Urteil Nutzen ziehen.

Polly verstand freilich diese Anspielung nicht, obwohl der Colonel ihr von Torms Äußerung berichtet hatte; doch Bob hatte eine Rose an seinem Mantel, als er aus der Verandatür trat, und die lange Nadel in Pollys Mieder war nicht richtig befestigt, denn sie glitt heraus und alle ihre übrigen Rosen fielen herunter, so dass er sich bücken und sie für sie aufheben musste. Vielleicht bezog sich Bob auch einfach bloß darauf, dass er etwas Geld gespart hatte, denn kurz darauf kam er an einem Vormittag her und zahlte dem Colonel sehr zu dessen Verdruss die volle Summe seiner Bürgschaft aus. Er versuchte sich an einer etwas förmlichen Dankesrede, versagte darin jedoch so beklagenswert, dass der Colonel zwei Juleps bestellte, um die lockeren Beziehungen zwischen ihnen wiederherzustellen – eine Folge, die sich offenbar nicht augenblicklich einstellte –, und der Colonel vertraute Polly am nächsten Tag an, dass der Kerl, seit er sich so sehr von diesen Locofocos vereinnahmen ließ, nicht mehr so wie früher sei.

»Also der trinkt ja nicht mal seine Minzjuleps aus«, bekräftigte der alte Mann, als würde er ihm zumindest das Vergehen des Verrats anlasten. »Nun ja«, fügte er, milder gestimmt, hinzu, als sich die Entschuldigung seinen Gedanken darbot, »das mag sein, weil seine Mutter immer so dagegen war. Du weißt ja, Minze wollte dort nie wachsen«, redete er weiter auf Polly ein, die ihn die gleiche Bemerkung mit dem gleichen Erstaunen schon hundertmal hatte machen hören. »Das Seltsamste, was mir je untergekommen ist. Aber er ist ein verteufelt schlauer Kerl, Polly«, fuhr er mit einem plötzlichen Wiederaufleben der langjährigen Zuneigung fort. »Verdammt! Ich mag ihn.« Dann, als Pollys Gesicht ein süßes Karminrot annahm, fügte er hinzu: »Oh, ich vergaß, Polly; wollte nicht fluchen; zum Teufel mit mir, wenn ich's getan habe. Es ist mir nur so rausgeschlüpft. Jetzt habe ich aber eine Woche lang nicht geflucht; du weißt, dass ich das nicht habe; ja, natürlich, ich meine, ausgenommen *neulich.*« Denn Polly, deren Gesichtsfarbe wieder etwas blasser wurde, war in eine der strengsten Lektionen zu seiner Gewohnheitssünde verfallen und führte einen Ausbruch wegen Torms Versagen am Vortag an. »Komm und setz dich deinem Onkel aufs Knie und gib ihm einen Kuss zum Zeichen der Vergebung. Bloß noch ein Drücken«, als die hellen Mädchenarme um seinen Nacken geschlungen waren und das lieblichste Antlitz an seine raue Wange gedrückt war. »Polly, erinnerst du dich«, fragte der alte Mann, der sie von sich weghielt und vernarrt das mädchenhafte Gesicht betrachtete –, »erinnerst du dich daran, wie du als kleiner Balg mir aufs Knie geklettert bist und mich ›bloß noch einmal‹ gedrückt hast, um diesen Gauner Drinkwater zu retten, und wie du öfter verkündet hast, du würdest Bob und mich ›heiraten wollen‹, wenn du erwachsen bist?«

Pollys Gedächtnis war offenbar nicht besonders gut. Viel besser schien es aber an dem einen Abend darum bestellt zu sein, als sie ganz in mildes Weiß gekleidet und mit Wangen, auf denen die zarten Farben der Sonnenuntergangswolken leuchteten, durch den alten Blumengarten spazierte, und zwar mit einem großen jungen Mann an der Seite, dessen Hut keck auf dem Kopf saß und der emsig darauf bedacht war, die langen Zweige der Rosenbüsche von ihr fern zu halten. Sie waren irgendwie darauf verfallen, sich jeweils abwechselnd an eine Begebenheit aus der alten Kinderzeit zu erinnern. Bob kannte die wichtigsten Vorkommnisse so gut wie sie, doch Polly erinnerte sich am besten an die winzigen

Einzelheiten und Umstände jedes Vorfalls, bis auf die aus der Zeit, als sie noch gemeinsam mit Murmeln spielten. Davon wusste Bob auffälligerweise am meisten. Er war sich ganz sicher, dass er sie geküsst hatte, um alles wieder gutzumachen, als sie weinte, weil er so hart schoss. Sonderbarerweise versagte Pollys Erinnerungsvermögen da wieder und war nur bei sehr zeitgemäßen Angelegenheiten klar. Sie erinnerte sich bemerkenswert unvermittelt, dass es Zeit für den Tee war.

Sie waren unten am Ende des Gartens und der Ausfall ihres Gedächtnisses hatte eine einmalige Wirkung auf Bob, denn er wurde ziemlich blass und beharrte darauf, dass sie sich daran erinnern müsse; dann sagte er etwas davon, dass er den Colonel habe aufsuchen wollen, und auch davon, dass er schon so lange gewartet habe, und verhielt sich überhaupt so sonderbar, dass er, wenn nicht ihr Kleid sich im Rosenbusch verfangen hätte, etwas anderes getan hätte. Doch das Kleid verfing sich im Rosenbusch, und Polly, die wirklich erschreckt darauf oder auf etwas anderes sah, rannte davon, gerade als die Stimme des Colonels zu hören war, der sie zum Tee rief.

Bob war sehr schweigsam an der Tafel, und nachdem er gegangen war, machte sich der Colonel ziemliche Sorgen um ihn. Er fragte Polly, ob ihr dessen Niedergeschlagenheit nicht aufgefallen wäre. Polly verneinte.

»So ist das eben mit euch Frauen«, sagte der Colonel mürrisch. »Ein Mann mag direkt vor euren Augen sterben und ihr würdet es gar nicht bemerken. Mir ist es schon aufgefallen und ich sage dir, der Kerl ist krank. Ich sage, er ist krank!«, wiederholte er mit der Angewohnheit, die er sich zugelegt hatte, seit er leicht taub geworden war. »Ich werde ihm raten zu verreisen und sich ein bisschen auszutoben. Er arbeitet zu viel, geht nie weit von zu Hause weg. Er geht ja nie irgendwo hin außer zu uns, und hierher kommt er auch nicht mehr so oft wie früher. Er sollte heiraten. Rate ihm, er soll sich verheiraten. Warum tut er sich nicht mit Sally Brent oder Malviny Pegram zusammen? Er ist doch ein guter Kandidat und sie würden ihn beide nehmen – Närrinnen, wenn sie's nicht täten; – ich meine, sie wären Närrinnen, wenn sie's nicht täten. Was gesagt?«

»Ich habe gar nichts gesagt«, erwiderte Polly, die still zum Klavier ging.

Ihr Musizieren lullte den Colonel oft in den Schlaf.

Am übernächsten Morgen ritt Bob herüber, doch anstatt sein Pferd wie üblich an den Zaun zu binden, ritt er weiter zu den Ställen. Er begrüßte Torm, der hinten im Garten war, und nachdem er ihm einige einleitende Bemerkungen bezüglich seines »Rückenleidens« entlockt hatte, rang er ihm die weitere Mitteilung ab, dass Miss Polly die Straße runter zu den Pegrams zum Essen gehen werde, was er vorher schon ansatzweise erfahren hatte, und dass der Colonel unten an der Farm am Fluss sei, aber bis zwei Uhr zurück sein werde. Bob ritt weiter.

Pünktlich um zwei kehrte er zurück. Der Colonel war noch nicht heimgekommen. Bob jedoch stieg ab, band sein Pferd an und ging hinein. Er muss des Sitzens müde gewesen sein, denn nun schritt er in der Säulenhalle auf und ab, ohne ein einziges Mal Platz zu nehmen.

»Master Bob wird sich noch zu Tode laufen«, bemerkte Charity von ihrer Tür aus zu Torm.

Gleich darauf erschien der Colonel gutmütig, erhitzt und herzlich. Er bestellte das Essen während des Absteigens am Eingangstor und Juleps von der Mitte des Weges aus, begrüßte Bob mit einer Fröhlichkeit, auf die dieser Gentleman vergeblich einzugehen versuchte, und ließ sich in seinen geräumigen Korbstuhl fallen, wischte sich den roten Kopf mit dem noch röteren großen Taschentuch und schimpfte über das Wetter, die Ernten, die Zeitungen und seinen Aufseher, bevor Bob zu einer einzigen Bemerkung Luft holen konnte. Als er es dann tat, verfiel er auf das Wetter.

Das ist zu allen Zeiten ein sicheres Thema. Aber es war schon erstaunlich, wie viel Trost Bob an jenem Nachmittag daraus schöpfte. Er sprach darüber, bis das Essen vom Hof hereingebracht wurde. Die blauen Porzellanteller glänzten in den Händen von Phoebe und ihrer vielköpfigen Schar ebenholz- oder mahagonifarbener Gehilfinnen, und Torm brachte die Juleps, wobei die Minze so aussah, als würde sie aus den großen Silberkannen mit den matten Verzierungen an den Seiten herauswachsen.

Das Essen war ein ziemlicher Fehlschlag, was Bob anbetraf. Vielleicht vermisste er etwas, das sonst die Tafel zierte, vielleicht war nur sein Körper anwesend, während sein Geist drüben bei Malviny Pegram war; vielleicht hatte er sich in der Zeit zurückversetzt und machte gerade im Sommerdunst einen aufdringlichen Rosenzweig von einem hauchdünnen weißen Kleid los; vielleicht – nun, jedenfalls war er so schweigsam und abwesend, dass der Colonel ihn gut gelaunt aufzog, was aber nicht viel half.

Sie hatten sich auf die Veranda begeben und waren schon einige Zeit dort, als Bob mit dem Anlass seines Besuchs herausrückte.

»Colonel«, sagte er unvermittelt und alles bisher Vorgefallene übergehend, »da gibt es eine Angelegenheit, über die ich mit Ihnen sprechen muss – ah – ähm – wir – eine Kleinigkeit von großer Bedeutung für – ah – mich.« Er wurde sehr rot und verwirrt, und da der Colonel augenblicklich das Thema erriet, insgeheim sich geschmeichelt fühlte und entschied, über Polly zu jubeln, sagte er, um ihm herauszuhelfen:

»Ah, Sie Schelm, ich wusste es. Stehen Sie Ihren Mann, Sir. Hat es Sie endlich erwischt? Ah, Sie schlauer Fuchs! Es ist genau das, was Sie tun sollten. Also ich kenne ein halbes Dutzend junger Frauen, die auf Sie fliegen würden. Ich wusste es. Gestern Abend erst sagte ich, Polly …«

Bob war mittlerweile völlig von den Socken. »Ich möchte um Ihre Zustimmung bitten, Polly zu heiraten«, platzte er verzweifelt heraus. »Ich liebe sie.«

»Den Teufel tun Sie!«, rief der Colonel. Er brachte nichts mehr heraus, saß einfach stumm da in sprachloser, hilfloser und heilloser Verwunderung. Für ihn war Polly immer noch ein kleines Mädchen, das auf seine Knie kletterte, und nicht einmal ein Kaiser dürfte sich Hoffnungen auf sie machen.

»Doch, Sir, das tue ich«, sagte Bob, nun ruhig genug – denn er wurde immer gelassener, je aufgeregter der Colonel wurde. »Ich liebe sie und will sie.«

»Nun, Sir, Sie können Sie nicht haben!«, brüllte der Colonel, der sich in der Heftigkeit seiner Ablehnung von seinem Sitz aufrichtete. Er sah aus wie ein lohfarbener Löwe, in dessen Versteck jemand eingedrungen war.

Bobs Gesicht wurde fahl und nahm eine Miene an, die der Colonel, wie er sich später erinnerte, noch nie gesehen hatte bis auf das eine Mal, als jemand vor Jahren einen seiner Hunde erschossen hatte – einen Blick aus Wut und zäher Entschiedenheit. »Ich werde aber!«, sagte er, warf den Kopf hoch und blickte dem Colonel direkt in die Augen. Seine Stimme war vollkommen beherrscht, doch seine Augen blitzten, sein Mund war schmal und seine Gesichtszüge sahen aus, als wären sie in Granit gehauen.

»Ich werde verd… sein, wenn Sie das tun!«, wütete der Colonel. »Nicht einmal der König von England dürfte sie bekommen!« Damit drehte er sich um, stampfte ins Haus und knallte die Tür hinter sich zu.

Bob schritt langsam die Stufen hinab und ging hinüber zu den Ställen, wo er nach seinem Pferd verlangte. Er ritt über die Felder heim, ohne ein Wort zu sagen, bloß als er sein Pferd über den Grenzzaun setzen ließ, wiederholte er zwischen fest zusammengebissenen Zähnen: »Ich werde sie bekommen.«

An jenem Abend kehrte Polly von alledem nichts ahnend heim; der Colonel wartete, bis sie sich umgezogen hatte und in ihrem frischen Baumwollkleid herunterkam. Sie übertraf an Lieblichkeit die Rosenknospen an ihrem Busen, und die Unverschämtheit, sich in Hoffnungen auf sie zu versteigen, brach in einer neuen Welle über den alten Mann herein. Er hatte seinen Zorn den ganzen Abend lang gehegt.

»Polly!«, platzte er heraus und riss sich aus seinem Sessel, wobei er vor dem erstaunten Mädchen unbewusst eine imposante Haltung einnahm: »Willst du Bob heiraten?«

»Ich doch nicht«, entfuhr es Polly, von der Plötzlichkeit und Heftigkeit des Angriffs völlig aus der Fassung gebracht.

»Ich *wusste* es doch!«, verkündete der Colonel triumphierend. »Es war ein Akt verfluchter Unverschämtheit!« Dabei geriet er so in Rage und wurde derartig rot im Gesicht, dass die arme Polly, die zwischen zwei Gefahren hindurchlavieren musste, sich genötigt sah, all ihre Künste aufzubieten, um den alten Mann zu besänftigen und ihn vor einem Schlaganfall zu bewahren. Sie erfuhr nichtsdestoweniger die Wahrheit und lernte etwas kennen, was sie bis dahin noch nicht gewusst hatte; und obwohl sie, als sie ihrem Onkel den Gutenachtkuss gab, keine Erwiderung gab auf seine letzte Salve, »Ich habe mich entschieden, wir behandeln diese Schamlosigkeit, wie sie es verdient«, sperrte sie ihre Tür sorgfältig ab, als sie in ihrem Zimmer war, und am nächsten Morgen sagte sie, sie habe Kopfschmerzen.

An diesem Tag erschien Bob nicht.

Wenn der Colonel nicht so hitzköpfig gewesen wäre – das heißt, wenn er kein Mann gewesen wäre –, hätten sich die Dinge zweifellos auf geheimnisvollen Wegen geklärt, auf welche die festesten Knoten, zu denen sich die Angelegenheiten zweier junger Menschen manchmal verstricken können, sich dann doch lösen; aber da er ein Mann war, musste er sich notwendigerweise mannhaft nach seinem eigenen Plan richten, der immer der falsche war.

Als er deshalb an jenem Morgen Polly am Frühstückstisch verkündete, dass sie von der Aufdringlichkeit jenes Kerls keine weiteren Belästigungen zu erwarten habe, denn er habe ihm eine Nachricht geschrieben, in der er sich dafür entschuldigte, ihn in seinem Haus neulich so abrupt verlassen zu haben, aber ihm auch in ihrer beider Namen verboten, weiterhin seine Aufwartungen zu machen oder überhaupt seinen Fuß wieder auf ihren Grund und Boden zu setzen, erwartete er vollauf, dass sich Pollys Gesicht aufheiterte und er ihren Beifall und Dank erhielt. Wie groß war daher seine Enttäuschung, als er ihr Gesicht sichtlich weiß werden sah. Sie brachte nur heraus: »Oh, Onkel!«

Bedauerlicherweise war dieser Tag ein Sonntag, weshalb der Colonel mit ihr zur Kirche ging (auf deren Besuch sie ungeachtet ihrer Kopfschmerzen bestand) und bei ihr war, als sie Bob begegnete. Sie trafen unvermittelt aufeinander. Bob nahm seinen Hut ab und stand wie ein Soldat bei der Parade da, aufrecht, erwartungsvoll und etwas blass. Der Colonel, der dessen »Unverfrorenheit« beinahe vergessen hatte und schon dabei war, ihm wie üblich die Hand zu schütteln, erinnerte sich im letzten Augenblick noch daran, riss sich am Riemen, trat auf die andere Seite von Polly und geleitete sie an dem jüngeren Gentleman vorbei, als wollte er sie vor einer Meute schützen. Polly, die ängstlich überallhin, nur nicht an die richtige Stelle geschaut hatte, weil sie Bob ein Lächeln zuwerfen wollte, das alles wieder ins rechte Lot gebracht hätte, fing seinen Blick erst in dieser Sekunde auf und fühlte mehr als sie es sah, wie sich sein Verhalten und Gebaren veränderte. Sie versuchte noch, ihm das Lächeln zuzuwerfen, doch es erstarb in ihren Augen, und selbst als sie ihm den Rücken zuwandte, verspürte sie noch seinen Trotz. Sie ging in die Kirche und sank am äußeren Ende der Bankreihe auf die Knie, denn ihr kleines Herz brauchte alle Tröstungen ihrer Religion.

Der Mann, für den sie am inständigsten betete, betrat an jenem Tag die Kirche nicht.

Danach entwickelten sich die Dinge sehr übel und die Knoten wurden immer fester. Ein Versuch Bobs, sie zu lösen, schlug katastrophal fehl, und der Colonel, welcher der großherzigste Mann auf der Welt war, dessen vorgefasste Meinungen aber aus Gusseisen waren, setzte sich in den Kopf, dass Bob ihn beleidigt hätte, und Pollys indirekte friedenstiftende Bemühungen regten ihn in einem solchen Maße auf, dass er zum ersten Mal in seinem Leben beinahe hart mit ihr umsprang. Er hatte die absurde Vorstellung, dass sie sich für

Bob wegen ihrer Freundschaft zu ihm aufopferte und dass es seine Pflicht sei, sie vor sich selbst zu schützen, was er mannhaft auf seine eigene Art und Weise zur großen Verzweiflung der armen Polly ins Werk setzte.

Sie war ihrem Onkel völlig ergeben und wusste, wie groß seine Zuneigung zu ihr war. Andererseits waren Bob und sie so lange befreundet gewesen. Sie konnte sich an eine Zeit, in der Bob nicht da war, gar nicht erinnern. Doch er hatte in seinem ganzen Leben mit keinem Wort von Liebe gesprochen. Sicherlich hatte sie es an jenem Abend im Garten genauso gut gewusst, wie wenn er zu ihren Füßen auf die Knie gesunken wäre. Sie wusste, er hatte nur geschwiegen, weil er ihrem Onkel das Geld schuldete, und ach! hätte sie doch nur keine Angst bekommen; und ach! hätte ihr Onkel das bloß nicht getan; und ach! sie war so unglücklich! Die arme Seele in ihrem lieblichen Zimmer mit den weißen Vorhängen, wo die Bücher und Sachen waren, die er ihr geschenkt hatte, und auch die Briefe, die er geschrieben hatte, früher – doch das ist ein Geheimnis. Jedenfalls war es nicht, weil er nicht mehr da war. Sie wusste, das war nicht der Grund – tatsächlich redete sie sich das beständig ein; es war, weil er so ungerecht behandelt worden war und so litt, und sie hatte alles ausgelöst. Und sie pflegte viele neue Fürbitten in ihre Gebete einzuschließen, bei denen sie, wenn auch kein Name genannt wurde, das Gefühl hatte, sie würden schon verstanden werden und die Segnungen würden ihn dennoch erreichen.

Der Sommer war vergangen und der Frühherbst hatte dunstig, verträumt und traurig seinen Platz eingenommen. Das stimmte Polly immer schon melancholisch, und dieses Jahr, behauptete sie, obwohl das Wetter großartig war, setze ihr die Hitze zu, weshalb sie nicht viel außer Haus ging. Sogleich blühten ihre Wangen nicht mehr so wie früher und selbst ihre großen dunklen Augen hatten einiges von ihrem Glanz verloren; zumindest meinte das Charity, was sie auch mitteilte, nicht nur Polly, sondern auch dem Herrn, den sie damit halb zu Tode ängstigte und der ungeachtet dessen, dass Dr. Stopper jeden zweiten Tag herkam, um einen Patienten auf der Plantage aufzusuchen, und dass am nächsten Tag der Zeitpunkt für seinen regelmäßigen Besuch war, noch am späten Abend einen Jungen zu Pferd mit einer Mitteilung wegschickte, die in aller Dringlichkeit sein Erscheinen am nächsten Morgen zum Frühstück forderte.

Der Arzt kam und blieb den Tag über da. Er untersuchte Pollys Lunge und Herz, verschrieb viel frische Luft und hinterließ etwas weniger als einen Scheffelkorb voll Arzneien, die sie einnehmen sollte.

Polly war zum Zeitpunkt seiner Visite in einem äußerst aufgeregten Zustand, denn der Colonel hatte mit der Absicht, sie zu besänftigen, am Vorabend eine heftige Brandrede gegen die Ehe im Allgemeinen und im Besonderen gegen die Heirat mit »unverschämten jungen Stutzern, die nicht wissen, was sich gehört«, gehalten; und er hatte eine ausgiebige Reise vorgeschlagen, welche die gesamten Vereinigten Staaten und Kanada umfasste und den ganzen Winter und den folgenden Frühling dauern sollte. Polly, die so viel ausgehalten hatte, wie sie nur konnte, rebellierte endlich. Mit blitzenden Augen und flammenden Wangen vertrat sie Bobs Sache mit einem Mut und Elan, die den alten Colonel beinahe hätte klein beigeben lassen. »Nicht dass er irgendetwas anderes als ein Freund für mich ist«, betonte sie mit größter Sorgfalt; doch sie sei es leid, weiterhin ihren »Freund« verunglimpft zu hören, und glaube, es sei doch das höchste Kompliment, das ein Mann einer Frau machen könne etc. Für all das errötete sie danach in ihrem Zimmer ganz gehörig.

So geschah es, dass sie am nächsten Tag sowohl aufgeregt wie bußfertig war und daran dachte, ein wenig Sühne zu leisten und gleichzeitig die verschriebene Frischluft zu genießen, was sie davon entbinden würde, die Arzneien einzunehmen, also füllte sie ein Körbchen mit Süßigkeiten, die sie der alten Tante Betty drüben in Far Quarters bringen wollte; und so geschah es bei ihrem Rückweg auf dem Pfad, der an der

Wiese auf der anderen Seite des Bachs verlief, der die Grenzlinie zwischen den beiden Plantagen bildete, kurz vor dem Steg, den jemand so sorgsam für sie mit aus den eigenen Wäldern geschlagenen Planken erbaut hatte und der von den langen Schatten der Weiden in düsteres Licht getaucht wurde, und alles war so still, dass ihr auf einmal ganz einsam und unglücklich zumute war – so geschah es also, als sie gerade daran dachte, wie nett es von ihm gewesen war, diesen Steg und das Geländer so robust zu machen, und überhaupt an alles und für wie grausam er sie halten müsse und wie sie ihn nie wieder so wie früher sehen würde, und gerade als sie aus dem Weidenhain hervortrat, um auf die Bohlen zu treten, da stand er auf der Brücke direkt vor ihr und blickte in ihre Augen herab! Sie versuchte noch, an ihm vorbeizugehen – daran erinnerte sie sich danach; aber er war so gemein. In ihrer Erinnerung verwirrte sich das alles immer ein bisschen und sie konnte sich nie vollständig ins Gedächtnis rufen, wie es genau gewesen war. Sie war sich jedenfalls sicher, dass es deshalb so kam, weil er so blass war und sie es ihm sagen musste, und dass sie erst danach zu weinen anfing, und dass es deshalb so kam, weil er ihre Erklärungen gar nicht anhören wollte; und dass sie es ihn nicht tun ließ, sie konnte gar nicht anders, und sie überhaupt nicht bemerkte, wie ihr Kopf an seine Schulter sank.

Jedenfalls war ihre Besserung, als sie an jenem Abend heimkam, so offensichtlich, dass der Colonel Charity herrief, damit sie das auch begutachtete, und dazu erklärte, die Landärzte von Virginia seien die tüchtigsten der Welt und Stopper sei der größte Arzt im Bundesstaat. Der Wandel war tatsächlich wundersam und der alte vergoldete Spiegel mit seinem gazebehangenen Rahmen hätte die strahlende, glückliche Jungfrau, die nun davor stand und das leuchtende Ebenbild anlächelte, das angesichts der eigenen Zufriedenheit hübsche Grübchen bekam, niemals als die Polly mit den traurigen Augen vom Vortag erkannt.

Die alte Betty litt an einer langwierigen Rippenfellentzündung, und die guten Sachen, die Polly ihr täglich brachte, trugen allerdings nicht dazu bei, die Krankheit zu verkürzen. Von da an »lobte sie den Herrn für das Kind«, wann immer Pollys Name erwähnt wurde. Sie hätte zweifellos auch Bob in ihren Segen eingeschlossen, hätte sie gewusst, wie viel Mitgefühl er während dieser Zeit bekundete.

Doch obwohl er diesen Steg regelmäßig jeden Nachmittag inspizierte, ungeachtet der oft wiederholten Wünsche und ebenso regelmäßig verkündeten ausdrücklichen Befehle Pollys, erfuhr niemand ein Sterbenswörtchen davon. An dem Abend, an dem Polly versucht hatte, die Verpflichtung zu erfüllen, ihren Onkel umzustimmen, war es eigentlich nur ein auf gut Glück abgeschossener Pfeil, als der alte Mann sagte: »Na, sieh einer an! Der junge Gauner scheint ja Fortschritte zu machen.« Sie war sich ihres Erfolgs so sicher gewesen, dass sie auf einen Fehlschlag nicht vorbereitet war, weshalb es sie wie ein neuer Schlag traf; und obwohl sie erst in Tränen ausbrach, als sie in ihrem Zimmer war, weinte sie sich auf ihrem Bett dann in den Schlaf. »Es war so grausam von ihm, von mir zu verlangen nie wieder mit ihm zu sprechen! Und ach, wenn er ihn tatsächlich an dem Ort erwischt und erschießt!« Die Pronomen in unserer Sprache sind wahrscheinlich von jungen Frauen erfunden worden.

Die Kopfschmerzen, die Polly am nächsten Morgen hatte, waren nicht erfunden. Das arme Ding! Ihre letzte Hoffnung war dahin. Sie entschied sich Bob Lebewohl zu sagen und ihn nie wieder zu treffen. Auf Knien hatte sie sich dazu entschlossen, deshalb wusste sie, dass es recht war. Und dass sie dabei solche Qualen litt, bereitete ihr Genugtuung.

Als sie an jenem Nachmittag zum Besuch der alten Betty aufbrach, die nach dem Urteil aller - außer ihrem eigenen - ziemlich erholt war und die Dr. Stopper sogar für völlig gesund erklärt hatte, stand ihr Entschluss fest. Sie wurde ein wenig schwankend in ihrer Entschiedenheit, als sie vom Pfad entlang der Weiden aus, die nun ihr Laub verloren hatten, eine große Gestalt erkannte, die beiläufig über die Wiese schlenderte, und sie ließ sie fahren – das heißt, sie vergaß sie völlig, als sie plötzlich von zwei starken Armen umfangen wurde und zwei graue Augen, die aus einem hübschen Gesicht voll Selbstvertrauen leuchteten, wie Frauen es lieben, in ihre blickten, nachdem sie voller Zweifel ihren Entschluss verkündet hatte.

Da machte er ihr den Antrag!

Ihr Herz stand beinahe still angesichts seines Wagemuts. Doch er war so stark, so vernünftig, so selbstgewiss und dabei so sanft, dass sie gar nicht anders konnte, als ihm zuzuhören. Trotzdem lehnte sie ab – und willigte nie ein; sie verbat ihm, je wieder daran zu denken. Dann bat sie ihn, nie wieder herzukommen, und erzählte ihm von den Drohungen ihres Onkels und von ihren Ängsten um ihn; und dann, als er darüber lachte, bat sie ihn, nie, nie, unter keinen Umständen, auf das zu achten, was ihr Onkel tun oder sagen mochte, sondern lieber still stehen zu bleiben und erschossen zu werden; und dann, als Bob dies versprach, brach sie in Tränen aus und er musste sie halten und trösten wie ein kleines Mädchen.

Danach wurde es ziemlich schlimm, und wenn Polly sich nicht viel Frischluft gegönnt hätte, wäre sie zweifellos unterlegen. Dem äußeren Anschein nach war nichts zwischen ihr und ihrem Onkel vorgefallen. Sie ging nur nicht mehr singend wie ein Vogel umher. Sie litt unter dem Gefühl, missverstanden zu werden, und es war so einsam! Ihn bedrückte es ebenso. Sogar Torm nahm Anteil, und seine Ausführungen nahmen eine hochgradig schreckliche Färbung an.

Nun war es Dezember geworden.

Eines Abends trieb alles zu einem Höhepunkt. Das Wetter war für Polly zu schlecht gewesen, um auszugehen, und sie wurde krank. Schließlich wurde nach Stopper geschickt. Polly, die, um Charitys Ausdruck zu benützen, »gepiesackt wurde, bis sie in Fetzen war«, rebellierte schlichtweg und weigerte sich, im Bett zu bleiben oder die verschriebenen Arzneimittel einzunehmen. Charity unterstützte sie. Torm betrank sich. Der Colonel war in Wallung und verkündete wie gewohnt seine Absicht, Torm am nächsten Morgen zu verkaufen und Charity und Polly mit nach Europa zu nehmen. Das ging ja noch an; doch zu ihrer Verblüffung musste Polly am nächsten Morgen beim Frühstück feststellen, dass die Pläne des alten Mannes zu dem Vorhaben gereift waren, gleich am nächsten Tag nach Louisiana und New Orleans aufzubrechen, wo er vorhatte, den Winter damit zu verbringen, nach einigen Plantagen zu sehen, die ihr gehörten, und ihr etwas von der Welt zu zeigen. Polly machte Einwände, rebellierte, bettelte. Alles war vergeblich. Stopper hatte dem alten Mann wegen ihrer Gesundheit einen ernsthaften Schrecken eingejagt und er blieb einfach eisern. Vorbereitungen wurden getroffen; die braunen Fellkoffer mit ihren auffallenden Messingecken wurden hervorgeholt und abgestaubt; der Colonel war fieberhaft am Werk, befahl alle Neger auf den Hof und gab von der Haustür aus Anweisungen wie ein Generalmajor, der seine Truppen inspiziert; er versetzte Torm, Charity und alle anderen in helle Aufregung, wollte auch noch Pollys Vorbereitungen beaufsichtigen, versprach ihr fabelhafte Geschenke, wurde wehmütig und erzählte wundersame Geschichten aus seinem früheren Leben, die Torm bekräftigte, und versetzte Polly und die ganze Plantage allgemein so in Aufruhr, dass von der alten Betty, die von den Far Quarters herkam, um es mitzubekommen, bis hinab zum schwärzesten kleinen Knirps auf dem Gelände es niemanden gab, der nicht in einen heftigen Taumel geriet und so redete, als würden alle zusammen am nächsten Morgen nach New Orleans reisen, mit Joe Rattler auf dem Kutschbock.

Polly hatte sich nach störrischem Widerstand ihrem Schicksal ergeben und ihre bescheidenen Koffer mit sehr gemischten Gefühlen gepackt. Unter anderen Umständen hätte sie die Reise ungeheuer genossen, doch nun hatte sie das Gefühl, es wäre ein Abschied von Bob für immer. Ihr Herz lag ihr den ganzen Tag auf der Zunge, und selbst die Aufregung beim Packen konnte die Empfindung nicht vertreiben. Sie wusste, sie würde ihn nie wiedersehen. Sie versuchte für sich zu erwägen, was dabei herauskommen würde. Würde er sterben oder würde er Malviny Pegram heiraten? Alle sagten, sie würde gut zu ihm passen und ihn gewiss heiraten, wenn er sie darum bat.

Die Sonne schien über den westlichen Wäldern. Bob wollte am Nachmittag dorthin reiten, selbst wenn es regnete; das hatte er ihr gesagt. Er würde es für grausam halten, wenn sie einfach so verschwand und ihn gar nicht davon unterrichtete. Zumindest wollte sie hingehen und sich von ihm verabschieden. Und genau das tat sie auch.

Bobs Gesicht erblasste plötzlich, als sie ihm alles berichtete, und er setzte jenen Blick auf, den sie bisher noch nicht oft gesehen hatte. Dann ergriff er ihre Hand und setzte ihr alles auseinander. Er gestand ihr, dass er sie ihr ganzes Leben lang geliebt habe, verdeutlichte ihr, wie sie ihn dazu inspiriert hatte, für jeden Erfolg zu arbeiten und ihn auch zu erringen, wie es mehr ihr Werk als seines gewesen war. Dann erläuterte er ihr ausführlich, wie er sich sein künftiges Leben vorstellte, und legte schlüssig dar, dass alles für sie war – und nur für sie. Er machte alles so klar und seine Stimme war so zuversichtlich und sein Gesicht so ernst, als er Schritt für Schritt erläuterte und darlegte, dass sie, an ihn geschmiegt und von ihm innig umfangen, das Gefühl bekam, er müsse Recht haben und sie könne sich nicht von ihm trennen.

An jenem Abend war Polly ungewöhnlich schweigsam; doch der Colonel meinte, sie sei noch nie so lieb gewesen. Sie verhätschelte ihn, bis er gelobte, kein Mann auf der Welt sei ihrer wert und keiner solle sie je bekommen.

Nach dem Tee ging sie in sein Zimmer, um nach seiner Kleidung zu sehen (ihre besondere Aufgabe), und ließ sich von niemandem, nicht einmal ihrer Amme, helfen; und als der Colonel darauf bestand, hereinzukommen und ihr noch etwas mehr über die Herrlichkeiten von New Orleans seinerzeit zu erzählen, drängte sie ihn schließlich hinaus und sperrte hinter ihm die Tür zu.

Sie war den ganzen Abend über sehr sonderbar. Da sie am

nächsten Morgen früh aufbrechen wollten, drang der Colonel darauf, früh zu Bett zu gehen; doch Polly wollte nicht weichen; sie bummelte herum, blieb bei dem alten Herrn, verhätschelte ihn, setzte sich auf sein Knie und gab ihm einen Kuss, bis er gezwungen war, darauf zu bestehen, dass sie zu Bett ging. Dann erst sagte sie Gute Nacht und erstaunte den Colonel, als sie sich in seine Arme warf und in Tränen ausbrach.

Der alte Mann besänftigte sie, indem er sie streichelte und so mit ihr redete, wie er es gemacht hatte, als sie noch ein kleines Mädchen war, und als sie sich beruhigte, geleitete er sie an der Hand zu ihrer Tür, als wäre sie eine Herzogin.

Im Haus war es bald still, nur einmal hörte der Colonel Polly in ihrem Zimmer herumgehen und nahm sich im Geiste vor, sie dafür zu tadeln, dass sie noch so spät aufblieb. Er wurde jedoch wieder abgelenkt, als er einige seiner jungen Packesel im Hof herumgaloppieren hörte, und fasste einen schläfrigen Entschluss, sie alle zu verkaufen oder seinen Aufseher am nächsten Tag dafür zu entlassen, dass er sie aufs Grundstück gelassen hatte. Bevor er sich ganz entschieden hatte, was er tun sollte, dämmerte er wieder in den Schlaf.

Möglicherweise hob genau um diese Zeit ein junger Mann eine dunkel gekleidete kleine Gestalt in ihren Sattel, deren Gesicht im Sternenlicht sehr weiß leuchtete und deren zittrige Stimme noch an eine Weigerung denken ließ, wäre sie nicht vom tiefen, ernsten Ton ihres Geliebten im Keim erstickt worden. Obwohl sie erklärte, sie könne nicht daran denken, das alles auszuführen, hatte sie dennoch ihren Hut, ihren Pelz und ihr Reitkostüm an, als Bob kam. Sie bat ihn tatsächlich, wieder wegzugehen; doch ein paar Minuten später trotteten zwei Pferde einträchtig über die Zufahrt zum Hoftor, das mit einem Knall zuschlug, welcher die kleine Dame auf der braunen Stute so erschreckte, dass der junge Mann es für notwendig fand, sich herüberzubeugen und seinen starken Arm um sie zu legen.

Zum ersten Mal in ihrem Leben sah Polly die Sonne in

North Carolina aufgehen, und ein paar Stunden später musste ein junger Geistlicher mit sanfter Stimme, dessen reizende Frau von Pollys Schönheit ganz hingerissen war, gegen seine Einwände Bobs einziges Goldstück annehmen, eine Münze, die er aus seiner Uhrkette drückte mit dem Versprechen, dass jener sie vervierfachen könne, wenn er sie aufhebe, bis er sie einlösen könne.

Als Charity dem Colonel am nächsten Morgen sagte, dass Polly verschwunden sei, wurde der alte Mann zum ersten Mal in fünfzig Jahren völlig weiß. Dann verfiel er in einen verheerenden Wutanfall und fluchte, bis Charity nicht weiter überrascht gewesen wäre, wenn sie den Teufel in sichtbarer Gestalt erscheinen und ihn auf der Stelle für sich fordern gesehen hätte. Er verfluchte Bob, er verfluchte sich selbst, verfluchte Torm, Charity und das gesamte weibliche Geschlecht einzeln und summarisch, und dann bestellte er, von einer neuen Idee ergriffen, sein Pferd, um die Durchgebrannten zu verfolgen, drohte mit dem sofortigen Verkauf seiner ganzen Plantage und mit dem augenblicklichen Tod Bobs und holte tatsächlich seine großen messingverzierten Pistolen herunter und legte sie neben sich, als er Torm, Charity und ein halbes Dutzend jüngerer Hausbedienstete anheischte ihn anzukleiden.

Ankleiden und Rasieren beschäftigten ihn etwa eine Stunde – er führte immer an, dass ein Gentleman sich nicht in weniger Zeit wie ein Gentleman anziehen könne –, dann marschierte er, immer noch geladen vor Empörung und Mordlust, aus seinem Zimmer und hieß Torm und Charity ihm mit je einer Pistole zu folgen. Etwas veranlasste ihn jedoch, anzuhalten und sie im Salon zu inspizieren. Er nahm erst die eine, dann die andere in die Hand und untersuchte sie neugierig.

»Also, da soll doch gleich …«, sagte er trocken und schmiss beide krachend durch die Flügeltür. Noch im Umdrehen bestellte er Waffeln und Maiskuchen zum Frühstück und rief nach den Büchern, um die Gebete abzuhalten.

Polly hatte ihr in der Mädchenzeit erlerntes Wissen eingesetzt, beide Pistolen am Vorabend entladen und dann die Kugeln ohne Pulver wieder hineingesteckt, um sie unschädlich zu machen.

Bis zur Frühstückszeit war Torm in einem derartigen Stadium der Trunkenheit, dass er nicht mehr durch die hintere Gartentüre gehen konnte, und der Colonel war gezwungen, sich damit zu begnügen, Charity eine Nachricht zu schicken, dass er sich seiner am nächsten Morgen in aller Frühe entledigen werde. Er gebot Charity streng, es ihm auszurichten, und sie versprach feierlich, es zu tun. »Ja, Sir, ich werd's ihm sagen«, erwiderte sie mit einem schwachen Unterton von Verletztheit über sein Misstrauen; und sie tat es auch.

Sie musste ihrem Herzen Luft machen.

Es kam noch übler. Der Colonel rief den Aufseher her und gab neue Anweisungen, als habe er vor, alles über den Haufen zu werfen. Er verbot jede Erwähnung von Pollys Namen und gelobte, er würde nach Mr Steep, seinem Anwalt, schicken lassen und sein Testament ändern, um der ganzen Schöpfung eins auszuwischen. Diese Stimmung schien, anstatt abzuklingen, noch schlimmer zu werden, als sich die Zeit hinzog, und Torm wurde in dem Schatten, der nun auf die Plantage gefallen war, sogar wieder nüchtern. Der Colonel ließ Pollys Zimmer zunageln und schloss sich selbst im Haus ein.

Die Neger besprachen den Stand der Dinge in eingeschüchtertem Ton und beobachteten den Colonel verstohlen, wenn er irgendwo auftauchte. Die unterschiedlichsten Meinungen herrschten vor. Tante Betty, der Verehrung entgegengebracht wurde, zum Teil wegen der Anteilnahme, welche die verlorene Polly für sie während ihrer Krankheit bekundet hatte, und zum Teil wegen ihres hohen Alters (zu dem sie jährlich drei Jahre hinzufügte), prophezeite, dass er »unter Qualen« sterben werde, genau wie ein alter Onkel von ihm, von dem niemand sonst bis jetzt gehört hatte, der jedoch von ihr ans Licht gezerrt wurde, um als besonderes Beispiel zu dienen. Die hauptsächliche Ähnlichkeit schien in einer bestimmten »übertrieb'nen Neigung zum Fluchen« zu bestehen.

Die Dinge entwickelten sich eindeutig zum Schlechten und verschlimmerten sich von Tag zu Tag. Der Colonel wurde immer verdrießlicher.

»Er zankt nicht mal mehr«, beklagte sich Torm leidenschaftlich bei Charity. »Er sitzt bloß still und sinniert. Ich hab Angst, ihm geht sein Verstand flöten.«

Es war in der Tat beklagenswert. Auf der ganzen Plantage galt es als sicher, dass Miss Polly für immer auf und davon gegangen war – einige sagten, nach Louisiana – und nie wieder zurückkommen würde. Der vorherrschende Eindruck war der, dass im Falle ihrer Rückkehr der Colonel mit Sicherheit Bob umbringen würde. Torm hatte keinen Zweifel daran.

So standen die Dinge drei Tage vor Weihnachten. Die gesamte Plantage war in Trübsinn verfallen. Es wäre das erste Mal, seit Miss Polly ein Baby war, dass es kein »grandioses Weihnachten« geben würde.

Torms traurige Miene schien den Colonel eines Morgens ruckartig aus seiner Lethargie zu wecken. Er fragte, wie viele Tage es noch bis Weihnachten seien, und als er erfuhr, es wären nur noch drei, gab er Anweisung, die Vorbereitungen zu einem großen Fest und zu allgemeinem Frohsinn zu treffen. Er ließ wie üblich den Holzvorrat auffüllen, häufte seine Geschenke an und beaufsichtigte die Weihnachtsvorbereitungen persönlich, wie es Polly früher immer gemacht hatte. Aber es war freudlose Arbeit, und als sich Torm und Charity in der Nacht vor Weihnachten zurückzogen, gab es, obwohl Torm übermäßig gezecht hatte und die Tische alle zu einem großen Festmahl für die Bediensteten am nächsten Tag gedeckt waren, keinen Frieden in Torms Reden; es ging ausschließlich um ein bevorstehendes Zorngericht.

Er hatte sich gerade schlafen gelegt, als an die Tür geklopft wurde.

»Wer's da draußen?«, rief Charity. »Ihr Nigger geht besser schleunigst ins Bett.«

Das Klopfen wurde wiederholt.

»Wer's da draußen, frag ich?«, wollte Charity gereizt wissen. »Warum macht ihr nich 'nen großen Bogen um die Tür? Torm, Torm, da is' wer an der Tür«, sagte sie, als das Klopfen wieder ertönte.

Torm war schwer zu wecken, doch schließlich stand er auf und trottete gemächlich zur Tür, wobei er die ganze Zeit vor sich hin grummelte.

Als er schließlich den Riegel umlegte, hörte Charity, die noch im Bett lag, ihn ausrufen: »Ja, in Gottsnamen! Allmächtiger Gott!«, und ungestüm in Lachen ausbrechen.

Im Nu war sie auch an der Tür und hielt Polly in den Armen, lachte, hüpfte herum, drückte und küsste sie, während Torm in einem fort um die beiden herumtänzelte.

»Wo's Master Bob?«, fragten beide Neger in einem Atemzug.

»Hallo, Torm! Wie geht es Ihnen, Mamsell Charity?«, rief besagter Gentleman fröhlich, der nach dem Anbinden der Pferde eben erst hinzutrat; und Charity, die sich ihres eigentümlichen Aussehens und der frostigen Luft bewusst wurde, verdrückte sich ins Haus und zog ihre junge Herrin mit sich.

Gleich darauf kam sie angezogen wieder heraus und bat Bob ebenfalls herein. Sie bestand darauf, ihnen etwas zu essen vorzusetzen, doch sie hatten schon zu Abend gegessen, und Polly war viel zu aufgeregt, als sie von ihrem Onkel hörte, um einen Bissen hinunterzubringen. Sie weinte bei Charitys Schilderung ein wenig, was sie vor Bob zu verbergen trachtete, aber er sah es dennoch, das musste er auch – als sie sich auf den Heimweg machten, bestand Polly jedoch darauf, in den Hof und auf die Veranda zu gehen, und als sie dort waren, küsste sie wahrhaftig die Jalousie zu dem Zimmer, aus dem ein gedämpftes Schnarchen drang, das zumindest auf einen gewissen Grad an Vergessen schließen ließ. Sie wollte, dass auch Bob einen Kuss darauf drückte, doch der Gentleman fand offensichtlich etwas, das mehr nach seinem Geschmack war, und ihre Bitte wurde in einem anderen Geräusch erstickt.

Bevor sie wieder ihre Pferde bestiegen, schleppte Polly Bob ins Gewächshaus, wo sie zu seiner völligen Verwunderung nach etwas griff, was ihm ganz und gar unverständlich blieb. »Riecht es nicht fein hier?«, fragte sie.

»Ich rieche nichts anderes als dieses Minzbeet, auf dem du herumtrittst«, lachte er.

Als sie davonritten und Torm und Charity auf der Straße stehen ließen, rief Polly noch als Letztes: »Sag es ihm auch wirklich – neun Uhr.«

»Oh, ich weiß, er wird mich dann todsicher verkaufen«, sagte Torm im Brustton der Überzeugung, als die Pferde in die frostige Nacht hinaustrotteten.

Als sie weitergaloppierten, machte Bob ein- oder zweimal eine Anspielung auf das Minzbeet, auf das Polly getreten war, aber sie gab keine Antwort darauf. Doch als er ihr an ihrer Tür beim Absteigen half, fragte er: »Was um alles in der Welt hast du dort geholt?«

»Minze«, sagte sie mit einem kurzen, fröhlichen Auflachen.

Beim ersten Licht des nächsten Morgens wusste die ganze Plantage, dass Miss Polly zurückgekehrt war. Der Jubel wurde jedoch von der Furcht überschattet, dass nichts Gutes daraus werden würde.

In Charitys Haus wurde beschlossen, dass Torm die Neuigkeit übermitteln sollte. Torm geriet in Zweifel darüber, als die Zeit näher rückte, doch Charity wurde in ihrem Ansinnen nicht wankelmütig. Schließlich ging er mit dem Wasser zum Rasieren für den Herren hinein, nachdem er sich zuvor noch mit etlichen Schlucken aus einer schwarzen Flasche Mut angetrunken hatte. Er versuchte dreimal, die Mitteilung zu überbringen, doch jedes Mal verließ ihn der Schneid und er hastete hinaus unter dem Vorwand, das Wasser sei kalt geworden. Beim letzten Mal wurde Charity darauf aufmerksam.

»In Gottsnamen, Torm, willst du Schweineschwarte brühen?«, fragte sie sarkastisch.

Als er das nächste Mal eintrat, schäumte der Colonel vor Ungehaltenheit, also musste er das Wasser herrichten. Er stellte die Kanne ab und beschäftigte sich mit scheinheiliger Beflissenheit. Endlich war der Colonel beinahe fertig. Torm zog sich zur Tür zurück. Als sein Herr das Rasieren beendete, legte Drinkwater die Hand auf den Türgriff, drückte ihn herab und sagte: »Miss Polly ist gestern Nacht heimgekommen, sie sagt, Frühstück wär' um neun bei ihr.«

Patsch! flog die Rasierschale gegen die Tür, gerade als Torm sich hinausdrückte, und das Gebrüll des Colonels folgte ihm durch den Flur.

Als schließlich ihr Herr auf der Veranda erschien, sahen Torm und Charity mit begründetem Zweifel dorthin und fragten sich, ob er nicht auf der Stelle seine lang angedrohte Absicht ausführen würde. Er schritt auf der langen Veranda auf und ab, offensichtlich in großer Erregung.

»Er ist furchtbar heut früh«, sagte Torm, »hat den ganzen Topf mit kochendem Wasser nach mir geschmissen.«

»Schade, dass er dich nicht ordentlich verbrüht hat«, sagte seine Frau mitfühlend. Sie war der Meinung, Torms Ungeschicklichkeit hätte Pollys letzte Chance zunichte gemacht. Torm suchte Zuflucht bei seiner schwarzen Flasche und begann, von dem apokalyptischen See aus Feuer und Schwefel zu reden.

Auf und ab schritt der Colonel auf der Veranda. Sein Pferd wartete am Geländer, wo es vor dem Frühstück immer hingebracht wurde. (Zwanzig Jahre lang hatte er wenn möglich keinen Morgenritt verpasst.) Schließlich ging er hinunter und kontrollierte den Sattel; natürlich war alles falsch gemacht worden. Er zurrte ihn fest, saß auf und ritt in die entgegengesetzte Richtung zu der davon, aus welcher die Einladung an ihn ergangen war. Charity, die aus ihrer Tür schaute, fügte in ihre Schmährede gegen »alle nichtsnutzigen, besoff'nen dämlichen Nigger« einen gefühlsgeladenen Einschub des Inhalts ein, dass »wenn der Herr heut früh auf Master Bob trifft, wird von beiden weder Haut noch Haar überbleiben, und das Lämmchen da drüben wartet wahrscheinlich noch mit Auschtern auf ihn«.

Torm war so beeindruckt, dass er Charity verließ und aus dem Haus ging.

Der Colonel ritt über die Plantage, sein stattliches graues Pferd sprühte vor Leben im hellen Wintersonnenschein. Er zügelte es und bog in einen Querweg ein, der aus der Plantage heraus und auf die Hauptstraße führte. Mechanisch öffnete er das Tor und ritt hinaus. Bevor er merkte, wo er war, war er schon durch den Wald, und sein Pferd hatte vor dem nächsten Tor angehalten. Es war das zu Bobs Anwesen. Das Haus stach hell und schlicht aus den Bäumen im Hof hervor; blaue Rauchsäulen stiegen beinahe senkrecht aus den Schornsteinen und er konnte zwei oder drei Neger zwischen der Küche und dem Haus hin und her rennen sehen. Das Sonnenlicht glitzerte auf etwas, das einer von ihnen in der Hand hatte, und schickte einen Strahl blendenden Lichts bis zu dem alten Mann. Er wusste, es war eine Schüssel oder ein Teller. Er nahm seine Uhr heraus und warf einen Blick darauf; es war fünf Minuten vor neun Uhr. Schon wollte er umkehren und wieder nach Hause reiten. Währenddessen aber überwältigte ihn die Erinnerung an die Vergangenheit und all das Unrecht, das ihm angetan worden war. Er würde dorthin gehen und ihnen seine Verachtung für sie zeigen, indem er direkt hinein- und gleich wieder herausritt; und er öffnete tatsächlich das Tor und verschaffte sich Zutritt. Als er über die freie Fläche ritt, fiel ihm alles ein, was Polly seit der Zeit, als sie erstmals ihre Ärmchen zu ihm ausgestreckt hatte, für ihn gewesen war; all die Kleinigkeiten, mit denen sie ihm seine Jugend wiedergebracht und sein Haus zu einem Heim und sein Herz wieder weich gemacht hatte. Jede Szene stand ihm vor Augen, wie um ihn zu verhöhnen. Er spürte noch einmal die Berührung ihres Händchens, hörte wieder den Klang ihrer Stimme, wie sie immer durchs alte Haus und über das Grundstück geschallt hatte, sah sie und Bob als Kinder um seine Füße herumtollen und musste gewaltig schlucken bei dem Gedanken, wie verlassen das Haus nun war. Er richtete sich steifer denn je in seinem Sattel auf. Verd...! Er würde dessen Haus betreten und ihm und ihr ihre Niedertracht ins Gesicht schleudern; er versetzte sein Pferd in Trab. Zum Gartentor ritt er und band sein Pferd nach dem Absitzen an den Zaun. Dann knallte er das Tor heftig hinter sich zu, schritt stramm über den Weg, die Hand fest um die Peitsche gekrallt. Den Weg entlang und die Treppe hinauf ohne Pause, sein Gesicht so hart wie Fels und puterrot vor unterdrückter Emotion; denn eine Flut an Erinnerung überwältigte ihn.

Die Tür war geschlossen; sie hatten sie vor ihm zugesperrt; doch er würde sie aufbrechen und ... Oh! Was war denn das?

Mit einem Mal flog die Tür auf, es ertönte ein Schrei, ein Satz, eine undeutliche Vision verschwamm vor seinen Augen und zwei Arme wurden um seinen Hals geschlungen, während er mit Küssen vom süßesten Mund auf der ganzen Welt überschüttet wurde und ein Gesicht aus Licht und Lachen, aber auch tränenfeucht wie eine in Tau gebadete Blume, an seines gedrückt wurde, und bevor es der Colonel richtig mitbekam, war er unter Lachen und Schluchzen und Umarmungen ins Haus gezogen und vor den reizendsten kleinen Frühstückstisch gedrückt worden, den Augen je gesehen hatten, für drei Personen gedeckt, mit dampfenden Gerichten beladen und mit einem großen frischen Julep neben seinem Teller, und Torm stand hinter seinem Stuhl, während Bob ihm »Auschtern« auftischte, und Polly mit Grübchen im Gesicht versuchte sich an der schwierigen Aufgabe, ihm den Kaffee einzuschenken, ohne ihrem Arm von seinem Hals zu nehmen.

Das Erste, was er sagte, bevor er wieder zu Atem kam, war: »Wo hast du diese Minze her?«

Polly brach in schallendes, köstlich perlendes Lachen aus und schloss den Arm noch fester um seinen Hals.

»Bloß noch ein Drücken«, sagte der Colonel; und als sie ihm gehorchte, sagte er, da ihm alles allmählich dämmerte: »Verdammt, wenn ich dich nicht verkaufe! Oder wenn ich dich nicht verkaufen kann, werde ich dich weggeben – das heißt, wenn er herüberkommt und bei uns wohnt.«

An jenem Abend nach dem großen Dinner, bei dem Polly auf ihrem alten Platz am Kopf der Tafel gesessen war und Bob am unteren Ende, weil der Colonel darauf bestand, dort zu sitzen, wo Polly ihn »noch einmal drücken« konnte, strahlte die ganze Plantage vor »Weihnacht«, und Drinkwater Torm, der sich ans Sideboard klammerte, hielt eine Ansprache über Frieden auf Erden und allen Menschen ein Wohlgefallen, die so überwältigend und wortgewandt war, dass der Colonel sich begeistert erhob, ihm zuprostete und sagte: »Verdammt, wenn ich dich je wieder verkaufe!«

Nathaniel Hawthorne

Das Weihnachtsbankett

»Ich habe hier den Versuch unternommen«, sagte Roderick, einige Manuskriptseiten ausbreitend, während er mit Rosina und dem Bildhauer im Sommerhaus saß, »ich habe den Versuch unternommen, eine Persönlichkeit zu erfassen, die auf meinem Weg durch das Leben gelegentlich an mir vorübergleitet. Wie ihr wisst, haben mir meine früheren traurigen Erlebnisse ein gewisses Maß an Einsicht in die düsteren Abgründe des menschlichen Herzens beschert, in denen ich umherstreifte wie ein in einer dunklen Höhle Verirrter, dessen Fackel kurz vor dem Verlöschen ist. Doch dieser Mensch – dieser Menschenschlag – ist ein unergründliches Rätsel.«

»Erläutern Sie ihn doch gütigst«, sagte der Bildhauer.

»Geben Sie uns zunächst einmal ein geistiges Bild von ihm.«

»Wahrhaftig«, erwiderte Roderick, »es handelt sich um ein Wesen, von dem ich mir vorstellen kann, dass Sie es in Marmor hauen könnten und eine bisher noch nicht erreichte Vollkommenheit menschlichen Wissens es mit einem vorzüglichen Trugbild von Verstand versehen könnte; und dennoch fehlte die letzte unschätzbare Spur eines göttlichen Schöpfers. Er sieht wie ein Mensch aus, wohl auch wie ein besserer Vertreter der Menschheit, als Ihnen gewöhnlich begegnet. Sie mögen ihn weise schätzen – er ist imstande, einen kultivierten und vornehmen Eindruck zu vermitteln, und hat zumindest ein äußerliches Bewusstsein –, aber die Anforderungen, die Geist an Geist stellt, kann er gerade nicht erfüllen. Wenn Sie schließlich in seine unmittelbare Nähe kommen, werden Sie ihn kühl und wesenlos finden – ein bloßer Schemen.«

»Ich glaube«, sagte Rosina, »ich habe den Schimmer einer Ahnung, was du meinst.«

»Dann sei dankbar«, antwortete ihr Gemahl lächelnd, »aber erwarte keine weitere Erhellung von dem, was ich euch vorlesen werde. Ich habe mir hier einen Mann vorgestellt, der – wozu er wahrscheinlich nie imstande ist – sich dem Mangel in seiner geistigen Organisation bewusst ist. Mich dünkt, daraus ergäbe sich ein Gefühl kalter Unwirklichkeit, mit dem er fröstelnd durch die Welt ziehen würde, während er sich danach sehnt, seine Eiseslast gegen jedwede Bürde wahren Kummers einzutauschen, die das Schicksal einem Menschenwesen auferlegen kann.«

Roderick begnügte sich mit dieser Vorbemerkung und begann zu lesen:

Im Testament eines gewissen alten Herrn fand sich ein Vermächtnis, das als sein letzter tätiger Wille auf einzigartige Weise mit einem langen Leben in melancholischer Exzentrizität übereinstimmte. Zur Einrichtung einer Stiftung hinterließ er eine beträchtliche Summe, deren Zinsen künftig jedes

Jahr zur Ausrichtung eines Weihnachtsbanketts für zehn der unglücklichsten Personen ausgegeben werden sollten, die sich ausfindig machen ließen. Es schien nicht die Absicht des Erblassers zu sein, diese zehn traurigen Herzen fröhlich zu machen, sondern dafür zu sorgen, dass der abschreckende oder schreckliche Ausdruck menschlicher Unzufriedenheit selbst an diesem einen heiligen und freudvollen Tag nicht im Jubel festlicher Dankbarkeit untergeht, den die ganze Christenheit aufbietet. Und er wünschte desgleichen, seine eigene

Auflehnung gegen den irdischen Lauf der Vorsehung und seinen trübseligen und mürrischen Dissens von jenen Systemen der Religion oder Philosophie zu verewigen, die den Sonnenschein entweder in der Welt finden oder ihn vom Himmel her beziehen.

Die Aufgabe, die Gäste einzuladen oder unter jenen auszuwählen, die ihre Ansprüche vortrugen, an dieser traurigen Gastfreundschaft teilzuhaben, war den beiden Treuhändern oder Kämmerern der Stiftung anvertraut. Diese Herren waren wie ihr verstorbener Freund von düsterem Gemüt und machten es sich zu ihrer vorrangigen Beschäftigung, die schwarzen Fäden im Gewebe des Menschenlebens zu zählen und alle goldenen außer Betracht zu lassen. Sie führten ihr besagtes Amt untadelig und nach bestem Ermessen aus. Der Anblick der versammelten Gesellschaft mag am Tag des ersten Festes zugegebenermaßen nicht jeden Betrachter dahingehend zufrieden gestellt haben, dass gerade diese Individuen, von überallher ausgewählt, mit ihren Kümmernissen würdig waren, die große Masse menschlichen Leids darzustellen. Doch nach reiflicher Überlegung ließ sich nicht bestreiten, dass hier eine Mannigfaltigkeit hoffnungslosen Elends vertreten war, das auch wenn es manchmal aus offenbar unzureichenden Ursachen entsprang, damit einen nur umso schärferen Vorwurf gegen das Wesen und Weben des Lebens darstellte.

Die Einrichtung und Dekoration des Banketts sollte, so ist anzunehmen, jenes »Totsein im Leben« symbolisieren, womit der Erblasser die Existenz definiert hatte. Der von Fackeln erleuchtete Saal war rundherum mit Vorhängen in düsterem, dunklen Purpur behangen und mit Zypressenzweigen sowie Kränzen aus künstlichen Blumen geschmückt, welche denen glichen, die über die Toten gestreut zu werden pflegten. Ein Zweig Petersilie lag neben jedem Teller. Der Wein war hauptsächlich in einer silbernen Totenurne dekantiert, aus welcher der Rebensaft am Tisch in kleine Pokale verteilt wurde, die genau denen nachgebildet waren, welche in uralter Zeit die

Tränen der Trauernden aufgefangen hatten. Genauso wenig hatten die Kämmerer – sofern diese Einzelheiten nach ihrem Geschmack arrangiert waren – die Laune der alten Ägypter vergessen, die ein Skelett an jede festliche Tafel setzten und ihre eigene Ausgelassenheit mit dem unerschütterlichen Grinsen eines Totenschädels parodierten. Solch ein Schrecken einflößender Gast saß, in einen schwarzen Mantel gehüllt, nun am Kopf der Tafel. Es wurde geflüstert – mit welchem Wahrheitsgehalt, entzieht sich meiner Kenntnis –, dass der Erblasser selbst im Knochengefüge ebendieses Skeletts auf seinen irdischen Pfaden gewandelt sei und dass sein Testament die Klausel enthalten habe, er dürfe Jahr für Jahr dem Bankett beiwohnen, das er gestiftet hatte. Wenn dem so war, ließ sich daraus insgeheim schließen, dass er sich keinen Hoffnungen auf eine Seligkeit jenseits des Grabens hingegeben hatte, die ihn für die Übel entschädigen würde, die er hier erlitten oder imaginiert hatte. Und wenn die tafelnden Gäste in ihren bestürzten Mutmaßungen über den Sinn des Lebens den Schleier lüften und einen wissbegierigen Blick auf dieses Sinnbild des Todes werfen würden, um dort die anderswo nicht zu erlangende Lösung zu suchen, so wäre die einzige Antwort ein starrer Blick aus leeren Augenhöhlen und ein Grinsen der Kiefernknochen gewesen. Dies war die Antwort, die der Verstorbene erhalten zu haben glaubte, als er den Tod darum bat, das Rätsel seines Lebens zu lösen; und es war sein Wunsch, sie augenfällig zu wiederholen, wenn die Empfänger seiner bedrückenden Gastfreundschaft sich ratlos vor dieselbe Frage gestellt sahen.

»Was bedeutet dieser Kranz?«, wollten einige aus der Gesellschaft beim Anblick der Tischdekoration wissen.

Ihre Frage bezog sich auf einen Zypressenkranz, der von einem aus dem schwarzen Mantel ragenden Skelettarm in die Höhe gehalten wurde.

»Das ist eine Krone«, sagte einer der Kämmerer, »nicht für den Würdigsten, sondern für den Bekümmertsten, wenn er seinen Anspruch geltend gemacht haben wird.«

Der Gast, der am frühesten zu dem Fest geladen wurde, war ein Mann von sanftem Charakter, der nicht die innere Kraft hatte, um sich gegen die schwere Verzagtheit zu wehren, für die sein Temperament ihn anfällig machte, weswegen er, obwohl ihm äußerlich nichts zu seinem Glück fehlte, ein Leben in stillem Leiden geführt hatte, das sein Blut träge machte, ihm das Atmen erschwerte und wie ein bedrückender Alp auf jedem Schlag seines kraftlosen Herzens saß. Sein Elend schien so tief wie sein ursprüngliches Wesen zu sein, wenn nicht ein und dasselbe. Das Unglück eines weiteren Gastes war es, in seinem Busen ein krankes Herz zu hegen, das so elend wund geworden war, dass die fortwährenden und unausweichlichen Reibungen mit der Welt, der Schlag eines Feindes, das achtlose Rempeln eines Fremden und sogar die ergebene und liebevolle Berührung eines Freundes sämtliche Geschwüre darin auslösten. Wie bei solcherart geschlagenen Menschen üblich, bestand seine Hauptbeschäftigung darin, diese beklagenswerten Wunden jedem zu offenbaren, der sich der Mühsal unterzog, sie zu betrachten. Dritter Gast war ein Hypochonder, dessen Vorstellungsgabe in seiner äußeren wie inneren Welt fortwährend Nekromantik betrieb und ihn dazu brachte, grässliche Fratzen im häuslichen Kaminfeuer, Drachen in den Sonnenuntergangswolken, Widersacher im Gewande schöner Frauen und überhaupt hinter allen reizvollen Erscheinungsformen der Natur etwas Hässliches oder Heimtückisches zu sehen. Sein Tischnachbar war jemand, der in seiner frühen Jugend der Menschheit zu sehr vertraut und zu große Hoffnungen in sie gesetzt hatte, weshalb er nach vielen Enttäuschungen zu einem verzweifelten Griesgram geworden war. Schon seit etlichen Jahren beschäftigte sich dieser Misanthrop damit, immer neue Gründe zu finden, um seine Mitmenschen zu hassen und zu verachten – als da wären Mord, Wollust, Verrat, Undankbarkeit, Treulosigkeit von treu geglaubten Freunden, instinktive Boshaftigkeit von Kindern, Unkeuschheit von Frauen, verborgene Schuld in Menschen von heiligem

Gehabe – und kurz gefasst jegliche Art rabenschwarzer Erscheinungsformen, die sich mit äußerem Liebreiz oder Glanz zu zieren trachteten. Jede noch so abscheuliche Tatsache, die seinem Katalog hinzugefügt wurde – jede Zunahme seines traurigen Wissens, mit dessen Ansammlung er sein Leben verbrachte –, ließ die angeborenen Antriebe des liebevollen und vertrauenden Herzens in diesem bedauernswerten Mann jedoch vor Pein aufstöhnen. Als Nächster schlich sich mit tief gebeugter schwerer Stirn ein von Natur aus ernsthafter und leidenschaftlicher Mann in den Saal, der seit seiner unendlich fernen Kindheit die Gewissheit einer bedeutenden Botschaft an die Welt in sich gefühlt hatte, aber bei dem Versuch sie zu verkünden entweder keine Stimme oder Vortragsweise oder auch keine Ohren gefunden hatte, die zuhören wollten. Deshalb bestand sein ganzes Leben aus einer bitteren Selbstbefragung: »Warum hat die Menschheit meine Mission nicht gewürdigt? Bin ich nicht ein selbst verblendeter Narr? Was ist mein Geschäft auf dieser Erde? Wo ist mein Grab?« Während des Festes bediente er sich ausgiebig aus der mit Wein gefüllten Totenurne, weil er hoffte, so das himmlische Feuer zu löschen, das seine Brust versehrte und seinen Mitmenschen nicht von Nutzen sein konnte.

Schließlich trat – nachdem er das Eintrittsbillett zu einem Ball weggeworfen hatte – ein kecker Galan vergangener Tage ein, der vier oder fünf Fältchen in seiner Stirn und mehr graue Haare, als er zu zählen imstande war, auf seinem Haupt gefunden hatte. Obwohl er mit Verstand und Feingefühl ausgestattet war, hatte er seine Jugend nichtsdestoweniger in Torheit vertan, war aber schließlich an jenem düsteren Punkt im Leben angelangt, wo die Torheit von sich aus Abschied nimmt und es uns selbst anheim stellt, uns mit Weisheit anzufreunden, sofern wir es vermögen. Teilnahmslos und trostlos war er demnach zu dem Bankett gekommen, um dort nach Weisheit zu suchen, und fragte sich, ob das Skelett sie wohl verkörperte. Um die Gesellschaft abzurunden, hatten die Kämmerer einen bekümmerten Poeten aus seiner Wohnstatt im Armenhaus und einen melancholischen Schwachkopf von der Straßenecke eingeladen. Letzterer hatte gerade noch den Schimmer von Verstand, der ausreichte, ihm die Leere bewusst zu machen, die der arme Tropf – sein ganzes Leben lang im Trüben tappend – mit Intelligenz zu füllen versucht hatte, indem er die Straßen auf und ab gewandert war und jämmerlich gestöhnt hatte, weil seine Bemühungen nichts fruchteten. Die einzige Dame im Saal war eine Person, der nur der geringfügige Defekt eines leicht schielenden linken Auges zur absoluten und perfekten Schönheit fehlte. Doch dieser Makel, so winzig er auch war, entsetzte mehr noch als ihre Eitelkeit das hehre Ideal ihrer Seele derart, dass sie ihr Leben in Abgeschiedenheit verbrachte und ihr Antlitz selbst vor ihrem eigenen Blick verhüllte. Und so saß das Skelett verhüllt am einen Ende des Tisches und diese bedauernswerte Dame am anderen.

Es bleibt noch ein weiterer Gast zu beschreiben. Dieser war ein junger Mann mit glatter Stirn, rosigen Wangen und modischem Gebaren. Seinem Äußeren nach zu schließen hätte er viel angemessener an einer fröhlichen Weihnachtstafel Platz gefunden, als zu dieser zerrütteten, vom Schicksal geplagten, wahngequälten Schar unseliger Festgäste gezählt zu werden. Gemurmel erhob sich unter den Gästen, als sie den Blick allgemeiner Wissbegierde bemerkten, mit dem der Eingetretene seine Gefährten musterte. Was hatte er unter ihnen zu suchen? Warum streckte das Skelett des toten Stifters dieser Feier nicht seine klappernden Gelenke, erhob sich und wies dem unwillkommenen Fremden die Tür?

»Es ist eine Schande«, sagte der Morbide, während in seinem Herzen ein neues Geschwür aufbrach. »Er kommt her, um uns zu verhöhnen! Wir werden seinen Zechkumpanen als Witzfiguren dienen! Er wird unser Elend zur Farce machen und diese dann auf die Bühne bringen!«

»Oh, macht euch nichts aus ihm!«, sagte der Hypochonder mit säuerlichem Lächeln. »Er soll sich an jener Terrine Vipernsuppe laben, und wenn ein Frikassee aus Skorpionen auf den Tisch kommt, so soll er sich bitte auch bedienen. Zum Nachtisch soll er von den Äpfeln Sodoms kosten. Wenn er dann noch unser Heiligabend-Mahl mag, soll er nächstes Jahr wiederkommen!«

»Behelligt ihn nicht«, murmelte der Melancholiker sanft. »Kommt es denn darauf an, ob das Innewerden von Leid ein paar Jahre früher oder später kommt? Wenn dieser Jüngling sich jetzt glücklich wähnt, so soll er sich ruhig um des künftigen Elends willen zu uns setzen.«

Der arme Einfältige näherte sich dem jungen Mann mit jener traurigen Miene leerer Wissbegierde, die er beständig im Gesicht trug und die die Menschen zu der Aussage verleitete, er sei stets auf der Suche nach seinem fehlenden Verstand. Nach geraumer Prüfung berührte er die Hand des Fremden, zog die seine jedoch augenblicklich wieder zurück, wobei er den Kopf schüttelte und erschauderte.

»Kalt, kalt, kalt!«, brabbelte der Einfältige.

Der junge Mann erschauderte ebenfalls – lächelte aber dabei.

»Meine Herren – und Sie, meine Dame«, sagte einer der Kämmerer der Abendgesellschaft, »schätzen Sie sowohl unsere Umsicht als auch unser Urteilsvermögen nicht so gering, dass Sie auf den Gedanken kommen, wir hätten diesen jungen Fremdling mit Namen Gervayse Hastings ohne eine volle Untersuchung und bedachtsame Abwägung seiner Ansprüche zugelassen. Vertrauen Sie mir: Kein Gast am Tisch hat größeres Anrecht auf seinen Platz.«

Die Bürgschaft des Kämmerers musste genügen. Die Gesellschaft nahm daher ihre Plätze ein und widmete sich mit allem Ernst dem feierlichen Anlass, wurde aber bald vom Hypochonder gestört, der seinen Stuhl zurückstieß und sich gleichzeitig beschwerte, dass ihm ein Teller mit gedünsteten Kröten und Vipern vorgesetzt worden und grünes Gossenwasser in seinem Weinkelch sei. Nachdem die Angelegenheit bereinigt worden war, nahm er still wieder seinen Platz ein. Der Wein, der freigebig aus der Totenurne floss, schien mit ausschließlich düsteren Eingebungen versetzt zu sein. Sein Einfluss auf die Feiernden war daher nicht aufheiternd, sondern stieß sie entweder noch tiefer in ihre Melancholie oder beflügelte ihre Lebensgeister zu einem Höhenflug der Leiderfahrung. Das Gespräch war vielseitig. Traurige Geschichten von Leuten, die bei einem Fest wie diesem würdige Gäste gewesen wären, machten die Runde. Es wurde gesprochen von haarsträubenden Vorfällen in der Geschichte der Menschheit; von sonderbaren Verbrechen, die im rechten Licht besehen nur ein Aufbäumen seelischer Pein waren; von bestimmten Leben, die vollkommen zugrunde gerichtet wurden, und von anderen, die ganz den Anschein von Glück trugen, aber früher oder später doch durch Pech wie etwa das Auftauchen eines grimmigen Gesichts bei einem Bankett aus der Bahn gerieten; von Totenbettszenen und dunklen Andeutungen, welche die Worte Sterbender einflößen mochten; vom Selbstmord und davon, ob dieser eher durch die Schlinge, das Messer, Gift, Ertränken, allmähliches Verhungern oder Kohlengase auszuführen sei. Wie es bei Menschen üblich ist, die durchwegs und von Grund auf krank im Herzen sind, brannte die Mehrzahl der Gäste darauf, ihre eigenen Kümmernisse zum Gesprächsthema zu machen und sich selbst als besonders durch seelische Pein ausgezeichnet zu erweisen. Der Misanthrop drang tief in die Philosophie des Bösen vor und durchmaß die Finsternisse, wobei nur hin und wieder ein Strahl fahlen Lichts grässliche Gestalten und entsetzliche Szenen erhellte. Dabei zog er manch einen unglücklichen Gedanken, auf den die Menschen im Lauf der Zeit gestoßen sind, wieder ans Licht und weidete sich daran wie an einem unschätzbaren Edelstein, einem Diamanten, einem Schatz, noch kostbarer als jene strahlend hellen, geistigen Offenbarungen einer besseren Welt, die wie edle Steine aus dem Straßenpflaster des Himmels sind. Und dann, mitten in seiner Rede vom Elend der Welt, verbarg er sein Gesicht und weinte.

Es war eine Feier, in die der leidvolle Mann von Uz zusammen mit all denen, die in ihrem jeweiligen Alter die Bitterkeit des Lebens bis zur Neige gekostet haben, sehr gut gepasst hätte. Und es sei auch erwähnt, dass jeder oder jede von einer Frau Geborene, wie sehr auch vom Glück begünstigt, in dem einen oder anderen trübsinnigen Augenblick das Anrecht auf ein gramerfülltes Herz geltend gemacht hätte, um sich an diese Tafel zu setzen. Doch während der ganzen Feier fiel auf, dass es dem jungen Fremdling Gervayse Hastings nicht gelang, den hier vorherrschenden Geist zu erfassen. Bei jedem tiefsinnigen, starken Gedanken, der geäußert und sozusagen aus den trübseligsten Winkeln des menschlichen Bewusstseins gerissen wurde, machte er ein rätselndes und verdutztes Gesicht, sogar mehr noch als der arme Einfältige, der diese Äußerungen mit seinem ernsten Herzen aufzufangen und sie deshalb gelegentlich zu verstehen schien. Was der junge Mann von sich gab, war von kühler und leichter Art, oft geistreich, doch ohne die eindringlichen Eigenschaften eines Wesens, das sich durch Leiden herausgebildet hat.

»Sir«, sagte der Misanthrop brüsk in Erwiderung auf eine Bemerkung von Gervayse Hastings, »bitte sprechen Sie mich nicht wieder an. Wir haben kein Recht, miteinander zu reden. Unsere Gemüter haben nichts miteinander gemein. Aufgrund welchen Anspruchs Sie zu diesem Bankett erscheinen, entzieht sich meiner Kenntnis; aber mich dünkt, einem Mann, der sagen kann, was Sie gerade eben geäußert haben, müssen meine Gefährten und ich wie nichts als Schatten, die über eine Wand flimmern, erscheinen. Und genau solch ein Schatten sind Sie für uns!«

Der junge Mann lächelte und verbeugte sich, drückte sich aber tiefer in seinen Stuhl und knöpfte den Mantel über seiner Brust zu, als würde es im Bankettsaal kühl werden. Wiederum richtete der Einfältige seinen melancholischen Blick auf den Jugendlichen und brummelte: »Kalt! Kalt! Kalt!«

Das Bankett fand seinen Abschluss und die Gäste brachen auf. Kaum hatten sie die Schwelle des Saals überschritten, erschien das soeben Erlebte wie die Vision einer krankhaften

Einbildung oder die Ausdünstung eines abgestorbenen Herzens. Während des folgenden Jahres jedoch erhaschten diese melancholischen Menschen kurze Blicke voneinander, in der Tat nur vorübergehend, doch lange genug für den Beweis, dass sie mit der gewöhnlichen Zuteilung an Wirklichkeit über die Erde wandelten. Manchmal begegneten sich zwei von Angesicht zu Angesicht, während sie sich in ihre düsteren Mäntel gehüllt durch die abendliche Dämmerung stahlen. Manchmal trafen sie sich zufällig auf Friedhöfen. Einmal geschah es sogar, dass zwei der trostlosen Bankettgäste sich gegenseitig erschreckten, da sie einander im mittäglichen Sonnenschein einer belebten Straße erkannten, auf der sie wie verirrte Geister herumwandelten. Zweifellos wunderten sie sich, warum nicht auch das Skelett am helllichten Mittag auf die Straße trat!

Doch wann immer ihre Obliegenheiten diese Weihnachtsgäste in die geschäftige Welt nötigten, begegneten sie mit Sicherheit dem jungen Mann, der aus unerfindlichen Gründen auch zu ihrer Feier zugelassen worden war. Sie sahen ihn unter den Fröhlichen und vom Glück Begünstigten; sie fingen das sonnige Funkeln in seinen Augen auf; sie hörten den leichten und unbekümmerten Tonfall seiner Stimme – und murmelten mit einer Ungehaltenheit, wie sie nur der Adel des Elends entfachen kann, in sich hinein: »Der Verräter! Der üble Heuchler! Die Vorsehung wird ihm zur rechten Zeit schon noch einen Grund geben, mit uns zu feiern!« Der unerschrockene Blick des jungen Mannes verweilte indes auf ihren düsteren Gestalten, als sie vorübergingen, und schien wohl mit einem gewissen verächtlichen Grinsen zu sagen: »Findet erst mein Geheimnis heraus, dann könnt ihr eure Ansprüche mit den meinen messen!«

Die Zeit verflog mit stetem Schritt und brachte sie bald wieder, die fröhliche Weihnacht mit herzlicher und ehrfürchtiger Andacht in den Kirchen, mit Vergnügungen, Spielen und Festen, und überall gab es freudestrahlende Gesichter am häuslichen Herd. Gleichfalls erleuchteten die Todesfackeln wieder den wie zum Leichenbegängnis mit düsteren purpurnen Vorhängen geschmückten Bankettsaal. Das Skelett präsidierte mit dem über den Kopf erhobenen Zypressenkranz als Belohnung für denjenigen Gast, der in den Befähigungen, die hier den Vorzug genossen, besonders hervorstach. Da die Kämmerer das Elend in der Welt für unerschöpflich hielten und danach strebten, es in all seinen Erscheinungsformen zu erkennen, hatten sie es nicht für angebracht gehalten, die Gesellschaft des vorigen Jahres wieder zu versammeln. Neue Gesichter verbreiteten ihren düsteren Glanz über die Tafel.

Da war ein Mann mit einem beachtlichen Gewissen, der einen Blutfleck im Herzen trug – den Tod eines Mitgeschöpfs –, der zu seiner gesteigerten Pein unter so besonderen Umständen eingetreten war, dass er nicht mit völliger Sicherheit bestimmen konnte, ob sein Wille dabei eine Rolle gespielt hatte oder nicht. Deshalb quälte er sich sein ganzes Leben mit einem wegen Mordes sich selbst auferlegten Prozess, sämtliche Einzelheiten seines schrecklichen Unglücks fortwährend ausforschend, bis in seinem Kopf kein Gedanke und in seiner Seele keine Empfindung mehr verblieb, die nicht damit zu tun hatten. Da war auch eine Mutter – einst eine Mutter, nun aber ein Häufchen Elend –, die vor vielen Jahren zu einer Lustbarkeit gegangen war und bei der Rückkehr ihren Säugling in seinem Bettchen erstickt vorfand. Seitdem wurde sie von der Vorstellung gequält, dass ihr begrabenes Baby immer noch röchelnd im Sarg lag. Dann gab es eine betagte Dame, die seit unerdenklicher Zeit an einem ständigen Zittern litt. Ihr flackernder dunkler Schatten an der Wand war schrecklich anzusehen; auch ihre Lippen zitterten, und der Ausdruck ihrer Augen schien anzuzeigen, dass ihre Seele ebenfalls zitterte. Aufgrund der Verblüffung und Verwirrung, die aus ihrem Verstand fast ein völliges Chaos machten, ließ sich unmöglich erkennen, welches schreckliche Unglück ihr Wesen so bis in die Grundfesten erschüttert hatte, dass die Kämmerer sie nicht aus der Kenntnis ihrer Geschichte, sondern aufgrund des sicheren Zeugnisses ihres erbärmlichen Anblicks zur Tafel zugelassen hatten. Einige Verwunderung wurde ausgedrückt angesichts der Gegenwart eines gutmütigen Herren mit rotem Gesicht, eines gewissen Mr Smith, der offensichtlich das Fett so manch eines üppigen Gelages mit sich herumtrug und durch sein gewohnheitsmäßiges Augenzwinkern eine Neigung verriet, schon aus nichtigem oder gar keinem Anlass in brüllendes Gelächter auszubrechen. Es stellte sich jedoch heraus, dass unser bedauernswerter Freund trotz bester geistiger Verfassung mit einer Herzkrankheit geschlagen war, die ihn beim geringsten Anflug eines Lachanfalls oder allein bei dem von fröhlichen Gedanken hervorgerufenen körperlichen Kitzel mit dem augenblicklichen Tod bedrohte. In diesem Dilemma hatte er unter dem offensichtlichen Vorwand seines beschwerlichen und beklagenswerten Zustands, doch in Wahrheit in der Hoffnung, eine ihm das Leben erhaltende Melancholie aufzusaugen, um die Zulassung zum Bankett gesucht.

Ein Ehepaar war aus Gründen bitterster Ironie eingeladen worden. Es war allenthalben bekannt, dass sie einander jedes Mal unaussprechliches Leid zufügten, wann immer sie sich unter die Augen kamen, weshalb sie unbedingt zur Feiergesellschaft gehören mussten. Im Gegensatz dazu stand ein anderes Paar, das noch unverheiratet war. Die beiden hatten früh im Leben ihre Herzen aneinander verloren, waren aber von Umständen so ungreifbar wie Morgennebel getrennt und voneinander so lange fern gehalten worden, dass ihre Seelen nun unfähig waren, einander zu begegnen. Deshalb fühlten sie sich, obwohl sie noch nach Vereinigung strebten, aber voreinander zurückwichen und auch niemanden sonst erwählten, vom Leben ungeliebt und betrachteten die Ewigkeit als grenzenlose Wüste. Neben dem Skelett saß ein reiner Sohn der Erde, der sich beständig an der Börse herumtrieb – ein Sammler glänzenden Staubs –, ein Mann, dessen Lebenszeugnis nur aus seinem Kontobuch bestand und dessen

Seelenkerker die Bankgewölbe waren, wo er seine Einlagen aufbewahrte. Der Betreffende war von dieser Einladung sehr verblüfft gewesen, da er sich für einen der glücklichsten Männer der Stadt hielt, doch die Kämmerer bestanden auf seiner Anwesenheit und versicherten ihm, dass er keinen Begriff davon habe, wie elend er dran sei.

Doch nun tauchte eine Gestalt auf, in der wir unseren Bekannten von der letzten Feier erkennen müssen. Es war Gervayse Hastings, dessen Anwesenheit damals so viele verwundert und tadelnde Bemerkungen ausgelöst hatte. Er nahm seinen Platz ein mit dem Gebaren eines Menschen, dessen Ansprüche ihm selbst genügten und daher notwendigerweise auch von den anderen anerkannt werden mussten. Die sehr erfahrenen Betrachter blickten kurz in seine Augen und schüttelten den Kopf, da sie darin das unausgesprochene Mitgefühl – jenen unfälschbaren Gegenbeweis – der Menschen vermissten, deren Herzen Abgründe sind, durch die sie in eine Region grenzenlosen Kummers vordringen und dort andere Leidensgenossen erkennen.

»Wer ist dieser Jüngling?«, fragte der Mann mit dem Blutfleck auf dem Gewissen. »Er ist sicherlich noch nie in die Tiefe hinabgestiegen! Ich kenne jeden Gesichtsausdruck bei denen, die das Tal der Finsternis durchschritten haben. Mit welchem Recht befindet er sich unter uns?«

»Ach, es ist eine Sünde, ohne einen Kummer hierher zu kommen«, murmelte die betagte Dame in einem Tonfall, der das ewige Zittern erklärte, das ihr ganzes Wesen durchdrang. »Verlassen Sie uns, junger Mann! Ihre Seele ist noch nie erschüttert worden, und deshalb zittere ich umso mehr, wenn ich Sie ansehe.«

»Seine Seele erschüttert! Nein, dafür verbürge ich mich«, sagte der gutmütige Mr Smith, während er die Hand aufs Herz drückte und sich gleichzeitig so melancholisch stimmte, wie es nur ging, da er einen todbringenden Lachanfall fürchtete. »Ich kenne den Burschen gut; er hat so gute Aussichten wie jeder junge Salonheld und hat nicht mehr Recht unter uns elendigen Gestalten als ein ungeborenes Kind. Er hat nie Leid erfahren und wird es wohl auch nie!«

»Verehrte Gäste«, schalteten sich die Kämmerer ein, »bitte haben Sie Geduld mit uns und glauben Sie uns zumindest, dass unsere tiefe Verehrung für den heiligen Ernst dieser Feier jede absichtliche Zuwiderhandlung ausschließt. Empfangen Sie diesen jungen Herrn an Ihrer Tafel. Es ist sicher nicht übertrieben zu sagen, dass kein Gast hier sein eigenes Herz für das eintauschen würde, welches in diesem jugendlichen Busen schlägt.«

»Auf den Handel würde ich eingehen, noch dazu gerne«, murmelte Mr Smith mit einer verblüffenden Mischung aus Traurigkeit und fröhlichem Selbstdünkel. »Zum Kuckuck mit ihrem Unsinn! Mein Herz ist das einzig elende in dieser Gesellschaft – es wird mir noch den sicheren Tod bringen!«

Unbeschadet dessen setzte sich die Gesellschaft hin, da gegen das Urteil der Kämmerer keine Berufung eingelegt werden konnte. Der ungeliebte Gast machte keinen Versuch mehr, den Nachbarn seine Konversation aufzudrängen, sondern schien mit besonderer Aufmerksamkeit dem Tischgespräch zu lauschen, als könnte sich ein unschätzbares Geheimnis, das sonst für ihn nicht greifbar war, in einem beiläufigen Wort mitteilen. Für diejenigen, die es verstehen und schätzen konnten, gab es wahrhaftig reichhaltiges Material in den Aufwallungen und Ergüssen dieser initiierten Seelen, denen das Leid ein Talisman gewesen war, der sie in geistige Tiefen einließ, die kein anderer Zauberspruch eröffnen kann. Manchmal blitzte aus düsterer Schwermut kurz eine Strahlkraft auf, rein wie ein Kristall, hell wie die Sternenflammen, und warf einen so starken Lichtschein auf das Geheimnis des Lebens, dass den Gästen schon der Ausruf auf der Zunge lag: »Das Rätsel wird sicherlich gleich gelöst sein!« In solchen erleuchteten Augenblicken erspürten die traurigsten Leidtragenden die Offenbarung, dass irdischer Kummer nur schattenhaft und äußerlich ist, nichts weiter als die düsteren Roben, die voluminös eine bestimmte göttliche Wirklichkeit umhüllen und damit etwas anzeigen, was den sterblichen Augen ansonsten völlig unsichtbar bliebe.

»Gerade eben«, bemerkte die zitternde alte Dame, »war mir, als könnte ich das Äußerliche durchschauen. Und da verging mein immer währendes Zittern!«

»Ich wollte, ich könnte immer in jenen augenblickshaften Lichtstrahlen verweilen!«, sagte der Mann mit dem schwer geprüften Gewissen. »Dann würde der Blutfleck in meinem Herzen gründlich abgewaschen werden.«

Dieser Wortwechsel erschien dem guten Mr Smith so unverständlich absurd, dass er genau jenen Lachanfall bekam, vor dem ihn die Ärzte gewarnt hatten, da er sich augenblicklich als tödlich erweisen könnte. Und tatsächlich sank er in seinen Stuhl, ein lebloser Körper mit einem breiten Grinsen im Gesicht, während sein Geist womöglich noch neben ihm verweilte und sich über seinen unangekündigten Austritt wunderte. Dieser Unglücksfall bereitete der Feier natürlich ein abruptes Ende.

»Wie geht das zu? Sie erschauern nicht?«, bemerkte die zitternde alte Dame zu Gervayse Hastings, der den Toten sonderbar eindringlich anstarrte. »Ist es nicht schrecklich, ihn so urplötzlich mitten aus dem Leben gerissen zu sehen – diesen Mann aus Fleisch und Blut, dessen irdisches Wesen so warm und stark war? Meine Seele lebt in einem unaufhörlichen Zittern; aber darüber erzittert sie wieder ganz von neuem! Sie aber sind die Ruhe selbst!«

»Ich wünschte, er könnte mich etwas lehren!«, sagte Gervayse Hastings nach einem langen Atemzug. »Menschen gleiten wie Schatten an der Wand an mir vorüber – ihre Handlungen, Leidenschaften und Gefühle sind flackerndes Licht – und dann verschwinden sie! Weder die Leiche, noch das Skelett dort drüben und auch nicht das ewige Zittern dieser alten Frau können mir das geben, was ich suche.«

Daraufhin ging die Gesellschaft auseinander.

Wir können uns nicht mit der ausführlichen Erzählung

von noch mehr Umständen dieser einzigartigen Feiern aufhalten, die dem letzten Willen des Stifters entsprechend mit der Regelmäßigkeit einer festen Einrichtung abgehalten wurden. Im Laufe der Zeit machten die Kämmerer es sich zur Gewohnheit, jene Individuen von nah und fern einzuladen, deren Unglück bekannter war als das der anderen Menschen und deren geistige und moralische Entwicklung deshalb wohl ein entsprechend gesteigertes Interesse erregte. Der von der Französischen Revolution ins Exil getriebene Adelige wie auch der zerrüttete Soldat des Empire waren gleichermaßen an der Tafel vertreten. Gefallene Monarchen, die über die Erde irrten, haben Platz gefunden bei diesem verzweifelten und trübseligen Festmahl. Der Staatsmann nach seiner Entlassung durch die Partei konnte, wenn er sich dafür entschied, noch einmal für die Dauer eines einzigen Banketts ein großer Mann sein. Aaron Burrs* Name taucht in der Gästeliste auf, und zwar zu einer Zeit, als sein Ruin – der gründlichste und auffallendste, der mit mehr moralischen Begleitumständen einherging als bei fast jedem anderen Menschen – im Alter voller Einsamkeit vollkommen war. Stephen Girard** suchte einmal, als sein Reichtum ihn wie ein Gebirgsstock erdrückte, auf eigenes Bestreben Einlass. Es ist jedoch nicht wahrscheinlich, dass diese Männer irgendwelche Lektionen aus dem Wissensschatz von Unbehagen und Elend zu erteilen hatten, die nicht gleichermaßen bei den gewöhnlichen Bevölkerungsschichten zu studieren gewesen wären. Illustre Unglückliche ziehen breites Mitge-

* Aaron Burr (1756–1836): Amerikanischer Anwalt und Politiker, der es bis zum Vizepräsidenten brachte, dann aber aller Ämter ledig wurde und fliehen musste, weil er seinen innerparteilichen Konkurrenten Hamilton im Duell tötete. Er wollte dann die amerikanischen Weststaaten mit Mexiko vereinigen und ein Staatswesen nach napoleonischem Vorbild gründen. Doch auch das stürzte ihn nur noch in tiefere Not [Anm. d. Übers.].

** Stephen Girard (1750–1831): Ein steinreicher Bankier und Menschenfreund, der mit seinem Geld die Vereinigten Staaten unterstützte und bei seinem Tod fast sein ganzes Vermögen wohltätigen Organisationen hinterließ [Anm. d. Übers.].

fühl an, nicht weil ihre Sorgen bedrückender sind, sondern weil sie auf ihrem erhöhten Podest der Menschheit eher als Beispiele und Inbegriffe von Unglück dienen.

Für unseren Zweck genügt es, wenn wir erwähnen, dass Gervayse Hastings bei jeder Feier sein Gesicht zeigte, das sich unmerklich von der glatten Schönheit der Jugend zur nachdenklichen Anmut des Mannesalters und weiter bis zur kahlen, eindrucksvollen Würde des Alters veränderte. Er war der Einzige, der unfehlbar anwesend war. Doch jedes Mal gab es Gemurre, sowohl von denjenigen, die seinen Charakter und Rang kannten, als auch von denjenigen, deren Herzen zurückschreckten, als würden sie ihm die Zugehörigkeit zu ihrer mystischen Bruderschaft verweigern.

»Wer ist dieser teilnahmslose Mann?«, war hundertmal gefragt worden. »Hat er gelitten? Hat er gesündigt? Er trägt keine Spuren von beidem. Weshalb ist er dann hier?«

»Sie müssen sich bei den Kämmerern oder bei ihm selbst erkundigen«, lautete die immer gleiche Antwort. »Wir scheinen ihn gut zu kennen hier in unserer Stadt und wissen doch nichts als Rühmliches und Glückliches von ihm. Dennoch kommt er Jahr für Jahr hierher zu diesem düsteren Bankett und sitzt wie eine Marmorstatue unter den Gästen. Fragen Sie das Skelett dort – vielleicht mag es das Rätsel lösen!«

Es war wahrhaftig ein Wunder. Das Leben von Gervayse Hastings war nicht bloß ein wohlhabendes, sondern ein glänzendes. Alles war ihm geglückt. Sein Reichtum überstieg weit die für eine kostspielige Lebensweise erforderlichen Ausgaben, er besaß einen Geschmack von seltener Reinheit und Verfeinerung, Liebe zum Reisen, einen Gelehrteninstinkt, mit dem er eine hervorragende Bibliothek zusammengetragen hatte, und darüber hinaus den Anschein großzügiger Freigebigkeit den Leidenden gegenüber. Er hatte nach häuslichem Glück gestrebt, und das nicht vergeblich, wenn eine zartfühlende Gattin und viel versprechende Kinder die Gewähr dafür bieten können. Außerdem hatte er die Grenze überschritten, welche die Unbedeutenden von den

Berühmten trennt, und hatte eine makellose Reputation in Angelegenheiten von breitester öffentlicher Bedeutung errungen. Nicht dass er eine populäre Gestalt war oder in sich die geheimnisvollen Eigenschaften barg, die für diese Art von Erfolg grundlegend sind. Für die Öffentlichkeit war er eine kalte Abstraktion gänzlich ohne jene reichen persönlichen Facetten, jene lebendige Wärme und die besondere Fähigkeit, den Stempel seines Herzens einer Vielzahl von Herzen aufzuprägen, woran die Menschen ihre Lieblinge erkennen. Und es muss eingeräumt werden, dass seine engsten Vertrauten, nachdem sie ihr Bestes getan hatten, um ihn gründlich kennen zu lernen und ihn innig zu lieben, verblüfft waren, als sie erkannten, welch geringen Halt er ihrer Zuneigung bot. Sie billigten – sie bewunderten –, aber dennoch schraken sie in jenen Augenblicken, in denen es dem menschlichen Geist am stärksten nach Wirklichkeit verlangte, vor Gervayse Hastings zurück, da er nicht die Macht hatte, ihnen zu geben, wonach sie verlangten. Dies geschah mit dem Gefühl ungläubigen Bedauerns, mit dem wir die Hand, nachdem wir sie in einem illusionären Zwielicht ausgestreckt haben, zurückziehen dürften, weil wir die Hand eines Schattens an der Wand ergriffen haben.

Als der oberflächliche Eifer der Jugend verfiel, trat diese besondere Wirkung von Gervayse Hastings' Charakter noch mehr hervor. Seine Kinder kamen, wenn er die Arme ausstreckte, teilnahmslos an seine Knie, aber kletterten nie von sich aus hinauf. Seine Frau weinte insgeheim und betrachtete sich schon beinahe als Verbrecherin, weil sie in der Kühle seines Busens fröstelte. Gelegentlich schien auch er seiner frostigen moralischen Atmosphäre durchaus bewusst und willens zu sein, wenn es denn ginge, sich an einem gütigen Feuer zu wärmen. Doch das Alter nagte an ihm und machte ihn immer gefühlloser. Als Raureif sich auf ihn setzte, sank seine Frau ins Grab und hatte es dort zweifellos wärmer; seine Kinder starben entweder oder verteilten sich auf verschiedene eigene Wohnstätten; und der alte Gervayse Hastings, vom

Kummer unversehrt – allein, aber ohne Bedürfnis nach Gesellschaft –, schritt stetig weiter durchs Leben und stellte sich an jedem Heiligen Abend zu dem trübseligen Bankett ein. Seine bevorrechtigte Stellung als Gast war inzwischen zum festen Brauch geworden. Hätte er das Kopfende der Tafel für sich beansprucht, wäre sogar das Skelett von seinem Platz entfernt worden.

Schließlich betrat zur fröhlichen Weihnachtszeit dieser blasse alte Mann mit der hohen Stirn und den marmornen Zügen im Alter von vollendeten achtzig Jahren wiederum den so oft besuchten Saal mit derselben leidenschaftslosen Miene, die seit seinem ersten Erscheinen so viele missmutige Bemerkungen hervorgerufen hatte. Die Zeit hatte bei ihm – außer in rein äußerlicher Hinsicht – weder im Guten noch im Schlechten etwas ausrichten können. Als er Platz nahm, schickte er einen ruhigen, wissbegierigen Blick über den Tisch, wie um sich zu vergewissern, ob nach so vielen erfolglosen Banketten nun ein Gast erschienen sei, der ihm das Mysterium – das tiefe, warme Geheimnis – das Leben innerhalb des Lebens – kundtun könne, das einer Schattenwelt Gehalt verleiht, gleichwohl, ob durch Freude oder Kummer.

»Meine Freunde«, sagte Gervayse Hastings, einen Rang beanspruchend, der aufgrund seiner langen Vertrautheit mit der Feier natürlich erschien, »ich heiße Sie willkommen! Ich trinke Ihnen allen aus diesem Becher mit Grabeswein zu.«

Die Gäste gingen höflich darauf ein, aber dennoch auf eine Art, die ihre Unfähigkeit zeigte, den alten Mann als Mitglied in ihrer betrübten Bruderschaft aufzunehmen. Es mag angeraten sein, dem Leser eine Vorstellung von der gegenwärtigen Gesellschaft dieses Banketts zu geben.

Der eine war ein früherer Geistlicher, enthusiastisch in seinem Amte und offenbar von der wahren Dynastie jener alten puritanischen Gottesmänner, die der Glaube an ihre Berufung und deren strenge Ausführung unter die Mächtigen der Erde platziert hatte. Doch er hatte sich der spekulativen Neigung des Zeitalters hingegeben, war vom festen Fundament eines uralten Glaubens abgewichen und in eine Wolkenregion geraten, wo alles nebelhaft und täuschend war und ihn beständig mit einem Schein von Wirklichkeit verhöhnte, sich aber immer auflöste, wenn er sich Halt und Ruhe suchend darauf niederlassen wollte. Sein Instinkt und seine frühere Ausbildung verlangten etwas Standfestes, doch wenn er Ausschau hielt, gewahrte er vor sich Nebel auf Nebel gehäuft und hinter sich einen unüberwindlichen Abgrund zwischen dem Mann von gestern und dem von heute; an dessen Rändern schritt er hin und her, rang manchmal die Hände in Seelenpein und machte sein eigenes Weh zum Thema hämischer Belustigung. Das war sicherlich ein armseliger Mensch. Außerdem war ein Theoretiker anwesend – einer von vielen, wenngleich er sich für einzigartig seit der Schöpfung hielt –, ein Theoretiker, der einen Plan entworfen hatte, mit dem alles moralische und physische Elend der Welt abgeschafft und die Seligkeit des Tausendjährigen Reiches Christi auf einmal erreicht werden könnte. Doch da der Unglaube der Menschheit ihn an der Ausführung hinderte, war er mit so viel Kummer beladen, als wäre die gesamte Masse des Elends, da ihm die Möglichkeit zu dessen Linderung verweigert wurde, in seinem Busen versammelt. Ein schlichter alter Mann in Schwarz zog die Aufmerksamkeit der Gesellschaft besonders an sich, weil angenommen wurde, es wäre niemand anderes als Pater William Miller*, der angesichts des sich zäh verzögernden endgültigen Weltenbrandes anscheinend der Verzweiflung anheim gefallen war. Dann war da noch ein für seinen angeborenen Stolz und Starrsinn berühmter Mann, der vor kurzer Zeit noch immensen Reichtum besessen und über ein großes Finanzimperium verfügt hatte, über das er im gleichen Geiste geherrscht hatte, wie ein despotischer Monarch die Macht in seinem Reich

* William Miller: (1782–1849) Gründer einer religiösen Bewegung, der Millerites, der für 1843 das Weltgericht und den Anbruch der Tausendjährigen Herrschaft Christi prophezeite [Anm. d. Übers.].

ausüben würde, nämlich indem er einen gewaltigen moralischen Feldzug führte, dessen Lärmen und Beben an jedem heimischen Herd im Land zu spüren war. Schließlich kam der vernichtende Ruin – eine völlige Zerrüttung von Vermögen, Macht und Charakter –, deren Auswirkung auf sein gebieterisches und in vieler Hinsicht edles und vornehmes Wesen ihn zu einem Platz nicht nur bei unserer Feier, sondern unter den Vornehmsten des Pandämoniums berechtigt hätte.

Es gab noch einen modernen Philanthropen, den der Jammer von Abermillionen seiner Mitmenschen und die Undurchführbarkeit irgendeiner allgemeinen Maßnahme zu dessen Linderung so tief angerührt hatte, dass er sich kein Herz fassen konnte, das wenige an Gutem zu tun, was unmittelbar in seiner Macht stand, sondern sich damit zufrieden gab, aus Mitleid unglücklich zu sein. In seiner Nähe saß ein Herr in einer bisher beispiellos misslichen Lage, von der aber die gegenwärtige Epoche wahrscheinlich zahlreiche Beispiele zu bieten hat. Seit er Zeitung lesen konnte, war es der ganze Stolz dieses Menschen gewesen, beharrlich einer einzigen politischen Partei anzuhängen, doch in der Verwirrung der letzten Zeit war er irre geworden und wusste nicht mehr, wo seine Partei stand. Dieser jämmerliche Zustand, so moralisch trostlos und entmutigend für einen Mann, der schon lange daran gewöhnt war, seine Individualität in der Masse einer großen Körperschaft aufgehen zu lassen, kann nur von denen begriffen werden, die dies selbst erfahren haben. Sein Tischnachbar war ein beliebter Redner, der seine Stimme verloren hatte – es war so ziemlich alles, was er zu verlieren hatte – und in einen Zustand hoffnungsloser Melancholie verfallen war. Die Tafel wurde außerdem von zwei Vertreterinnen des zarteren Geschlechts beehrt – eine davon eine halb verhungerte schwindsüchtige Näherin, die für Tausende genauso Unglücklicher stand, die andere eine Frau voller ungenutzter Energie, die in ihrer Welt nichts zu erreichen, nichts zu genießen und nicht einmal etwas zu leiden fand.

Sie hatte sich deshalb mit düsteren Grübeleien über die Nachteile ihres Geschlechts und dessen Ausschluss von einem geeigneten Betätigungsfeld bis an den Rand des Wahnsinns getrieben. Da hiermit die Liste der Gäste schon vollständig war, wurde noch ein Nebentisch für drei oder vier Stellensuchende mit zu Tode kranken Herzen gedeckt, welche die Kämmerer zum Teil deshalb zugelassen hatten, weil ihre Not sie wirklich zum Einlass hier berechtigte, und zum Teil deshalb, weil sie eine reichhaltige Mahlzeit ganz besonders nötig hatten. Ebenso war noch ein heimatloser Hund da, der den Schwanz zwischen die Hinterläufe geklemmt hatte, die Brosamen aufleckte und an den Überresten des Festmahls kaute – ein trübsinniger Köter, wie er manchmal auf den Straßen zu sehen ist, ohne einen Herrn, aber willens, sich dem Ersten anzuschließen, der seine Dienste annimmt.

Auf ihre eigene Weise war dies eine so elende Schar von Menschen, wie sie sich seit jeher zu diesem Festmahl versammelt hatte. Da saßen sie, das verhüllte Skelett des Stifters, der den Zypressenkranz hoch hielt, am einen Ende des Tisches und am andern würdevoll, gelassen und kalt die in Pelz gehüllte runzlige Gestalt von Gervayse Hastings, der die Gesellschaft in Ehrfurcht erschauern ließ, aber so wenig ihr Mitgefühl anzog, dass er sich einfach in Luft hätte auflösen können, ohne dass jemand ausgerufen hätte: »Wohin ist er verschwunden?«

»Mein Herr«, sagte der Philanthrop, sich an den alten Mann wendend, »Sie sind schon so lange Gast bei dieser alljährlichen Feier und haben mit so vielen unterschiedlichen Leiden Bekanntschaft geschlossen, dass Sie daraus höchstwahrscheinlich einige große und bedeutende Lehren gewonnen haben. Welch einen Segen brächte Ihr Los, könnten Sie ein Geheimnis preisgeben, wodurch die ganze Masse dieses Wehs weggeschafft werden könnte!«

»Ich weiß nur von einem Unglück«, antwortete Gervayse Hastings leise, »und das ist meines.«

»Ihr eigenes!«, entgegnete der Philanthrop aufgebracht. »Und wie können Sie im Rückblick auf Ihr heiteres und wohlhabendes Leben für sich in Anspruch nehmen, der einzige Unglückliche der Menschheit zu sein?«

»Das werden Sie nicht verstehen«, erwiderte Gervayse Hastings schwach und mit einer sonderbar unklaren Ausdrucksweise, die ihn manchmal nach Worten ringen ließ. »Niemand hat das verstanden – nicht einmal diejenigen, die Gleiches erfahren. Es ist eine Eiseskälte – ein Mangel an Ernst –, ein Gefühl, als wäre das, was mein Herz sein sollte, ein Nebelgespinst – ein unheimliches Gefühl von Unwirklichkeit! Und so, wo ich anscheinend alles besaß, was andere Menschen nicht haben – alles, wonach die Menschen streben –, habe ich in Wirklichkeit nichts besessen, weder Freude noch Kummer. Alle Dinge – alle Personen – wie es mir an dieser Tafel schon vor sehr langer Zeit wahrheitsgemäß gesagt wurde – sind wie an der Wand flackernde Schatten gewesen. So war es mit meiner Frau und meinen Kindern – mit denen, die meine Freunde schienen; so ist es auch mit Ihnen, die ich nun vor mir sehe. Und noch weniger habe ich selbst eine wahre Existenz, sondern bin ein Schatten wie alle anderen!«

»Und wie steht es mit Ihrer Ansicht zu einem künftigen Leben?«, wollte der spekulative Geistliche wissen.

»Schlimmer als bei Ihnen«, sagte der alte Mann mit hohler und schwacher Stimme, »denn ich kann sie nicht ernstlich genug vor mir sehen, um Hoffnung oder Furcht zu empfinden. Mein – mein ist der ganze Jammer! Dieses kalte Herz – dieses unwirkliche Leben! Ach, es wird immer noch kälter.«

Da fügte es sich, dass just in diesem Augenblick die verrotteten Sehnen des Skeletts nachgaben und die trockenen Knochen zu einem Haufen zusammenfielen, wodurch der verstaubte Zypressenkranz auf den Tisch zu fallen kam. Da die Aufmerksamkeit der Gäste dadurch für einen winzigen

Augenblick von Gervayse Hastings abgelenkt war, merkten sie erst, als sie sich ihm wieder zuwandten, dass mit dem alten Mann ein Wandel vor sich gegangen war: Sein Schatten flackerte nicht mehr an der Wand.

»Nun, Rosina, wie lautet dein Urteil?«, fragte Roderick, während er das Manuskript zusammenrollte.

»Offen gestanden, dein Erfolg ist keineswegs vollkommen«, erwiderte sie. »Es stimmt, ich habe nun eine gewisse Ahnung von dem Charakter, den du zu beschreiben versuchst, doch eher dank meines eigenen Denkens als deiner Ausführungen.«

»Das ist unvermeidlich«, bemerkte der Bildhauer, »denn die Charakteristika sind alle negativ. Wenn Gervayse Hastings auch nur einen menschlichen Schmerz an dem düsteren Bankett in sich hätte aufnehmen können, wäre die Aufgabe, ihn zu beschreiben, unendlich leichter gewesen. Bei solchen Menschen – und solchen moralischen Ungeheuern begegnen wir tatsächlich hin und wieder – ist es schwer, einen Begriff davon zu bekommen, wie sie zu ihrer Existenz hier gelangt sind oder was in ihnen ist, das sie zu einem Fortleben nach diesem hier befähigt. Sie scheinen außerhalb von allem zu stehen, und nichts erschöpft die Seele mehr als ein Versuch, sie zu begreifen.«

Siebtes Kapitel

SANTA CLAUS IM KINDERLAND: KINDERGESCHICHTEN UND MÄRCHEN

Mark Twain

Susies Brief von Santa Claus

Liebe Susie Clemens,

ich habe alle Briefe erhalten und gelesen, die du und deine kleine Schwester mit Hilfe der Hände eurer Mutter und eurer Kindermädchen geschrieben habt. Ich habe auch die gelesen, die ihr Kleinen eigenhändig geschrieben habt – denn obwohl ihr keine Buchstaben aus dem Alphabet der Großen benützt habt, habt ihr euch der Buchstaben bedient, die alle Kinder in allen Ländern auf der Erde und auf den glitzernden Sternen verwenden; und da alle meine Untergebenen auf dem Mond Kinder sind und keine anderen Buchstaben als diese benützen, wirst du leicht begreifen, dass ich die krummen und fantasievollen Zeichen von dir und deiner Babyschwester ohne Schwierigkeiten lesen kann. Schwierigkeiten hatte ich allerdings mit den Briefen, die du deiner Mutter und den Kindermädchen diktiert hast, denn ich bin nicht aus eurem Land und kann Englisch nicht besonders gut lesen. Du wirst feststellen, dass ich bei den Sachen, die du und das Baby in euren eigenen Briefen bestellt habt, keine Fehler gemacht – ich bin um Mitternacht persönlich durch euren Schornstein hinunter, als ihr geschlafen habt, und habe sie persönlich zugestellt – und euch beiden auch einen Kuss gegeben habe, weil ihr gute Kinder seid, gut erzogen und brav, und überhaupt die gehorsamsten kleinen Leute, die ich je gesehen habe. Doch in dem von dir diktierten Brief waren einige Wörter, die ich nicht ganz entziffern konnte, und ein oder zwei kleine Bestellungen, die ich nicht erfüllen konnte, weil uns der Vorrat ausging. Unsere letzte Garnitur Küchenmöbel für Puppen ist gerade an ein sehr armes kleines Kind auf dem Polarstern ganz oben in dem kalten Land über dem Großen Bären gegangen. Deine Mama kann dir den Stern zeigen und du wirst sagen: »Kleine Schneeflocke« (denn so heißt das Kind), »ich bin froh, dass du die Möbel erhalten hast, denn du brauchst sie mehr als ich.« Das heißt, das musst du eigenhändig *schreiben*, und Schneeflocke wird dir eine Antwort zukommen lassen. Wenn du es nur sagen würdest, dann würde sie dich nicht hören. Mach deinen Brief leicht und dünn, denn die Entfernung ist groß und das Porto hoch.

Im Brief deiner Mama waren ein oder zwei Wörter, bei denen ich mir nicht ganz sicher war. Ich habe sie als »eine Truhe voll Puppenkleider« entziffert. Stimmt das? Ich werde um neun Uhr heute Morgen an eure Küchentür kommen, um mich zu erkundigen. Doch ich darf dabei niemanden sehen und mit niemandem außer dir sprechen. Wenn die

Klingel an der Küchentür läutet, müssen George die Augen verbunden werden, bevor er aufmacht. Dann muss er wieder zurück in das Esszimmer oder zur Geschirrkammer und die Köchin mitnehmen. Du musst George sagen, er soll auf Zehenspitzen gehen und kein Wort sagen – sonst wird er eines Tages sterben. Dann sollst du ins Kinderzimmer gehen und dich auf einen Stuhl oder das Bett des Kindermädchens stellen und dein Ohr an das Sprachrohr halten, das zur Küche hinunterführt, und wenn ich da durchpfeife, musst du in das Rohr rufen und sagen: »Willkommen, Santa Claus!« Dann werde ich fragen, ob du eine Truhe bestellt hast oder nicht. Wenn du das bestätigst, werde ich dich fragen, welche *Farbe* die Truhe haben soll. Deine Mama wird dir helfen, eine hübsche Farbe zu nennen, und dann musst du mir jedes einzelne Stück ausführlich angeben, das in der Truhe enthalten sein soll. Und wenn ich dann sage, »Auf Wiedersehen und fröhliche Weihnachten, meine kleine Susie Clemens«, musst du antworten, »Auf Wiedersehen, guter alter Santa Claus, ich danke dir recht herzlich, und bitte sag Kleiner Schneeflocke, ich werde heute Abend zu ihrem Stern hinaufschauen und sie muss hier herunterblicken – ich werde genau im westlichen Bogenfenster stehen; und in jeder klaren Nacht werde ich zu ihrem Stern aufschauen und sagen: ›Ich kenne jemanden da oben und *mag* sie auch sehr.‹« Dann musst du in die Bibliothek runtergehen und George die Türen zum Salon zumachen lassen und alle müssen eine Weile still sein. Während ihr wartet, werde ich mich zum Mond begeben, die Sachen besorgen und in ein paar Minuten durch den Schornstein kommen, der zum offenen Kamin im Salon führt – wenn du eine Truhe willst –, denn ich könnte etwas so Großes wie ein Truhe nicht durch den Schlot vom Kinderzimmer schaffen, verstehst du.

Die Leute können von mir aus reden, wenn sie wollen, bis sie meine Schritte im Saal hören. Dann sagst du ihnen, sie sollen mal kurz den Mund halten, bis ich durch den Schornstein wieder hinaufsteige. Vielleicht wirst du meine Schritte gar nicht hören – deshalb darfst du hin und wieder zur Esszimmertür gehen und hindurchspähen, und nach und nach wirst du genau sehen, was du haben willst, direkt unter dem Klavier im Salon – denn dort werde ich alles hinlegen. Wenn ich ein bisschen Schnee im Flur zurücklasse, musst du George sagen, er soll ihn in den Kamin fegen, denn für solche Dinge habe ich keine Zeit. George darf aber keinen Besen benützen, sondern einen Lappen – sonst wird er eines Tages sterben. Pass auf George auf und setze ihn keiner Gefahr aus. Wenn mein Stiefel einen Fleck auf dem Marmor hinterlässt, darf George ihn nicht wegscheuern. Lasst ihn dort zur Erinnerung an meinen Besuch, und immer wenn du ihn betrachtest oder ihn jemandem zeigst, soll er dich daran erinnern, ein braves Mädchen zu sein. Immer wenn du ungezogen bist und jemand auf diesen Fleck zeigt, den der Stiefel deines guten alten Santa Claus auf dem Marmor hinterlassen hat, na, was wirst du dann sagen, mein kleiner Liebling?

So, und nun auf Wiedersehen, bis ich in ein paar Minuten wieder herunterkomme und an der Küchentür klingele.

Dein dich liebender Santa Claus, von den Menschen manchmal auch »Mann im Mond« genannt.

L. Frank Baum

Wie Santa Claus sein erstes Spielzeug erfand

Unser Santa Claus war ein wahrhaft weiser junger Mann, denn sein glückliches Schicksal hatte ihn nur in seinem Entschluss bestärkt, sich der Kleinen seiner eigenen Spezies anzunehmen. Er wusste, dass sein Plan von den Unsterblichen begrüßt würde, denn sonst hätten sie ihn wohl kaum so großzügig unterstützt.

Und so begann er sogleich mit den Menschenkindern Bekanntschaft zu machen. Er ging durch das so genannte »Tal« bis in die Ebene dahinter und durchwanderte die Ebene in vielerlei Richtungen, bis er die Behausungen der Menschen erreichte. Sie standen einzeln oder in Gruppen von Wohnungen, die sie »Dörfer« nannten, und in fast all diesen Häusern, ob klein oder groß, fand Santa Claus Kinder.

Diese jungen Wesen lernten schon bald sein fröhlich lachendes Gesicht und den freundlichen Glanz seiner strahlenden Augen kennen; und obwohl die Eltern mit einiger Verachtung auf den jungen Mann herabblickten, weil er Kinder mehr liebte als ihre älteren Artgenossen, waren sie doch zufrieden, dass die Mädchen und Jungen einen neuen Spielgefährten gefunden hatten, der gewillt schien sie zu amüsieren.

Also tollten die Kinder mit Santa Claus herum und spielten mit ihm, und die Jungen ritten auf seinen Schultern und die Mädchen schmiegten sich in seine starken Arme und die ganz Kleinen, die »Babys«, klammerten sich stolz an seine Knie. Wo immer der junge Mann sich zeigte, da folgte ihm kindliches Lachen; und um dies alles besser zu verstehen, müsst ihr wissen, dass Kinder in jenen Tagen sehr vernachlässigt wurden und dass ihre Eltern ihnen wenig Aufmerksamkeit schenkten, weshalb es ihnen wie ein Wunder vorkam, dass ein so gütiger Mann wie Santa Claus all seine Zeit der Aufgabe widmete sie glücklich zu machen. Und diejenigen, die ihn kannten, waren, da könnt ihr sicher sein, in der Tat sehr glücklich. Die traurigen Gesichter der Armen und Misshandelten hellten sich sofort auf; der Krüppel lächelte trotz seines Gebrechens; die Kranken ließen ihr Klagen und die Notleidenden ihr Seufzen sein, sowie ihr fröhlicher Freund sich näherte, um sie zu trösten.

Nur in dem herrlichen Palast des Lord of Lerd und in der finsteren Burg des Barons Braun war Santa Claus der Zutritt verboten. An beiden Orten gab es auch Kinder; aber die Diener des Palastes schlossen dem jungen Fremdling vor seiner

Nase die Tür, und der wilde Baron drohte sogar, ihn an einem eisernen Haken an den Burgmauern aufzuhängen. Da seufzte Santa Claus tief und kehrte zurück zu den ärmeren Behausungen, in denen er willkommen war.

Nach einiger Zeit nahte der Winter.

Die Blumen hauchten ihr Leben aus und verwelkten und verschwanden; die Käfer wühlten sich tief in die warme Erde; die Schmetterlinge verließen die Wiesen; und die Murmelstimme des Bachs wurde heiser, als hätte er sich eine Erkältung geholt.

Eines Tages war im »Lachenden Tal« die ganze Luft von Schneeflocken erfüllt, die wild und wirbelnd zur Erde tänzelten und das Dach von Santa Claus' Hütte in ein reines weißes Gewand hüllten.

In der Nacht klopfte Jack Frost an seiner Tür.

»Komm herein!«

»Nein, komm heraus!«, antwortete Jack. »Denn bei dir drin brennt ein Feuer!«

Also kam Santa Claus heraus. Er hatte Jack Frost im so genannten »Forst« kennen gelernt und mochte den fidelen Gesellen gern, auch wenn er ihm misstraute.

»Heute Nacht gibt's für mich einen Spaß wie selten, Claus!«, schrie der Kobold. »Ist das nicht ein grandioses Wetter? Bevor der Morgen anbricht, werde ich körbeweise Nasen, Ohren und Zehen abzwicken.«

»Wenn du mich liebst, Jack, dann verschone bitte die Kinder«, bettelte Santa Claus.

»Warum denn das?«, fragte der andere überrascht.

»Sie sind zart und hilflos«, antwortete Santa Claus.

»Aber gerade die Zarten zwick ich besonders gern!«, erklärte Jack. »Die Älteren sind zäh und ermüden meine Finger.«

»Aber die Jungen sind schwach und können sich gegen dich nicht wehren«, beharrte Santa Claus.

»Das ist wahr«, stimmte Jack versonnen zu. »Also gut, dann werde ich heute Nacht kein Kind zwicken – vorausgesetzt, ich kann der Versuchung widerstehen«, versprach er. »Gute Nacht, Claus!«

»Gute Nacht.«

Der junge Mann ging wieder hinein und schloss die Tür und Jack lief weiter ins nächstgelegene Dorf.

Santa Claus warf ein Scheit in das Feuer und es loderte hell und leuchtend auf. Neben dem Kamin saß Blinkie, eine riesige Katze, die ihm Peter the Knook, genannt »der Narr«, einmal geschenkt hatte. Ihr Fell war weich und seidig glatt und sie schnurrte endlose Lieder von wohliger Zufriedenheit.

»Ich werde die Kinder so bald nicht wieder sehen«, meinte Santa Claus zu der Katze, worauf sie in ihrem Singen höflich innehielt, um ihm zuzuhören. »Der Winter ist über uns gekommen, viele Tage lang wird tiefer Schnee liegen und ich werde mit meinen kleinen Freunden nicht spielen können.«

Die Mieze hob eine Pfote und strich sich nachdenklich über die Nase, gab aber keine Antwort. So lange das Feuer brannte und Santa Claus am Kamin in seinem Lehnstuhl saß, war ihr das Wetter egal.

So vergingen viele Tage und viele lange Abende. Der Küchenschrank war stets gefüllt, aber Santa Claus wurde es allmählich leid, dass er nichts anderes zu tun hatte, als im Kamin das Feuer zu schüren mit dem Holz von dem großen Holzstoß, den der närrische Knooks ihm gebracht hatte.

Eines Abends nahm er ein Holzscheit in die Hand und begann mit seinem scharfen Messer an ihm herumzuschnitzen. Zuerst dachte er sich nichts weiter dabei, als seine Zeit auszufüllen, und er pfiff und sang der Katze etwas vor, während er einen Span nach dem anderen von dem Holzstück abschnitzte. Die Mieze saß aufrecht auf ihren Hinterkeulen und sah ihm zu, während sie zugleich dem lustigen Pfeifen und Singen ihres Herrn lauschte, das sie sogar noch lieber hörte als ihre eigenen Schnurrelieder.

Santa Claus blickte bald seine Mieze, bald sein Holz an, an

dem er schnitzte, bis das Stück auf einmal eine Form bekam, und diese Form erinnerte an einen Katzenkopf mit zwei gespitzt aufgestellten Ohren.

Claus hielt in seinem Pfeifen inne und musste lachen, und dann betrachteten sie beide, er und die Katze, nicht ohne Erstaunen das hölzerne Bild. Danach schnitzte er die Augen und die Nase heraus und rundete den unteren Teil des Kopfs ab, so dass er nun auf einem Hals ruhte.

Die Mieze wusste kaum, was sie von alledem halten sollte, und saß steif aufgerichtet da, als würde sie mit einigem Argwohn beobachten, was als Nächstes kommen würde.

Santa Claus aber wusste es. Der Kopf hatte ihn auf eine Idee gebracht. Er ließ sein Messer sorgfältig und vorsichtig über das Holz fahren und formte langsam den restlichen Körper der Katze, die er genauso auf ihren Hinterkeulen sitzen ließ, wie die echte Katze es tat, und er schlang ihren Schwanz ebenfalls um ihre Vorderpfoten.

Diese Arbeit kostete ihn viel Zeit, aber der Abend war lang und er hatte nichts Besseres zu tun. Schließlich musste er über das Ergebnis seiner Mühen lauthals und vergnüglich lachen und setzte die nun vollendete hölzerne Katze gegenüber der echten auf den Kaminsims.

Da starrte die Mieze ihr Ebenbild an, stellte zornig ihre Rückenhaare auf und stieß ein herausforderndes Miau aus. Aber die hölzerne Katze schenkte ihr keine Beachtung und Santa Claus musste wieder herzlich lachen.

Dann näherte Blinkie sich vorsichtig dem hölzernen Bild, um es eingehend aus der Nähe zu beäugen und zu beschnuppern – und Augen und Nase meldeten ihr, dass das Geschöpf trotz seiner naturgetreuen Gestalt nur aus Holz war; und so nahm die Mieze wieder ihren Platz ein und ihr Schnurren auf; aber während sie sich mit ihrer watteweichen Pfote säuberlich das Gesicht wusch, warf sie mehr als einen bewundernden Blick auf ihren begabten Herrn. Vielleicht empfand sie sogar die gleiche Befriedigung, die wir empfinden, wenn wir ein gutes Foto von uns betrachten.

Auch der Herr der Katze war mit seiner Handarbeit höchst zufrieden, ohne genau zu wissen, warum. In Wirklichkeit hatte er aber allen Grund, sich in jener Nacht zu gratulieren, und alle Kinder auf der ganzen Welt hätten mit in seine Freude einstimmen müssen – denn Santa Claus hatte gerade sein erstes Spielzeug erfunden.

William Dean Howells

Alle Tage Weihnachten

Das kleine Mädchen trat, wie immer am Samstagmorgen vor dem Frühstück, zu seinem Papa ins Arbeitszimmer und bat ihn, ihm eine Geschichte zu erzählen. An diesem Morgen versuchte er sich davor zu drücken, denn er war sehr beschäftigt, aber das ließ es nicht zu. Also begann er:

»Nun, es war einmal ein kleines Schweinchen …«

Bei diesem Wort hielt das Mädchen ihm die Hand auf den Mund und stoppte seine Rede. Es sagte, es hätte schon so viele Kleine-Schweinchen-Geschichten gehört, dass es sie einfach nicht mehr ausstehen könne.

»Gut, aber was für eine Geschichte soll ich *dann* erzählen?«

»Eine über Weihnachten. Bald ist es ja so weit, denn Thanksgiving ist schon vorbei.«

»Aber ich habe das Gefühl«, meinte sein Papa, »als hätte ich über Weihnachten schon genauso oft erzählt wie von kleinen Schweinchen.«

»Macht nichts! Weihnachten ist viel interessanter.«

»Also gut!« Mit mächtiger Überwindung riss sich sein Papa von seiner Schreibarbeit fort. »Nun, dann werde ich dir von dem kleinen Mädchen erzählen, das sich wünschte, jeden Tag im Jahr wäre Weihnachten. Wie gefällt dir das?«

»Wunderbar!«, rief das Mädchen, kuschelte sich behaglich

auf Papas Schoß und war bereit seiner Geschichte zuzuhören.

»Also gut, dieses kleine Schweinchen … Autsch! Warum boxt du mich in die Seite?«

»Weil du ›kleines Schweinchen‹ statt ›kleines Mädchen‹ gesagt hast.«

»Oh, ja! Eigentlich sollte ich ja wissen, was der Unterschied zwischen einem kleinen Schweinchen und einem kleinen Mädchen ist, das sich wünscht, dass jeden Tag Weihnachten ist!«

»Papa«, warnte ihn das Mädchen, »wenn du nicht weitererzählst, dann wirst du was erleben!« Darauf zuckte sein Papa auf wie ein Blitz und begann, so rasch er konnte, die Geschichte zu erzählen:

»Also, es war einmal ein kleines Mädchen. Es liebte Weihnachten so sehr, dass es sich wünschte, jeden Tag im Jahr wäre Weihnachten; und sowie das Thanksgiving-Fest vorüber war, begann es der alten Weihnachtsfee Postkarten zu schicken und sie zu bitten, ob sie diesen Wunsch nicht erfüllen könnte. Aber die alte Fee antwortete nie auf irgendeine dieser Postkarten; und nach einer Weile fand das Mädchen heraus, dass die Fee höchst eigensinnig war und außer Briefen überhaupt nichts – und nicht einmal Korrespondenzkarten mit Briefumschlag – auch nur beachtete; aber richtige Briefe auf richtigem Briefpapier und außen versiegelt mit einem Monogramm – oder mit deinen Initialen –, die beantwortete sie schon. Also begann das Mädchen ihr Briefe zu schicken; und nach ungefähr drei Wochen – besser gesagt: genau am Tag vor Weihnachten – erhielt es einen Brief von der Fee, in dem diese schrieb, es werde fürs Erste ein Jahr lang jeden Tag Weihnachten haben, und dann würden sie schon sehen, ob das Mädchen es auch weiter so haben wolle.

Da war das Mädchen aber bereits mächtig aufgeregt, denn es bereitete sich auf das altmodische nur einmal jährliche Weihnachtsfest vor, das am nächsten Tag kommen würde, und vielleicht machte das Versprechen der Fee daher auf das Mädchen einen weniger großen Eindruck, als es an einem anderen Tag der Fall gewesen wäre. Es beschloss, die Sache einfach für sich zu behalten und alle zu überraschen, wenn sie wahr werden sollte, und dann entglitt es ihm überhaupt aus dem Gedächtnis.

Das Mädchen hatte ein wunderschönes Weihnachtsfest. Es ging schon ganz früh zu Bett, damit Santa Claus Gelegenheit hatte, die Weihnachtsstrümpfe zu bestücken, und am nächsten Morgen war es schon früher als alle anderen auf und befühlte die Strümpfe und fand, dass seine eigenen prall gefüllt waren mit Tüten voller Süßigkeiten und Orangen und Trauben und Taschenbüchern und Gummibällen und allen möglichen Kleinigkeiten, während die seines großen Bruders nichts als die gewünschten Bastelzangen enthielten und die seiner Schwester, einer schon richtig jungen Dame, einen neuen seidenen Regenschirm und die von seinem Papa und seiner Mama in Seidenpapier eingewickelte Kartoffeln und Kohlen, wie sie sie jedes Mal zu Weihnachten bekamen. Dann wartete es, bis die anderen in der Familie aufgestanden waren, und es war die Erste, die in die Leihbücherei stürzte, sowie ihre Tore geöffnet wurden, und es bestaunte die reichen Geschenke, die auf dem Büchereitisch ausgebreitet lagen – Bücher und Schulmappen und Schachteln mit Briefpapier und Hemdbroschen und Puppen und kleine Puppenküchenherde und Taschentüchlein im Dutzend und Tintenfässchen und Schlittschuhe und Schneeschaufeln und Fotorahmen und kleine Staffeleien und Wasserfarben und Türkischen Honig und Nougat und kandierte Kirschen und Puppenhäuser und Regenmäntel – und natürlich auch den riesigen Weihnachtsbaum, der mit seinen brennenden Kerzen inmitten von alledem in einem Abfallkübel stand.

Den ganzen Tag über hatte es ein herrliches Weihnachtsfest. Es aß so viele Süßigkeiten, dass es überhaupt nichts mehr zum Frühstück haben wollte; und den ganzen Vormittag strömten in einem fort die Geschenke ein, die der

Eilbote vor lauter Arbeit am Abend davor nicht mehr ausliefern konnte; und es lief von Haus zu Haus, um die Geschenke abzuliefern, die es für andere Leute hatte, und kam wieder nach Hause und aß zum Mittagessen Truthahn mit Krannbeeren und Plumpudding und Nüsse und Rosinen und Orangen und noch mehr Süßigkeiten und ging danach hinaus zum Rodeln, und als es wieder nach Hause kam, da hatte es mächtig Bauchweh und weinte sehr; und sein Papa sagte, er werde dafür sorgen, dass nächstes Jahr sein Haus nicht noch einmal in ein solches Narren- und Schlaraffenland verwandelt würde, und alle gönnten sich nur ein ganz leichtes Abendessen und gingen missgelaunt und schon früh zu Bett.«

Hier boxte das kleine Mädchen seinem Papa wieder in die Seite.

»Was ist denn nun wieder los? Habe ich irgendeinen Ton von Schweinen gesagt?«

»Du hast sie sich *aufführen* lassen wie die Schweine.«

»Haben sie sich etwa nicht so aufgeführt? Das haben sie doch, oder etwa nicht?«

»Egal – aber das hättest du nicht in eine Geschichte einbauen sollen.«

»Gut, dann nehme ich es wieder raus.«

Und der Vater fuhr fort:

»Das kleine Mädchen hatte einen schweren Schlaf und schlief bis spät in den Morgen, aber schließlich wurde es von den anderen Kindern geweckt, die mit ihren prall mit Geschenken gefüllten Strümpfen sein Bett umtanzten.

›Was ist denn los?‹, fragte das kleine Mädchen und rieb sich die Augen und versuchte sich in seinem Bett aufzusetzen.

›Es ist Weihnachten! Weihnachten! Weihnachten!‹, riefen sie alle und schwenkten ihre Weihnachtsstrümpfe.

›Ach, Unsinn! Gestern war doch Weihnachten!‹

Da konnten seine Geschwister nur lachen. ›Davon wissen

wir nichts. Auf alle Fälle ist heute Weihnachten. Du brauchst nur in die Bücherei zu kommen und wirst's schon sehen.‹

Dann schoss es dem Mädchen plötzlich wie ein Blitz durch den Kopf, dass die Fee ihr Versprechen gehalten hatte und dass nun das Jahr aus lauter Weihnachtstagen begann. Es war noch furchtbar verschlafen, sprang aber auf wie eine Lerche – wenn auch wie eine Lerche, die sich überfressen hatte und ganz missgelaunt zu Bett gegangen war – und stürzte in die Bücherei. Und wieder war alles genau wie am Tag zuvor! Bücher und Schulmappen und Schachteln mit Briefpapier und Hemdbroschen und …«

»Du musst das alles nicht noch einmal erzählen, Papa; ich denke, ich kann mich wohl noch erinnern, was es da gab«, sagte das kleine Mädchen.

»Na gut … und es strahlte auch der Weihnachtsbaum und die ganze Familie war da und suchte sich ihre Geschenke heraus, aber alle sahen sehr verschlafen aus und dem Vater des Mädchens war alles ein Rätsel und die Mutter war den Tränen nahe. ›Ich weiß wirklich nicht, wie ich mit alledem fertig werden soll‹, sagte seine Mutter und sein Vater sagte, er habe irgendwie das Gefühl, als hätten sie etwas ganz Ähnliches schon am Tag davor erlebt, aber dann vermutete er, dass er das wohl nur geträumt haben muss. Das kam dem Mädchen wie der größte Witz vor, den es je gehört hatte; und so aß es so viele Süßigkeiten, dass es nichts mehr zum Frühstück haben wollte, und ging von Haus zu Haus, um Geschenke zu verteilen, und aß zum Mittagessen Truthahn mit Krannbeeren und ging danach hinaus zum Rodeln und als es wieder nach Hause kam, da hatte es mächtig …«

»Papa!«

»Was ist denn nun schon wieder?«

»Was hast du mir versprochen, du vergesslicher Mensch?«

»Ach ja, richtig!«

»Und am nächsten Tag war alles wieder ganz genau so, aber alle wurden noch missgelaunter; und nachdem eine Woche vergangen war, hatten alle so oft ihre Nerven verloren, dass man bei jedem Schritt auf verlorene Nerven stieß; der ganze Boden war mit ihnen übersät. Und als die Leute ihre Nerven wieder aufheben wollten, bekamen sie sogar fast immer die von jemand anderem zu fassen, und es entstand das furchtbarste Durcheinander.

Allmählich wurde dem Mädchen angst und bange und es behielt das Geheimnis streng für sich; am liebsten wollte es seiner Mutter davon erzählen, aber es traute sich nicht; und es schämte sich, die Fee zu bitten, ob sie ihr Geschenk nicht wieder zurücknehmen könnte, denn dies wäre ihm undankbar und ungezogen vorgekommen, und so dachte es, es könnte versuchen das Ganze auszuhalten, aber es wusste kaum, wie es das ein ganzes Jahr über schaffen sollte. Also ging das Ganze immer weiter so fort, und so war Weihnachten am St.-Valentins-Tag und an Washingtons Geburtstag wie an jedem anderen Tag auch, und das änderte sich nicht einmal am 1. April – aber an diesem Tag herrschte verkehrte Welt und alles war anders als sonst, und das war wenigstens ein *kleiner* Trost.«

Nachwort

Uns Mitteleuropäern fällt heute kaum noch auf, dass in allen Kaufhäusern, Supermärkten und selbst in den kleinsten Läden zu Weihnachten längst nicht mehr – oder höchstens noch zu Hause im Familienkreis – das engelszarte, geflügelte *Christkind* mit seinen Gaben, sondern allüberall nur noch ein stämmiger Gesell mit weißem, wallendem Bart, rotem Mantel und mit dem Geschenkesack auf dem Rücken erscheint, ein märchenhafter, meist älterer Herr, der kurioserweise aber ganz und gar unserem *Nikolaus* gleicht, der aber schon am 6. Dezember kommt. Und dieser Herr heißt offiziell nicht einmal mehr *Weihnachtsmann*, sondern *Santa Claus* und kommt aus Amerika – aber in einem Schlitten, gezogen von fliegenden Rentieren, die aber wiederum nicht dort, sondern eher in den nördlichen Regionen des euroasiatischen Raums beheimatet sind ... Wer soll das verstehen, was ist da geschehen?

Geht man der Geschichte des *Santa Claus* und des *American Christmas* einmal auf den Grund, so stößt man auf die unterschiedlichsten Traditionen, Quellen und Wurzeln – und sogar auf die seltsamsten Wunder wie etwa jenes, dass es auch Zeiten gab, in denen das Feiern des Weihnachtsfests in vielen Staaten der USA streng verboten war und dass es dort um ein Haar einmal vielleicht sogar ganz ausgestorben wäre. Daher sei hier diese Geschichte, eine Weihnachtsgeschichte für sich, in ihren wichtigsten Elementen nacherzählt.

Der nordamerikanische *Santa Claus* hat englische, deutsche und skandinavische, in besonderem Maße aber holländische Vorfahren, denn die Stadt, die schon sehr früh zur einflussreichsten wurde, war zugleich auch die holländischste, nämlich Nieuw Amsterdam, das spätere New York. Der hl.

Nikolaus, einer der populärsten »minderen Heiligen« der christlichen Kirche, der im 4. Jh. als wundertätiger Bischof im kleinasiatischen Myra (unweit von Finike in der Türkei) gewirkt haben soll, war nicht nur der Schutzpatron von Russland und Griechenland, sondern auch von Städten wie Moskau, Fribourg oder Amsterdam. Deshalb brachten ihn bereits die ersten holländischen Kolonisten Anfang des 17. Jahrhunderts nach Amerika und machten ihn zum Schutzpatron ihrer neu gegründeten Siedlung auf der Insel Manna-hata am Hudson. Sein Name *Sinterklaas*, wie man den Heiligen in Holland volkstümlich nannte, wurde später allmählich zu *Santa Claus* amerikanisiert. Am 6. Dezember, seinem Namenstag, wurde jener *Sinterklaas* nun jedoch weit gewaltiger als an jedem anderen Ort gefeiert: Sankt Nikolaus war hier nicht mehr nur der Kirchenheilige Nikolaus, der am Nikolaustag kommt wie woanders auch, sondern 1. der Schutzpatron der Stadt Amsterdam in der Alten Welt, 2. der Schutzpatron der Stadt New Amsterdam in der Neuen Welt und 3. der Schutzpatron der gesamten neuholländischen Kolonie. Und wenn Holländer in der Alten oder Neuen Welt feierten, dann feierten sie richtig, d. h. gleich mehrere Tage lang, am besten gleich durch bis zum nächsten Grund zum Feiern, und den gab es bereits am 24. Dezember, zu Weihnachten, einem noch viel größeren Fest – und genau dies ist der eigentliche Grund, weshalb unser Nikolaus bzw. der einst holländische *Sinterklaas* mit der Zeit immer ausschließlicher der amerikanische Weihnachtsmann, genannt *Santa Claus*, wurde.

Die erste literarische Erwähnung des heutigen Santa Claus findet sich sogleich in dem allerersten genuin amerikanischen Roman, der berühmten ›History of New York‹ eines gewissen Diedrich Knickerbocker, hinter dem sich Washington Irving (1788–1859), ein virtuoser Großsatiriker à la Swift und Sterne, verbirgt. In diesem Meisterwerk aus dem Jahre 1809, das bald auch in ganz Europa ungeheuer populär wurde, heißt Santa Claus noch »good old St. Nicholas«. Zum einen tritt er in den frühen, legendären Gründerjahren der neuholländischen Kolonie (sie sind das Thema dieser Parodie eines historischen Romans) immer wieder und zu jeder Jahreszeit an Feiertagen als Schutzheiliger der Holländer auf und flüstert den »Patriarchen« ein, wo sie ihre neue Stadt gründen sollen (siehe dort Buch II, Kap. II, V und VII); zum anderen beklagt der Autor, dass der Heilige heute nur noch einmal im Jahr, am Heiligen Abend, erscheint und seinen Lieblingen – angesichts der »Verblödung der Eltern« leider nur noch den Kindern – Geschenke bringt (Buch III, Kap. II). Da der Urwald unwegsam und endlos ist, stapft er nicht mehr mühsam zu Fuß von drauß vom Walde her, sondern er fliegt bereits echt amerikanisch in einem »Luftwagen« über die Fichtenwipfel und liefert die Weihnachtsgeschenke als Postwurfsendung durch die Schornsteine von New Amsterdam. Noch ganz holländisch trägt er flämische Pluderhosen, einen dicken Mantel aus Seehundpelz, einen breitkrempigen Hut wie die Neuamsterdamer *Mynheers* und raucht so intensiv wie sie die lange holländische Tonpfeife. Von dieser ersten literarischen Quelle ausgehend, porträtierte Clement Clark Moore, Altphilologe, Übersetzer und Hebräist aus dem Staat New York, die Gestalt des Santa Claus weiter, nämlich in seinem Gedicht ›A Visit from St. Nicholas‹ – auch bekannt als ›Twas the Night before Christmas‹ – von 1823, das noch heute jedes Kind in Amerika so gut kennt wie das 1949 von Jonny Marks komponierte Weihnachtslied ›Rudolph the Red-Nosed Reindeer‹. Moore bezieht nun auch andere europäische und skandinavische Elemente des Weihnachtsmanns mit ein, der »putzige alte Elf« wird bis in kleinste Details seiner Gesichtszüge geschildert und reist von nun an zur Abwechslung nach skandinavischer Tradition in einem Schlitten, der von einem Gespann fliegender Rentiere gezogen wird. Der dritte entscheidende Schöpfer des amerikanischen Weihnachtsmanns ist Thomas Nast (1840–1902), der berühmteste amerikanische Illustrator und Cartoonist, der nicht nur die Gestalt des Uncle Sam, sondern auch in unzähligen Varianten das endgültige Muster des heutigen

Santa Claus schuf: Nun trägt Santa Claus, grafisch minutiös abgebildet, sämtliche Gesichtszüge, wie sie in Moores Gedicht geschildert wurden, er raucht noch immer die holländische Tonpfeife, an seiner Pelzmütze steckt wahlweise ein Zweig der germanisch/keltischen Mistel, des so deutschen wie britisch-viktorianischen Efeus oder der in England wie im östlichen Nordamerika beheimateten Stechpalme.

Damit war der moderne amerikanische Weihnachtsmann geboren, der dank der genannten drei Neuschöpfer die ursprünglichen, einst unterschiedlichen Gestalten des freundlichen Gabenspenders in sich vereinte und der nun endgültig *Santa Claus* hieß. Seither, also ab der Mitte des 19. Jahrhunderts, verschwinden zusehends die früheren Namen und Gestalten aus den verschiedenen Herkunftsländern der Einwanderer: Diese waren der »Father Christmas«, »Sir Christmas«, »Captain Christmas« oder »Old Christmas« bzw. der »Weihnachtsmann« aus der englischen, skandinavischen und deutschen Tradition. Daneben hat es in der Neuen Welt auch eine »Old Christmas Fairy« (oder Weihnachtsfee, wie in der Geschichte von William Dean Howells) oder einen »Pelz-Nickel« gegeben – und es gab sogar auch unser »Christkind«, das entweder, getreu übersetzt, zum »Christ Child« wurde (wie in der Eisenbahnergeschichte von Homer M. Price) oder aber zu einem Wesen mit dem exotischen Namen »Kriss Kringle«, den man nicht mehr verstand und schlicht für ein Synonym zu Santa Claus hielt (wie sich in O. Henrys Goldgräbergeschichte von Cherokee zeigt).

Wesentlich weniger geradlinig, zeitweise sogar dramatisch bekämpft, verlief in Nordamerika die Geschichte des Weihnachtsfestes selbst.

Das erste amerikanische Weihnachtsfest, zunächst in Gestalt eines Festmahls, ist uns aus dem Jahr 1607 von jenem Captain Smith überliefert, der dem Staat Massachusetts seinen Namen gab. Er schmauste damals in der Wildnis einträchtig mit den Massachuset-Indianern »in Fülle gute Austern, Fisch, Fleisch, Wildgeflügel und feines Brot«.

Aber bereits die Passagiere der berühmten ›Mayflower‹, die – am 21. November in Cape Cod und am 25. Dezember 1620 in New-Plymouth – an der Küste des heutigen Staates Massachusetts landete, waren sich über die Bedeutung von Weihnachten ganz und gar nicht einig – vor allem nicht, ob es ein Grund zum Feiern oder ein Grund zum Fasten war –, denn es befanden sich keineswegs nur strengste lebenslustfeindliche Puritaner aus England, sondern auch trinkfeste und feierfreudige reformierte Protestanten aus Holland an Bord. Daher wurde in den allmählich entstehenden »settlements«, »commmunities«, »companies« und »States« an Weihnachten entweder nach Herzenslust gefeiert, streng gefastet oder sogar erst recht hart gearbeitet, je nachdem, welche der unzähligen Glaubensrichtungen jeweils herrschte.

In Virginia und den Gebieten, in denen die anglikanische Church of England, die holländische reformierte Kirche, die evangelisch-lutherische oder römisch-katholische Kirche dominierte, war Weihnachten entweder das wichtigste feierlich begangene Kirchenfest oder der absolute Höhepunkt eines wahrhaft saturnalischen Dauerfestes, das zu Ehren von *Sinterklaas* bereits seit dem 6. Dezember währte.

In den Neuengland-Staaten dagegen und überall, wo Puritaner, Baptisten, Presbyterianer, Seeker oder Quaker das kirchliche und weltliche Leben bestimmten, wehte ein ganz anderer Wind: In Massachusetts, zu Beginn ein nahezu theokratischer Gottesstaat unter der Führung des selbst ernannten Heiligen John Winthrop (1588–1649), war der 25. Dezember seit 1644 kraft Gesetzeserlass des General Court ein Fastentag, und jeder, der an diesem Tag feierte und nicht im Schweiße seines Angesichts arbeitete, wurde mit einem Bußgeld von fünf Shilling bestraft; 1686 konnte Governor Edmund Andros in der Stadt Boston nur unter Geleitschutz zweier Soldaten die Weihnachtsmesse besuchen, die in der Town Hall abgehalten werden musste, da sich keine Kirche fand, die dies gewagt hätte; und noch 1706 wurde ein Weihnachtsgottesdienst in der anglikanischen

King's Chapel durch einen Mob fundamentalistischer Puritaner gestört, die die Messe niederbrüllten und die Kirchenfenster einschlugen.

Selbst der Unabhängigkeitskrieg (1775–1783) und die Revolution von 1776 konnten keine Eintracht in diesem Religionskrieg für und wider Weihnachten stiften, denn das Fest wurde in dem nun restlos von England emanzipierten Amerika weithin als Reminiszenz der Briten, Torys und Loyalists betrachtet, von deren Abhängigkeit man sich gerade befreit hatte. Erst durch die Verfassung von 1791, die die Trennung von Kirche und Staat gesetzlich festlegte, wurde die Macht der religiösen Eiferer gegen das Fest erheblich geschwächt. Weihnachten wurde mehr und mehr zur privaten Angelegenheit, es entwickelte sich mehr und mehr von einem kirchlichen zu einem volkstümlichen Fest, das je nach Region mehr oder minder stark gefeiert wurde und diesen oder jenen Brauch hervorhob, abschaffte oder neu einführte. Als im Grunde einzig sakrales Element blieben im privaten Christmas-Fest zu Hause die alten kirchlichen Weihnachtslieder, die »Christmas Carols«, erhalten.

Insgesamt betrachtet, geht zu Beginn des 19. Jahrhunderts das Interesse an Weihnachten aber stark zurück, was u. a. daran zu erkennen ist, dass man es dort, wo man es noch pflegte, bewusst und deutlich als »Old Christmas«, also als *alten* Brauch aus dem 18. Jahrhundert und aus noch früheren Zeiten feierte.

Geradezu neu erschaffen wurde dieses alte, im Schwinden begriffene Weihnachten wie der amerikanische Weihnachtsmann ganz entscheidend durch die Literatur. Erneut war es Washington Irving, der in seinem nächsten, noch weiter verbreiteten Werk ›The Sketch Book of Geoffrey Crayon, Gent‹ (1819/20), einer Sammlung von Geschichten und Essays, in seiner bewährt humorigen Mischung aus *facts and fiction* dem Fest einen belebenden Impuls gab. Neben der berühmten Shortstory ›Rip van Winkle‹ und der jüngst sogar verfilmten Schauerstory ›Legend of Sleepy Hollow‹, zwei amerikanisierte Versionen deutscher Volkserzählungen, findet sich hier auch eine Geschichte mit just dem Titel ›Old Christmas‹, worin mit nostalgischer Wehmut an das im Jahrhundert davor noch (!) gefeierte Fest erinnert wird. Auch in ›Bracebridge Hall‹ (1822), der Fortsetzung des ›Sketch Book‹, schildert W. Irving ausführlich ein Weihnachtsfest. Hinzu kommt, dass der Brite Charles Dickens bald darauf mit seinen ›Sketches of Boz‹ (1832–1836), den ›Pickwick Papers‹ (1836), vor allem aber mit ›A Christmas Carol‹ (1843) auch in Amerika ähnlich hohe Auflagen wie Washington Irving erreichte und auf unermüdlichen Lesereisen durch Amerika eine ähnlich große Popularität erlangte. Der Zeichner Thomas Nast illustrierte in den viel gelesenen Zeitungsabdrucken Irvings und Dickens' ausführliche Weihnachtsszenen gleichermaßen detailgetreu und ebenso häufig wie die Figur des Santa Claus allein.

Nun fehlt nur noch der Weihnachtsbaum: Er wurde als deutsches Brauchtumselement zum einen auf indirektem Weg als Mode aus dem viktorianischen England übernommen – wo er seit den vierziger Jahren durch Georges III., William IV., Queen Victoria und Prince Albert unter der »Royal Family« ebenso intensiv verbreitet wurde wie ein Jahrzehnt früher bereits durch das deutsche Arbeiterproletariat in Manchester –, zum anderen führten ihn Auswanderer aus Deutschland direkt in Amerika ein: Die kleine Stadt Wooster im US-Staat Ohio beansprucht für sich, dass in ihrer Gemeinde der erste Weihnachtsbaum auf amerikanischem Boden stand, den ihr im Jahr 1847 ein deutscher Immigrant namens August Imgard mitgebracht haben soll. Seither gehört dieses uralte mittwinterliche Lebensbaum- und Lichtsymbol auch in Amerika neben Stechpalme, Mistel, Efeu und Weihnachtsstern zum unverzichtbaren Schmuck des Weihnachtsfestes. 1891 ließ Präsident Benjamin Harrison erstmals vor dem Weißen Haus »einen altmodischen Weihnachtsbaum für die Enkelkinder« aufstellen, und heute erreicht die Direktübertragung der Illuminierung der längst elektrischen Kerzen ähnlich hohe Einschaltquoten wie die Weihnachtsansprache des Präsidenten.

Somit wurde das einmal stark bedrohte *American Christmas* schließlich nicht nur gerettet, sondern spätestens seit Mitte des 19. Jahrhunderts im Zuge der gewaltigen Industrialisierung im Allgemeinen und der Kommerzialisierung der Geschenkeindustrie im Besonderen ebenso stark vereinheitlicht wie flächendeckend verbreitet. Und obwohl das Thanksgiving-Fest (jeweils am letzten Donnerstag im November) eigentlich das heiligste und wichtigste nationale Fest Nordamerikas ist, hat Christmas in Amerika dennoch zumindest quantitativ eine ungleich größere Bedeutung angenommen. Dies hat mehrere Gründe: Zum einen lässt es sich natürlich wesentlich umfassender vermarkten – mit einem inzwischen sehr profan gewordenen Santa Claus als Kaufrauschmanager. Zum anderen wird es in Amerika, wo ein neu erstarkendes religiöses Bewusstsein zu beobachten ist, allein schon in den rund dreißig christlichen Kirchen zunehmend und in starker Konkurrenz zueinander wieder als kirchliches Fest gefeiert. Und schließlich feiern um die Zeit, die allzu allgemein einfach als Weihnachten bezeichnet wird, besonders in Amerika drei große religiöse Traditionen gleichzeitig ein uraltes zentrales Fest der Besinnung und des Zusammenhalts ihrer Gemeinschaft: die Christen das Christmas-Fest, die Juden das Chanukka-Fest und die Afroamerikaner das 1966 von Maulana Karenga gegründete und heute bereits ungeheuer weit verbreitete Kwanzaa-Fest.

Wieland Grommes

Quellen:

– Washington Irving: A History of New York from the Beginning of the World to the End of the Dutch Dynasty by Diedrich Knickerbocker (hrsg. und mit einem Vorwort von Edwin T. Bowden), New College and University Press, Albany (N.Y.) 1964.
– John M. Golbie, A. Williams Purdue: The Making of the Modern Christmas. University of Georgia Press, Athens (Georgia) 1986.

Quellennachweis

Kapitel I

O. Henry (d. i. William Sydney Porter, 1862–1910), Das Geschenk der Weisen (The Gift of the Magic). Aus dem Amerikanischen von Theo Schumacher © der deutschen Übersetzung: 1961/1987 Langewiesche-Brandt, Ebenhausen bei München

Edward D. Hoch (*1930), Weihnachten – Ein Fest für Cops (Christmas is for cops). In: The Oxford Book of American Detective Stories. Hg. von Tony Hillerman und Rosemary Herbert, New York 1996, S. 608–620. © Edward D. Hoch. Aus dem Amerikanischen übersetzt von Wieland Grommes.

Kapitel II

Bret Harte (1836–1902), Die Outcasts von Poker Flat (The Outcasts of Poker Flat). In: Bret Harte, The Luck of Roaring Camp and Other Sketches. London 1922, S. 107–120. Aus dem Amerikanischen übersetzt von Wieland Grommes.

Bret Harte (1836–1902), Wie Santa Claus nach Simpson's Bar kam (How Santa Claus Came to Simpson's Bar). In: Bret Harte, Der gelbe Hund. Goldgräber-Stories, Reinbek 1965, S. 19–61 © 1965 by Rowohlt Taschenbuch Verlag GmbH, Reinbek

Stephen Crane (1871–1900), Ein im Kampf errungenes Weihnachtsmahl (A Christmas Dinner Won in Battle). In: Stephen Crane, Uncollected Writings, Uppsala 1963, S. 105–110. Aus dem Amerikanischen übersetzt von Wieland Grommes.

O. Henry (d. i. William Sydney Porter, 1862–1910), Cherokees Weihnachtsbescherung (Christmas by Injunction). In: Alan Wood, Weihnacht der Neuen Welt. Weihnachtserzählungen aus Amerika. Aus dem Amerikanischen von Ursula von Wiese, Zürich 1969, S. 115–133 © 1969 by Verlags AG Die Arche, Zürich

O. Henry (d. i. William Sydney Porter, 1862–1910), Ein Weihnachtsgeschenk im Wilden Westen (A Chapparal Christmas Gift). In: O. Henry, The Complete Works of O. Henry. Mit einem Vorwort von Harry Hansen, New York 1899, 13. Aufl. 1953, S. 1205–1209. Aus dem Amerikanischen übersetzt von Wieland Grommes.

Kapitel III

JESSIE KERR LAWSON (1838–1917), TWINKLE ODER LIEBST DU MEINEN HUND, SO LIEBST DU MICH (Love Me, Love My Dog). In: Aspiring Women. Short Stories by Canadien Women, 1880–1900. Hg. von Lorraine McMullen und Sandra Campbell. Ottawa 1993, S. 290–303. Aus dem Amerikanischen übersetzt von Wieland Grommes.

HÄUPTLING THUNDERCHILD (1849–1927), EIN WINTER IN GROSSER NOT (A Winter of Hardship, mündliche Erzählung, 1923 aufgezeichnet). In: Treasures of the Place – Three centuries of Nature Writing in Canada. Hg. von Wayne Grady. Vancouver 1992, S. 117–121. Aus dem Amerikanischen übersetzt von Wieland Grommes.

SINCLAIR ROSS (*1908), DIE FRISCH GESTRICHENE TÜR (The Painted Door). In: Sinclair Ross, The Lamp at Noon and Other Stories, Toronto 1968 © 1968 McClelland & Stewart, Inc. The Canadien Publishers. Aus dem Amerikanischen übersetzt von Klaus Pemsel.

HONORÉ BEAUGRAND (1848–1906), LA CHASSE-GALERIE – DAS FLIEGENDE KANU (La chasse-galerie). In: Honoré Beaugrand, La chasse-galerie: Légendes canadiennes. Montreal 1900. Zit. nach: Canadien Short Fiction: From Myth to Modern. Hg. von W. H. New, Scarborough/Ontario 1986, S. 74–81. Aus dem Amerikanischen übersetzt von Klaus Pemsel.

Kapitel IV

TRUMAN CAPOTE (1924–1984), DER SILBERNE KRUG (The jug of silver). In: Truman Capote, Baum der Nacht. Übersetzt von Lieselotte Fassbinder © F. A. Herbig Verlagsbuchhandlung GmbH, München

ANONYM, DER WEG ZUM ERFOLG (Working His Way Up). In: The Christmas Star. Stories for the Holidays. By American and German Authors. Hg. und übersetzt von Th. Graebner. New York 1928, S. 118–124. Aus dem Amerikanischen übersetzt von Wieland Grommes.

Kapitel V

ANONYM, DER GEISTERZUG VON MARSHALL PASS (The Phantom Train of Marshall Pass). In: Myths and Legends of Our Own Land. Hg. von Charles M. Skinner, Philadelphia 1896, S. 192–195. Zit. nach: The Treasury of American Folklore. Hg. von B. A. Botkin. Mit einem Vorwort von Carl Sandburg. New York 1944 (7. Aufl.), S. 714–715. Aus dem Amerikanischen übersetzt von Wieland Gommes.

HOMER M. PRICE, WAS STOPPTE DEN EXPRESSZUG NR. 4? (What Stopped the Express Train?) In: The Christmas Star. Stories for the Holidays. By American and German Authors. Hg. und übersetzt von Th. Graebner.

New York 1928, S. 43–49. Aus dem Amerikanischen übersetzt von Wieland Grommes.

Kapitel VI

THOMAS NELSON PAGE (1853–1922), POLLY: EINE WEIHNACHTSERINNERUNG (Polly: A Christmas Recollection). In: Thomas Nelson Page, In Old Virginia. New York 1887. Zit. nach: American Color Stories. Hg. von Harry R. Warfel und G. Harrison Orians. New York 1970, S. 447–470. Aus dem Amerikanischen übersetzt von Klaus Pemsel.

NATHANIEL HAWTHORNE (1804–1864), DAS WEIHNACHTSBANKETT (The Christmas Banquet). In: Nathaniel Hawthorne, Mosses from an Old Manse. Ohio 1974, S. 284–305. Aus dem Amerikanischen übersetzt von Klaus Pemsel.

Kapitel VII

MARK TWAIN (D. I. SAMUEL LANGHORNE CLEMENS, 1835–1910) SUSI ERHÄLT EINEN BRIEF VON SANTA CLAUS (Susie's Letter from Santa). In: Clara Clemens, My Father, Mark Twain. Zit. nach: A Christmas Sampler. Classic Stories of the Season, from Twain to Cheever. Hg. von E. A. Crawford und Teresa Kennedy, New York 1992, S. 47–50. Aus dem Amerikanischen übersetzt von Klaus Pemsel

L. FRANK BAUM (1856–1919), WIE SANTA CLAUS SEIN ERSTES SPIELZEUG ERFAND (How Claus made the First Tox). In: L. Frank Baum, The Life and Adventures of Santa Claus, 1902. Zit. nach: A Christmas Sampler. Classic Stories of the Season, from Twain to Cheever. Hg. von E. A. Crawford und Teresa Kennedy, New York 1992, S. 139–143. Aus dem Amerikanischen übersetzt von Wieland Grommes.

WILLIAM DEAN HOWELLS (1837–1920), ALLE TAGE WEIHNACHTEN (Christmas Every Day). In: A Christmas Sampler. Classic Stories of the Season, from Twain to Cheever. Hg. von E. A. Crawford und Teresa Kennedy, New York 1992, S. 93–97. Aus dem Amerikanischen übersetzt von Wieland Grommes.

Bildnachweis

Frontispiz: *Merry Christmas*, ›Illustrated London News‹ vom 20. Dezember 1845, In: J. M. Golby/A. W. Purdue, The making of the Modern Christmas. Athens, Georgia 1986

S. 9: Randolph Caldecott, *Mistelzweig*. In: The Sketch Book of Washington Irving, 1882. In: Phillip Snyder, December 25th. The Joys of Christmas Past. New York 1985

S. 53: *Strangers*, ›Punch‹ vom 29. Dezember 1883. In: J. M. Golby/A. W. Purdue, The making of the Modern Christmas. Athens, Georgia 1986

S. 75: A. B. Frost, *Thank Goodness Christmas Comes But Once A Year*, ›Harper's Weekly‹ 1878. In: Phillip Snyder, December 25th. The Joys of Christmas Past. New York 1985

S. 202: *Arrival of the Christmas train. Eastern County Railway*, ›Illustrated London News‹ vom 21. Dezember 1850. In: J. M. Golby/A. W. Purdue, The making of the Modern Christmas. Athens, Georgia 1986

S. 211: Werbung für Eno's Fruit Salad. In: J. M. Golby/A. W. Purdue, The making of the Modern Christmas. Athens, Georgia 1986

S. 248: Randolph Caldecotts Illustration für Washington Irvings ›Old Christmas‹. In: J. M. Golby/A. W. Purdue, The making of the Modern Christmas. Athens, Georgia 1986

S. 275: Thomas Nast, *Christmas Post*, ›Harper's Weekly‹ 1879. In: Phillip Snyder, December 25th. The Joys of Christmas Past. New York 1985

S. 289: *Here we are again!!*, ›Punch‹ vom 25. Dezember 1880. In: J. M. Golby/A. W. Purdue, The making of the Modern Christmas. Athens, Georgia 1986

Inhalt

I. Weihnachten in New York

II. Von Goldsuchern und Desperados: Weihnachten im Wilden Westen

III. Im Schneegestöber: Kanadische Weihnachtsgeschichten

IV. Das Glück der Tüchtigen: Zwei amerikanische Erfolgsgeschichten

V. Der Geisterzug: Eisenbahngeschichten

VI. Ein kleines Weihnachtswunder: Geschichten der Einkehr und Umkehr

VII. Santa Claus im Kinderland: Kindergeschichten und Märchen

Anhang